Gewidmet meinem Vater.
Wir haben uns so wenig verstanden,
da wir uns so ähnlich waren.

Hubert E. Hüßner

Fragen!
Denken!
Handeln!

EWERTVERLAG

ISBN 3-89478-182-3

Copyright © 1999 und
Alleinvertrieb für die deutsche Fassung by
Ewertverlag GmbH
Mühlentannen 14
49762 Lathen/Ems
Telefon: 05933/92620 Fax: 05933/92621
e-mail: ewertverlag@t-online.de
Internet: http:\www.ewertverlag.de

Inhaltsverzeichnis

Kapitel I

I.	*„Je mehr ich weiß, desto mehr weiß ich, daß ich nichts weiß*	7
II.	„Die Gretchenfrage" unseres Lebens	12
III.	Das Mittelalter lebt munter weiter oder unser Wahn vom Wesen der Materie	19
IV.	Es gibt keine Materie, sondern nur Energie, diese Energie wird vom Bewußtsein beherrscht	23
V.	Das Gesetz der Resonanz	52
VI.	Die Welt besteht aus Gegensätzen	91
VII.	Konsequenzen	105
1.	Geburt und Tod	108
2.	Mein Körper und ich	121
3.	Unser berufliches Umfeld, unser Wirtschaftssystem	134
4.	Unser finanzielles Umfeld	147
5.	Unser politisches Umfeld	155
6.	Unser religiöses Umfeld	168
VIII.	Nachwort zu Kapitel I	192

Kapitel II
Der Mensch bekennt Farbe (Farbenlehre praxisnah) 195

I.	Einleitung	195
II.	Die Farbendreiecke	198
III.	Weiß	199
	Blau	200
	Rot	202
	Gelb	206
	Orange	208
	Grün	210

Violett	211
Braun	214
Oliv	215
(Blau)Schiefer	216
Schwarz	216
III. Farbsymbolik einmal etwas anders	220

Kapitel III
Was die <u>Zah</u>len uns er-<u>zähl</u>-en	**228**
Die Null	230
Die Eins	231
Die Zwei	237
Die Drei	244
Die Vier	247
Die Fünf	253
Die Sechs	255
Die Sieben	258
Die Acht	263
Die Neun	266

Kapitel IV
Das Wunder unserer Sprache	**270**
Danksagung	**286**

I. „Je mehr ich weiß, desto mehr weiß ich, daß ich nichts weiß" (Sokrates)

Sokrates galt und gilt heute noch als weiser Mann. Im Moment verwechseln wir nur allzu leicht Weisheit mit Wissen.

Weisheit und Wissen bilden eine Polarität, genau wie Qualität und Quantität. Es kann jemand auf seinem Fachgebiet einsame Spitze sein, ja er mag auch über eine ausgezeichnete Allgemeinbildung verfügen, aber glauben Sie, daß dies automatisch eine Gewähr für Weisheit ist?

Wo stehen wir heute mit all unserem Wissen?

Wir verwechseln hier Intelligenz mit Klugheit. Intelligenz kommt vom lateinischen *interlegere* und das bedeutet laut Duden *dazwischen wählen* im Sinne von *durch kritische Auswahl charakteristische Merkmale einer Sache erkennen*. Klugheit hingegen ist, mit diesen Merkmalen richtig umzugehen. Bekanntlich gibt es wahre Lernbestien, welche mit ihrem Wissen nur sehr wenig anfangen können oder gar unklug umgehen.

Warum also gilt Sokrates als weise? Nach meiner persönlichen Auffassung deshalb, da er alles und jedes hinterfragt hat und dabei feststellte, daß <u>keiner</u> wirklich etwas wußte, sich selbst eingeschlossen.

Alle Befragten waren sehr schnell „mit ihrem Latein am Ende".

Und heute? Wissen hier nicht sehr viele angeblich fast alles (besser)?

Jeder Mensch hat seine eigene Wahrheit und wir werden im allgemeinen sehr böse, wenn irgend jemand kommt und es wagt, diese einfach „mir nichts dir nichts" in Frage zu stellen.

Natürlich braucht jeder Mensch eine Basis, ein „Weltbild", um leben zu können.

Bislang gab es jedoch in der Geschichte immer eine Institution, welche einen Lebensrahmen aufstellte, fast nur mit der Absicht die

Menschen zu beherrschen. Einst waren es (und sind es noch heute) die Priester <u>aller</u> Religionen. Dazwischen die verschiedenen Adelsgruppierungen mit dem jeweiligen „Zeitgeist". Heute ist es die allmächtige Wissenschaft, der Partei-, Wirtschafts- und Finanzadel. Dazu unsere derzeitigen „Gurus", die rein materialistisch denkenden Wissenschaftler.

„Wissenschaftlich geprüft" gilt heute als der Weisheit letzter Schluß.

Wie gründlich sie sich irren wird deutlich, wenn wir uns später die Erkenntnisse der Elementarphysik einmal bewußt machen.

Dieses „in Frage stellen" brachte Sokrates den Giftbecher, und wenn Sie die richtigen Fragen stellen, so kommen Sie noch heute sehr schnell in die Gefahr, daß Sie sich damit mehr als unbeliebt machen, vor allem bei den „Hohenpriestern unseres derzeitigen Weltbildes".

Wir leben stets in einer fragwürdigen Welt, - heute mehr denn je. Oder ist es nicht so, daß trotz unseres ständig wachsenden Wissens, die Welt mehr und mehr aus den Fugen gerät?

Nach meiner Ansicht deshalb, weil wir im allgemeinen viel zu viele Vorstellungen anderer „fraglos" übernehmen und sie dann als Wahrheit mittragen.

In diesem Buch werden Sie mit mehr Fragen konfrontiert als Ihnen vermutlich lieb ist.

Es könnte Ihnen sogar mehr als lästig werden, da Sie sehr schnell bemerken werden, daß Ihre gewohnten und inzwischen vertrauten „Wahrheiten" plötzlich in einem anderen Licht erscheinen werden. Wer will sich schon verändern oder zugeben, daß er einem Irrtum aufgesessen ist?

Wie soll sich etwas (positiv) ändern, wenn Sie wie gewohnt, längst überholten Gedankenmüll mit sich herumschleppen und darauf weiter Ihre Zukunft aufbauen?

Es wird im Folgenden auf Perspektiven mehrmals hingewiesen. Das hat seinen Grund, denn wie sagte schon Goethe:

„Der Irrtum wiederholt sich immerfort in der Tat. Deswegen muß man das Wahre unermüdlich in Worten wiederholen."

Es geht im Folgenden nie darum, was meine Sicht der Wahrheit ist, sondern was **Sie** herausfinden, wenn Sie einmal die alltäglichen Vorgaben hinterfragen.

In der Frage liegt fast immer die richtige Antwort, <u>denn es gibt in der Welt grundsätzlich nichts Neues</u>. Alles ist schon da oder in irgend einer anderen Form einmal dagewesen. Es sind nur die Variationen und die Größenordnungen, welche wechseln. (Auch dies ist nichts Neues.)

Daß wir das nicht sofort erkennen liegt daran, daß wir nicht geschult werden, ganzheitlich oder in Prinzipien zu denken.

Was ist darunter zu verstehen, ganzheitlich zu denken?

Wir werden geschult analytisch, sowie linear zu denken. Der moderne Mensch denkt in fast allen Bereichen zergliedernd, „in Schichten". Beispiel:

Wir zergliedern die Natur in Mineral-, Pflanzen- und Tierreich. Soweit so gut. Was hält jedoch hier alles zusammen?

An diesem Beispiel der Kohlenstoff. Wir finden ihn als Kohlendioxid in der Luft und als Kalziumkarbonat im Stein. Wir finden ihn in der Pflanze und nicht zuletzt als Knochen und Zähne bei Tier und Mensch. Ohne ihn keine Steine, Flora und Fauna.

Durch diese rein analytische Schulung erkennen wir in allen Bereichen nur sehr schwer den Zusammenhalt und damit den Zusammenhang bzw. -gehörigkeit aller Dinge. Dadurch lassen wir uns von den vordergründigen Mustern verblüffen.

Einfaches Beispiel:
Was ist das wichtigste an einem Teppich? Was gibt ihm den Zusammenhalt? Richtig, die <u>unsichtbaren</u> Kettfäden. Die Muster der Teppiche können in die Abermillionen gehen, die Kettfäden sind dagegen nur eine „Handvoll".

Ziehe ich einen der Kettfäden heraus, so zerfallen im Handumdrehen ein paar Muster, vielleicht sogar der ganze Teppich.. Genau so ist es im praktischen Leben.

Es gibt in unserem Leben nur eine Handvoll Prinzipien, aber Abertausende von Mustern.

Nehmen wir die Liebe. Hier gibt es nur eine handvoll an Mustern. Dadurch wird es einfach mit der Liebe zu leben.

Halten wir es hingegen mit ihrem Gegenpol, der Gewalt und dem Haß, so finden wir Abertausende von Mustern, und es wird sehr schwierig und leidvoll zu leben.

Wir müßten wieder lernen, nicht auf vordergründige Muster zu sehen, um uns darin zu verfangen. Wir müßten wieder lernen „ hinter die Kulissen zu sehen", um zu erkennen, wer und was die eigentlichen Fäden zieht, wie es unsere Sprache auch ausdrückt.

Ich versuche nur, Sie auf die Kulissen hinzuweisen. Wir können für das Wort Kulisse den Begriff Vorstellung verwenden. Das heißt, wir setzen zwischen uns und der eigentlichen Realität von Jugend an übernommene und ungeprüfte Ideen, und andere „Wahrheiten".

Im Grunde wissen wir alle, was die Wahrheit ist. Es ist uns meist nur noch nicht bewußt.

Ich versuche nur, Sic auf die Kulissen hinzuweisen.

Wer fragt oder die Frage versteht, ist auch reif für die Lösung des Problems, und somit kann er auch die Lösung verstehen.

„Da die Welt im Moment Kopf steht," kann die Lösung logischerweise nur in der Umkehr der derzeitigen Wertvorstellungen liegen, wollen wir nicht eine Katastrophe erleben.

(Katastrophe = griechisch und bedeutet soviel wie Umkehr. Im Deutschen gibt es dafür das Wort Notwendigkeit = die Wende in der Not).

Warum wollen wir stets erst die Not aufkommen lassen, um vernünftig zu werden?

Genug der Feststellungen - beginnen wir zu fragen.

II. Die „Gretchenfrage" unseres Lebens

Kann irgend jemand für Sie essen, schlafen, Schmerzen erleiden oder etwa sterben?
Wohl kaum, es gibt aber noch was, das wir im allgemeinen außer acht lassen. Es ist das **Denken!**
??Kann jemand für Sie denken??
Wie heißt das Motto der Machtmenschen? *„Wir sollen das Denken den Pferden überlassen, denn diese haben die größeren Köpfe!"*
Sind Sie schon einmal mit diesem Ausspruch konfrontiert worden?
Hier wird das Prinzip von Machtverlust besonders deutlich. - **Wer nicht denkt verliert an Macht!** Wie sollen wir unser eigenes Potential entfalten, wenn andere unser Denken unterbinden und uns sagen, was wir zu tun haben?
Gewinnen nicht andere die Macht über die Menschen, die nicht selbständig denken oder andere für sich denken lassen? Gibt es daran einen Zweifel?
Geht es in unserem Umfeld nicht immer weiter abwärts, weil wir von anderen immer abhängiger werden?
Warum denken wir zuwenig, ziehen deshalb nicht die richtigen Schlüsse und können somit nicht die richtigen Aktionen folgen lassen?
Haben nicht diejenigen die Macht, die diesen Zusammenhang erkannt und die entscheidenden Weichen gestellt haben?
Sie wissen, welche Hebel sie beherrschen müssen. **Wissen ist Macht!** Charles de Montesquien soll gesagt haben:
„Unbedingten Gehorsam setzt bei den Gehorchenden Unwissenheit voraus"!

Wie sehen Sie Farben oder Blüten? Wie empfinden Sie Düfte? Wie schmeckt für Sie eine Orange oder Zitrone? - Niemand kann das für jemand anderen beurteilen.

„Eine Zitrone essen?" werden Sie möglicherweise schaudernd fragen. Manche Menschen tun dies offensichtlich mit Genuß. Wie setzen deren Geschmacksnerven den Geschmack von Zitronensäure in ihrem Bewußtsein um?

Was empfinden Pflanzenfresser mit ihrem äußerst feinen Geruchssinn, wenn sie das für uns fade schmeckende Gras oder gar trockenes Heu mit offensichtlichem Genuß fressen? Bekanntlich schätzen sie durchaus nicht alles, was da grünt.

Dies alles kann kein Mensch beantworten, auch nicht der Klügste. Wissenschaftler können auf vielen Gebieten die vordergründig, materielle Funktion des Ablaufes erkennen. Aber **wie** diese Funktion dann vom Gehirn des einzelnen Menschen bzw. des Tieres umgesetzt wird, das kann niemand sagen.

Diese Fakten sind das Spiel zwischen dem Gegensatz von Quantität. In diesem Fall auf der materiellen Ebene von Zitronensäure oder Gras, also dem Reiz über die Geschmacksnerven, sowie der von Qualität, als geistig, emotionales Geschmackserlebnis.

Einfacher formuliert: der Gegensatz von Materie (Stoff und Nerven) und Geist (seelisches Empfinden).

Wir können zu diesem Aspekt, des wissenschaftlich geklärten Ablaufs wie unsere Geschmacksnerven arbeiten, auch Jesus anführen. Er sagte:

„Denn mit sehenden Augen sehen sie nicht, und mit hörenden Ohren hören sie nicht; denn sie verstehen es nicht. (Matthäus 13.13)

Diese momentan einzig gültige, beschränkt wissenschaftliche Akzeptanz, der angeblich allgemeinen Realität können wir aber auf beliebig andere Gebiete ausdehnen wie z.B. in den Bereich der Psychologie. Sigmund Freud ist eine Begrenzung der Psychologie, die Begrenzung auf die Wahrnehmungsfähigkeit eines Sigmund Freud.

Ist es nicht auf der Suche nach eigenen neuen Erkenntnissen noch allemal besser, ab und zu mal einem Scharlatan aufzusitzen, als keine geistigen Fortschritte zu machen? Sie werden sehr schnell dahinter kommen, was Scharlatanerie ist und was stimmt. Zumindest was Sie betrifft.

Es ist Anmaßung bzw. Dogmatismus unserer Wissenschaft alles erst dann zu akzeptieren, wenn es dafür einen wissenschaftlichen Beweis gibt. Die Geschichte der Wissenschaft ist ein Ablauf von Irrtümern und Arroganz der konservativen Besserwisser. Es ist eine Tatsache - die Welt wurde in den entscheidenden Punkten nur von den „Phantasten und Spinnern" weiter gebracht. Viele starben oft verfemt in bitterer Armut, bis sie später rehabilitiert wurden. Das heißt, wir hätten die Vorteile ihrer Erkenntnis weitaus früher zur Verfügung gehabt.

Sind nicht die Konservativen der größte Hemmschuh solider Wissenschaft?

Bekanntlich arbeiten wir derzeit nur mit rund 15 Prozent unseres Gehirns, oft noch mit weitaus weniger.

Welcher Wissenschaftler kann beurteilen, ob bei einigen Menschen nicht ein paar Prozent mehr in Betrieb sind? Noch dazu, wenn er nicht erklären kann, für welche Zwecke diese restlichen Gehirnregionen eigentlich da sind!

Alles als nicht existent abzuwerten, ohne sich damit näher bekannt gemacht zu haben, ist das nicht anmaßend und unsachlich? Hinzu kommt noch die Tatsache, daß jeder Mensch nur eine begrenzte Wahrnehmungsfähigkeit hat und bekanntlich gibt es eine ganze Menge mehr zwischen Himmel und Erde, als sich durch unsere Schulweisheit bzw. Wissenschaft erklären läßt.

Wäre es anders, so gäbe es auch in der Wissenschaft keine Fortschritte mehr und wir könnten alle Forschung einstellen.

Somit ist es nur eine Frage, auf welchem Gebiet wir forschen, auf dem materiellen oder auf dem geistigen.

Aber haben Sie schon einmal gehört, daß wir Meßgeräte haben, welche geistige Erfahrungen messen können?

Unsere Wissenschaft kann von den eigentlichen Kräften des Universums, nämlich denen des Geistes, keine kompetente Aussage machen !!

Daß Männer und Frauen auf verschiedene Weise denken, sich sprachlich anders ausdrücken, ja fühlen, ist ebenfalls bekannt. Es wird aber noch spezifischer:

Wie sieht der Herr Arnold die Frau Berg? Warum kann die gleiche Frau Berg, welche Herrn Arnold so gefällt, bei Herrn Schneider nur ein „müdes Lächeln" hervorrufen? Herr Arnold hingegen findet wiederum dessen Frau äußerst fade usw.

Oder ist es Ihnen nicht schon wie folgt ergangen? Sie sehen einen Menschen und sind in der ersten Zeit gar nicht sehr angetan von seiner Person. In den folgenden Wochen verkehrt sich das dann ins Gegenteil, ja es kann bis zum Verlieben umschlagen.

Was sehen also die einzelnen Menschen, wenn sie ein und dieselbe Person, heute und dann später betrachten, wirklich?

Warum und vor allem welche Faktoren verändern unsere Sichtweise, selbst bei gleichbleibenden Äußerlichkeiten?

Niemand kann das beantworten und damit steht fest: es gibt so viele „Wahrheiten" wie es Menschen gibt, **und diese Wahrheiten sind wandelbar!** Schon Heraklit stellte fest; *„Alles fließt"*.

Es gibt keinen einzigen „normalen" und unveränderlichen Menschen - keinen einzigen!

Diese vermeintliche Norm des allgemein propagierten „Normalen Menschen" ist nichts anderes, als ein Phantom. Aufrecht erhalten von wenigen, um viele zu beherrschen, denn diese sollen die vorgegebene Norm, natürlich zum Wohle der Normengeber, erfüllen.

Eine gewisse Norm wäre im Kern der Sache auch nicht schlecht, denn die meisten Menschen sind wie kleine Kinder, sie wollen zwar Schokolade, aber in die Schule gehen oder dafür arbeiten, das wollen sie nicht.

Es geht in diesem Buch nicht um die Masse, es geht nur um Sie und es geht auch nicht, das sei ausdrücklich betont, auch wenn sich das nicht immer im Text so klar definieren läßt, um meine Weltansicht. Es geht darum, daß Sie sich einmal fragen, warum Sie möglicherweise hier und da nicht weiterkommen oder stets mit gleichen Problemen konfrontiert werden z.b. nach Vorstellungen wie: „Immer geht mir alles schief, oder ich bin und bleibe ein Pechvogel" usw.

Haben Sie sich schon einmal gefragt, warum Sie heute gerade so denken und nicht wie z.B. ein Chinese. Dumme Frage werden Sie vielleicht im ersten Moment sagen. Was ich meine ist Folgendes:

Woher haben Sie ihre Weltanschauung, Ihre politische Einstellung, oder Ihre allgemeinen Verhaltensweisen, welche teils auf vorgegebenen „Moralvorstellungen" fußen?

Wir haben sie von anderen Menschen, denn als Kleinkind wäre es ohne weiteres möglich gewesen, Ihnen z.B. eine „chinesische Mentalität" aufzuprägen. Das heißt: Jeder Mensch ist das Produkt vorgegebener Programme.

Die Frage ist somit: Stimmt das alles wirklich, was Sie, oft von Kindesbeinen an, ungeprüft übernommen haben?

Haben alle diese Vorgänger, diese Lehrer alles überprüft, was sie Ihnen vermittelt haben?

Sie sehen schon, der Boden wird ziemlich trügerisch.

Finden Sie nicht auch, daß diese Zeit mit all der Hektik, der wachsenden Brutalität, der Umweltzerstörung usw. im wahrsten Sinne des Wortes höchst fragwürdig geworden ist?

Hinterfragen wir <u>unseren derzeitigen Standpunkt</u>. Nur darum geht es.

So wenig andere für uns denken können, so wenig können andere sich logischerweise in Ihre Weltansicht eindenken und entsprechend handeln.

Es gibt für den einzelnen nur eine Möglichkeit sein Umfeld zu ändern und das haben die Weisen schon immer gesagt:
Um mein Umfeld zu ändern, muß ICH mich ändern!
Es gibt leider keinen anderen Weg.
Das ist heute, wie wir sehen werden, über die Erkenntnisse der Elementarphysik bewiesen.
Nun könnten Sie fragen, warum wird es dann nicht gelehrt?

Nach meiner Erkenntnis nur deshalb, da die „Elite" auf ihren Machtanspruch verzichten müßte, und das betrifft in erster Linie diejenigen, welche die Welt beherrschen und zwar genau auf diese Art wie heute alles abläuft. (Denken Sie in diesem Zusammenhang an die Kirche, welche über Jahrhunderte die Menschheit in Unwissenheit hielt, um ihre Macht aufzubauen. Es ist immer das gleiche Spiel! Es gibt nichts Neues! Nur die Variationen wechseln!)

Vor allem beherrschen die derzeitigen Machthaber mit ihren unfaßbar großen Finanzmitteln die Politik und damit das gesamte Schul- und Ausbildungswesen, die Wirtschaft, so gut wie alle maßgebenden wissenschaftlichen Institute mit deren Veröffentlichungen, sowie alle Medien!

Über diese Medien, vom Fernsehen bis in die wissenschaftliche Berichterstattung findet heute die größte Gehirnwäsche der Menschheit statt, welche es in der geschriebenen Geschichte jemals gab.

Sie zweifeln? Gut, es fehlen Ihnen lediglich im Moment noch die nötigen Informationen, obwohl sie noch in jeder Buchhandlung oder gut geführter Bibliothek zu finden wären.

Geld beherrscht bekanntlich die Welt. Aber warum?

Das alles nur, da kaum jemand weiß, was Geld ist und wie trefflich sich damit die Menschheit manipulieren und ausbeuten läßt.

Glauben Sie, daß diese Machtmenschen daran interessiert sind, daß die Menschen aufwachen und erkennen, welche Macht sie eigentlich haben?

Je mächtiger der einzelne, je ohnmächtiger die Herrscher.

Lassen wir die Welt da draußen wie sie ist. Es geht nur um Sie und Ihr harmonisches Umfeld.

Sie werden zum Schluß selbst erkennen, um die Welt da draußen wirklich zu verändern, müßte sich ein Quantensprung im allgemeinen Bewußtsein ereignen und solche Wunder brauchen Zeit.

Bislang sind alle Weltverbesserer gescheitert und sie werden stets scheitern, solange nicht die einzelnen Menschen aufwachen und die Verantwortung für ihr Denken und damit die eigentliche Macht = Energie übernehmen.

Wir befinden uns in einer Übergangszeit zwischen „Fische- und Wassermann-Zeitalter". Ein unverkennbares Kennzeichen ist die „metaphysische Unruhe", die viele Menschen erfaßt hat.

Sie haben erkannt, daß das neue Zeitalter vom „neuen Menschen" verstärkt Selbstverantwortung und Selbstbesinnung fordert. Bei den innerlich Wachen löst es neue Einsichten und Erkenntnisse aus.

Es geht hier nur darum, daß der suchende, erwachende Einzelne den Weg zur eigenen Harmonie findet.

Befassen wir uns jetzt mit der Realität des Universums.

Die Erde ist keine Scheibe, sondern eine Kugel und genausowenig besteht die Materie aus festen Stoffen, sondern alles ist reine Energie, welche von ganz bestimmten Gesetzmäßigkeiten beherrscht wird.

Es geht darum, die eigentliche Realität, welche unser Leben beherrscht kennenzulernen, um zu verstehen, warum ich heute gerade in dieser Lebenssituation bin und nicht in einer anderen.

Es geht um Physik.

III. Das Mittelalter lebt munter weiter, - oder unser Wahn vom Wesen der Materie

Wir lächeln heute über die Menschen des Mittelalters, da sie glaubten, daß die Erde eine Scheibe sei. Noch zu Kolumbus Zeiten glaubten Teile seiner Mannschaft, sie könnten am Ende der Welt ins Nichts abstürzen.

Wir sind heute noch genauso naiv. Allen voran die im Materialismus verhaftete Wissenschaft. Wir glauben noch immer, daß alles was wir sehen, genauso materiell ist, wie wir es sehen.

Wir glauben an den Zufall und wir glauben, daß die Zeit von der Vergangenheit in die Zukunft verläuft und letztendlich glauben wir, daß die gesamte Materie aus festen Stoffen besteht. Deshalb ziehen viele Wissenschaftler daraus vordergründige und damit falsche Schlüsse.

Gut, das können wir machen, nur werden wir wie Kolumbus damit keine Neue Welt entdecken, oder genau definiert, wir werden die eigentliche Realität und deren Gesetzmäßigkeiten nicht erkennen.

Es sind aber genau diese Gesetzmäßigkeiten, welche unser Leben sehr massiv beeinflussen.

Es bleibt jedem selbst überlassen, weiterhin an den allmächtigen „Gott des Zufalls" zu glauben.

Natürlich ist das sehr bequem, denn wir müssen dann keine Verantwortung für unser Leben übernehmen.

Schuld haben dann immer die anderen. Lassen Sie einen Menschen über sein Leben erzählen, so hören Sie laufend wer oder was schuld war, daß es ihm nie so ausging, wie er geplant hatte.

Wir sind alle Opfer. Wir sind eine Gesellschaft von Opfern!!
?? Ist keiner der Täter??
Ein Witz, ein schönes Spielchen, mehr aber auch nicht.

Leider stimmen diese Vorstellungen nicht. In unserem Leben wirken ganz andere Gesetzmäßigkeiten und das ist über die Physik beweisbar.

Wer nicht mehr Opfer, sondern der Gestalter seines Schicksals werden will, der <u>muß</u> umdenken und er <u>muß</u> Verantwortung übernehmen. Das ist zumindest ungewohnt, wenn nicht sogar furchteinflößend.

Aber ist es nicht überwältigend, daß es in unserer eigenen Hand liegt, unser Leben zu gestalten, daß wir diese ungeheure Gnade überhaupt haben, daß wir nicht von unwägbaren Schicksalsschlägen jederzeit in Bedrängnis gebracht werden können? Worin unterscheidet sich im Kern die Sache dieser Zufallsglaube vom Dämonenglauben unserer Altvorderen?

Die Physik beweist, daß dieser vermeintliche Zufall, wie es in unserer Sprache auch wissensmäßig angelegt ist, lediglich ein gesetzmäßiger Zufall ist?

Daß uns so manches Ungemach nur <u>zufällt</u>, da wir die kosmische Gesetzmäßigkeit nicht beachten bzw. gar nicht kennen.

Wie gesagt: niemand wird gezwungen. Jeder muß selbst entscheiden, ob er vom Schicksal „zufällig" gebeutelt werden will oder ob er mit einer Portion Verantwortung schrittweise zu Harmonie und Zufriedenheit findet.

Wenn Sie weiterhin das Opfer von Zufällen spielen möchten, so sollten sie jetzt das Buch zur Seite legen. Vielleicht sehen sie es sich später wieder mal an.

***

Sollten Sie jetzt weiterlesen, so werden sie sehr schnell erkennen, daß Sie die volle Verantwortung für Ihr zukünftiges und vor allem für ihr vergangenes Leben übernehmen <u>müssen</u>!

Sie sind kein Opfer von „zufälligen" Lebensumständen, sondern Sie waren schon immer der Lenker Ihres ganz persönlichen Lebensweges, auch wenn Ihnen die Spielregeln dazu in ihrer gesamten Bandbreite nicht bekannt waren.

Diese „bösen" Gegenspieler in Ihrem Leben waren nur möglich, da Sie selbst die entsprechenden Energien freigesetzt haben.

Jesus sagte zu dieser Gesetzmäßigkeit:
„*Was du säst wirst du ernten*".
Die Physik von heute sagt dazu:
„*Materie ist abhängig von Bewußtsein*"

***

Sie lesen weiter, Sie haben Mut zur Veränderung. Dann darf ich Ihnen von Herzen zu diesem Schritt gratulieren.

Ab jetzt sollte Ihnen klar werden, daß Umdenken logischerweise ihre bisherigen Vorstellungen in nicht wenigen Fällen auf den Kopf stellen muß!

Keine Sorge, Sie kommen ans Ziel, lediglich der Weg ist entgegengesetzt.

Nehmen Sie unsere Erde als Beispiel: Wenn Sie stets westwärts fliegen, so kommen Sie eines Tages im Osten wieder zurück. Sie stehen wieder auf vertrautem Grund, allerdings reich an Erfahrungen.

Nehmen wir Kolumbus. Er suchte den Seeweg nach Indien ebenfalls entgegengesetzt und was fand er? Einen neuen Erdteil mit ungeahnten Möglichkeiten.

Genau so wäre es mit neuen Denkansätzen. Mehr ist das im Grunde nicht.

Bleiben Sie Zuhause, so verwickeln Sie sich ständig von neuem in Ihre alten Probleme, nur die Variationen ändern sich. Mit anderen Worten: ihnen fehlt die Weitsicht/Übersicht, um Ihre derzeitigen Probleme wirklich zu lösen. So einfach ließe sich harmonisches Leben auf den Punkt bringen.

Wenn Sie das nächste Mal auf der Straße oder auf einem Weg gehen, so stellen Sie sich ruhig einmal vor, daß Sie mit dem Kopf nach unten an einer Kugel gehen. Mir selbst wird es dabei leicht flau. Für meine und vermutlich für Ihre Sinne ist diese Art von Wirklichkeit mehr als befremdlich, obwohl das die Realität ist.

Wir können die eigentliche Wirklichkeit des Universums mit unseren Sinnen nicht erfassen. Diese Sinne sind nur dazu da, uns in unserem Umfeld zurechtzufinden. Dabei sind diese, wie uns die Tiere deutlich demonstrieren, auch noch meist sehr kümmerlich angelegt.

Heißt das nicht, daß „für die Krone der Schöpfung" eigentlich ein anderer Maßstab in Frage kommt und wenn, dann welcher?

Das kann nur das Denken sein!

Wenn unsere Sinne zur Erfassung der Realität ungeeignet sind, so führen Feststellungen, welche auf Grund dieser rein sinnlichen Überlegung getroffen werden, zwangsläufig in die Irre.

Selbst unsere Sprache drückt das aus. *Der Wahn der Sinne* ergibt *wahnsinnig*.

Beginnen wir jetzt mit der eigentlichen Realität unseres Kosmos. Mit der Welt des Geistes.

IV. Es gibt keine Materie, sondern nur Energie, und diese Energie wird von Bewußtsein beherrscht

Lassen wir zu Beginn den Nobelpreisträger, Max Planck zu Wort kommen. Wer ihn widerlegt ist reif für einen neuen Nobelpreis!

„Als Physiker, also als Mann, der sein Leben der nüchternsten Wissenschaft, nämlich der Erforschung der Materie diente, bin ich sicher frei für einen Schwarmgeist gehalten zu werden und so sage ich Ihnen nach meinen Erforschungen des Atoms dieses:
Es gibt keine Materie an sich. *Alle Materie entsteht und besteht nur durch eine Kraft, welche Atomteilchen in Schwingungen versetzt und sie zum winzigsten Sonnensystem des Atoms zusammenhält.*

Da es aber im gesamten Weltall weder eine intelligente, noch ewige Kraft gibt, so ist es der Menschheit nie gelungen, das heiß ersehnte perpetuum mobile *zu erfinden.*

So müssen wir hinter dieser Kraft einen bewußten intelligenten Geist annehmen.

Dieser Geist ist der Urgrund aller Materie.

Nicht die sichtbare, vergängliche Materie ist das Reale und Wirkliche, *- denn Materie bestünde, wie wir gesehen haben, ohne diesen (Geist) überhaupt nicht, -* **sondern nur der unsichtbare, unsterbliche Geist ist das Wahre.**

Da es aber Geist an sich allein ebenfalls nicht geben kann, sondern jeder Geist einem Wesen zugehört, müssen wir zwingend den Bestand von Geistwesen annehmen.

Da aber auch ein Geistwesen nicht aus sich selber sein kann, sondern erschaffen sein muß, so scheue ich mich nicht, den geheimnisvollen Schöpfer so zu nennen, wie ihn alle Kulturvölker der Erde früherer Jahrtausende genannt haben: **GOTT.**

Das Atom eröffnet der Menschheit die Tür in die verlorene und vergessene Welt des Geistes."

(Ich habe mir erlaubt wesentliche Punkte hervorzuheben.)
Das sagt ein Physiker. Es sagt jedoch nicht nur einer. Alle führenden Naturwissenschaftler kommen zu dem Schluß:

Das gesamte Universum besteht im Bereich der Atome nicht aus fester Materie. Es gibt nur <u>verschwommene Wahrscheinlichkeitswellen</u>. Das heißt, daß <u>jede ausdenkbare Wirklichkeit</u> bereits vor dem Ausdenken angelegt ist. Es kommt nur darauf an, wie wir diese Wahrscheinlichkeitswellen durch unser Bewußtsein (= bewußtes Sein) aktivieren.

Jesus sagte dazu:
„Euch geschehe nach eurem Glauben" (Matthäus 9.29) oder
„.....Um eures Unglaubens willen. Denn wahrlich ich sage euch: So ihr Glauben habt wie ein Senfkorn, so mögt ihr sagen zu diesem Berge: Hebe dich von hinnen dorthin! So wird er sich heben; und euch wird nichts unmöglich sein." (Matthäus 17.20)

Er sprach an anderer Stelle davon, daß wir noch viel größere Wunder als er vollbringen könnten. Und - tun wir diese?
Die Frage ist somit - speziell in Zusammenhang mit den Erkenntnissen der heutigen Physik - können wir Wunder nur deshalb nicht vollbringen, da wir von Kindheit darauf getrimmt werden, daß die Welt so ist und nicht anders, bzw. praktisch alle Menschen an diese Art von materiellem Umfeld glauben.
Das heißt gleichzeitig, anderes Massenbewußtsein, anderes materielles Umfeld.
Das würde z.B. den Bau der Pyramiden oder die Steinbearbeitung von Sacsayhuaman besser erklären.
Bekanntlich kannten die alten Ägypter als Metall nur Kupfer. Gehen Sie heute zu einem Steinmetz und sagen Sie ihm, er soll mit Kupfermeißeln Granit bearbeiten. Er wird Sie für verrückt erklären.

Die alten Ägypter konnten dies bekanntlich, denn viele Skulpturen sind aus diesem Material.

Noch unglaubwürdiger wird die derzeitige Theorie vom Bau der Pyramiden. Die Ägyptologen behaupten, daß diese in etwa 20 Jahren gebaut wurden.

Berechnen wir einmal nur die Steinzu- und -bearbeitung mit Kupfer aus. In der Pyramide stecken rund 2,5 Millionen Blöcke (zwischen zwei und siebzig Tonnen). Das ergibt bei der angeblichen Bauzeit von 20 Jahren, im reinen Schnitt, rund 340 Blöcke pro Tag. Die meisten Steinquader sind etwa zwei Meter lang und einen Meter und mehr im Quadrat. Rechnen wir nur 10 Bohrlöcher pro Quader, so mußten sie mit ihren Kupferbohrern pro Tag etwa 3.400 Präzesionslöcher von etwa einen Meter Tiefe und mehr schaffen. Jedoch wahrscheinlicher ist, daß es um die 5.000 waren.

Es wäre interessant, den Ägyptologen zuzusehen, wie sie das mit Kupferwerkzeugen und nur einem Block, in einem Tag bewerkstelligen.

Dann kam noch die millimetergenaue Bearbeitung jedes einzelnen Quaders hinzu! Das alles mit Kupferwerkzeugen! Vergessen wir auch nicht, daß zu der Steinbearbeitung die Abdeckung, welche heute so gut wie verschwunden ist, auch noch zu rechnen wäre.

Da ihr Bewußtsein anders war, könnten wir durchaus zu dem Schluß gelangen, daß sich auch ihre Baumaterialien anders verhielten.

Da laut Physik auch Zeit von Bewußtsein abhängig ist, so sollten wir uns auch einmal fragen, ob eine Million Jahre stets eine Million Jahre nach unserem heutigen Verständnis gewesen sind.

Für ein höheres Bewußtsein als wir es haben, dürfte es sich kaum als großes Problem darstellen, daran etwas schneller oder langsamer zu drehen.

Zugegeben, das sind Spekulationen, aber wie wir noch sehen werden, so abwegig ist das nach den Erkenntnissen heutiger Elementarphysik nicht.

Wir haben gar nicht die Glaubenskraft, sprich Überzeugung, daß wir z.B. über Wasser gehen könnten. Folglich wird diese verschwommene Wahrscheinlichkeitswelle nicht aktiviert und diese Möglichkeit existiert vielleicht allein aus diesem Grund nicht für uns.

Zugegeben, auch das ist Spekulation, aber so abwegig ist das nicht, wenn sie an das Laufen über glühende Kohlen ohne Brandblasen denken. Außerdem können wir bei den Shaolin Mönchen auf offener Bühne miterleben, zu was u.a. unser Körper mit Hilfe des Geistes fähig ist.

Wie funktionieren denn diese „Unmöglichkeiten"? Auch sollen manche Heilige ein „Bad in kochendem Öl" ohne Verbrennungen überstanden haben. Das wäre dann kein Teufelswerk gewesen, sondern nur starke Glaubenskraft oder modern ausgedrückt, angewandte Elementarphysik.

Das klingt zunächst völlig verrückt, aber wenn wir uns erst einmal mit der „verrückten" Realität unserer Atome befassen, so könnten wir durchaus zu dem Schluß gelangen, daß unsere heutige Denkart verrückt ist. Verrückt im Sinne von abgerückt von der Wirklichkeit des Universums.

Da alle Menschen nicht daran glauben, daß Wasser eigentlich begehbar wäre, so ist es für keinen von uns möglich darauf zu laufen.

Ist es wirklich so einfach? Vermutlich ja, sonst wäre die Elementarphysik falsch. Diese kommt in letzter Konsequenz zu der Erkenntnis, daß alles so ist, weil wir glauben, daß alles so ist.

Um diese Spekulation als durchaus potentielle Möglichkeit in Betracht zu ziehen, müssen wir uns ein klein wenig mit den Grundbausteinen jeglicher Materie befassen, den Atomen.

Sobald Sie die Erkenntnis über das Wesen jeglicher Materie im ganzen Umfang erfassen, müßte es ihnen buchstäblich den Boden unter den Füßen wegziehen, denn **nichts, aber auch gar nichts** an unseren (angelernten) Vorstellungen über Materie stimmt in Bezug auf ein endgültiges, ein statisches Verhalten von Materie!

Unser gesamtes materielles Umfeld ist, wie schon erwähnt nur deshalb so, da wir daran glauben, daß es so ist. Wir könnten es auf Grund anderer Denkmuster jederzeit ändern.

Bitte machen Sie sich klar, daß die derzeit gültigen Vorstellungen von Generation zu Generation in dieser Form ungeprüft weitergegeben worden sind und noch immer so weitergegeben werden. Nichts hindert den Menschen, zumindest in seinem persönlichen Umfeld die Weichen anders zu stellen.

Natürlich muß der Einzelne bereit sein, die Verantwortung für sein Leben zu übernehmen.

Die Menschen stehlen sich bekanntlich gerne aus der Verantwortung, indem sie die Schuld in ihrem Umfeld suchen.

Sie übersehen aber, daß das Umfeld stets der Erfolg (= es ist erfolgt) des eigenen Denkprozesses ist. Wie sollte es bei verschwommenen Wahrscheinlichkeitwellen auch anders sein. Das (persönliche) materielle Umfeld muß sich nach der oben angeführten Erkenntnis mehr oder weniger schnell im Alltag entfalten.

Wir haben stets die volle Verantwortung für unser Leben. Alles hat Konsequenzen in Bezug auf das was wir tun **oder unterlassen**!

Wir haben die Wahl, ob wir es aktiv gestalten wollen, oder ob wir durch unsere freiwillige Abgabe von Verantwortung, andere unser Umfeld (zu ihrem eigenen Vorteil negativ) formen lassen.

Dann sind logischerweise aber nicht die anderen schuld, wenn uns die Ergebnisse nicht gefallen. Nein **WIR** sind schuld.

!Es gibt immer nur einen Schuldigen im Leben - uns selbst!

***

Jetzt wäre von Vorteil das Buch zunächst zur Seite zu legen, um zumindest ein klein wenig darüber nachzudenken, was die Erkenntnis, daß Materie lediglich Wahrscheinlichkeitswellen sind, welche durch geistige Prozesse beherrscht werden, für uns Menschen bedeutet.

Sie werden IHRE Wirklichkeit finden und vermutlich mit mir übereinstimmen, daß Unheil niemals durch „Zufall", sondern durch den Zufall der kosmischen Gesetze erfolgt. Es **fällt** kraft dieser Gesetze **zu**.

Wenn einem Unheil zufällt, so kann das unter dem Gesichtspunkt der Physik nur lauten, daß ein falsches Denk- und Handlungsmuster vorliegt. („*...was du säst wirst du ernten"*)

Will ich Heil ernten, so müssen in meinen Vorstellungen zwangsläufig Änderungen erfolgen, auch wenn diese im ersten Moment verrückt erscheinen oder buchstäblich die gewohnten Verhaltens- und Denkweisen auf den Kopf stellen.

Jetzt bekommt z.B. Jesu Aussage "*...liebe deine Feinde"* ihren Sinn.

Wer in die negativen „Wahrscheinlichkeitswellen" seines negativen Umfeldes immer wieder negative Energie einbringt, anstelle zu vergeben „*...wie auch wir vergeben unseren Schuldigern"*, wird stets wieder die Früchte dieser Aussaat ernten müssen. Die Gegenspieler können wechseln, die Form der Energie bleibt negativ. Dahinter steckt das Gesetz von der Erhaltung der Energie(form).

Alles ist laut Physik Energie. Es gibt nichts anderes!

Das können wir uns zunächst nicht oft genug in unser Bewußtsein einhämmern.

Alles was wir sehen und anfassen können, sind Energieformen, vollkommen gleichgültig, ob es sich dabei um Eisen, Holz, ein Medikament oder um unseren Körper handelt.

Alles besteht aus Atomen.

Wir unterliegen, wie schon erwähnt, dem „Wahn" unserer Sinne. Wir sind, falls wir nur an eine Realität glauben, welche auf unseren Sinnen basiert, im wahrsten Sinne des Wortes wahnsinnig.

Es ist wahn- oder irrsinnig, mit den Erkenntnissen der Physik ein Weltbild aufrecht zu erhalten, welche die wahren „materiellen" Faktoren der Atome nicht berücksichtigt.

Wie könnte jemand auf unserem Globus richtig navigieren, wenn er auf dem Standpunkt verharrt, die Erde wäre eine Scheibe?

Wissenschaftler, welche nur den Meßgeräten vertrauen, müssen in die Irre gehen, denn diese Meßgeräte sind ja wiederum nichts anderes als Atome mit all ihren Wahrscheinlichkeiten. Dazu kommt noch die Unschärferelation.

Materiell eingestellte Wissenschaftler gleichen Baumeistern, welche keine Ahnung von der wahren Tragfähigkeit ihrer Baustoffe haben. Da nützen auch die kompliziertesten Formeln nichts.

Kein Forscher kann einen Stoff erfinden, welcher auf einem sechswertigen Sauerstoff basiert, wenn im kosmischen Plan kein sechswertiger Sauerstoff vorgegeben ist. (Es gibt nichts Neues).

Das einzig Wahre ist die geistige Kraft, welche uns die Werte, welche wir ständig (er-)finden, vorgegeben hat!

Es führt kein Weg vorbei, Materie ist Energie und diese ist wiederum abhängig von geistigen Impulsen. Das können wir uns nicht oft genug vor Augen halten. Es ist für die meisten von uns eine vollkommen neue Erkenntnis.

Jeder weiß: die kleinsten Bausteine sind Atome, aber kaum jemand weiß, wie so etwas auch nur annähernd aussieht.

Wir sind die Baumeister unseres Lebens und haben nicht die geringste Ahnung, mit welchem Baustoff wir umgehen.

Es ist somit kein Wunder, wenn so manche Traumschlösser zusammenkrachen.

Wir müssen uns ja nicht spezifisch mit Elementarphysik beschäftigen. Es genügt, wenn wir uns einen groben Überblick über das Wesen des Atoms verschaffen.

Gehen wir es schrittweise an.

Erster Schritt

Atome sind sehr, sehr klein. Sie kommen in rund einhundert Elementen (Grundstoffen) wie z.B. Gold, Kohlen-, Wasser- oder Sauerstoff in reiner Form vor.
Viele Stoffe, wie z.b. Wasser bestehen aus verschiedenen Atomen, man spricht dann von Molekülen (= ein Verbund verschiedener Atome). Im Falle des Wassers sind es zwei Wasser- und ein Sauerstoffatom (H_2O).
Vor vielen Jahren habe ich gelesen, daß ein Glas Wasser so viele Wassermoleküle enthält, daß man die ganze Wüste Sahara mit rund drei Metern Sand bedecken könnte, wenn jedes Wassermolekül in ein Sandkorn verwandelt würde.
Wie sieht in etwa so ein Atom aus?
Es besteht aus einem Kern, dem sogenannten Proton. Dieser Kern zerfällt wiederum in sechs kleinere Gebilde, den Quarks. Manche Forscher gehen davon aus, daß diese Quarks wiederum in kleinere Teilchen zerfallen.
Soweit ist die Forschung noch nicht, aber von der reinen Logik her könnten sie recht haben. Uns kann das egal sein.
Um diesen Atomkern rasen mit rund 900 km pro Sekunde die Elektronen (Propellereffekt, dadurch erscheint Materie als fester Stoff).
Jedes Element hat eine bestimmte Anzahl an Elektronen. (Die Neutronen bei den Molekülen können wir wegen des besseren Verständnisses hier unter den Tisch fallen lassen)
Aber selbst die schwersten Elemente, wie das Uran mit seinen Transuranen sollen nicht über 200 Elektronen kommen. Machen wir uns jetzt ein Gedankenmodel eines Atoms.
Würden wir den Atomkern bis zur Größe eines <u>Stecknadelkopfes</u> oder Sandkornes vergrößern, so würden die Elektronen, <u>klein wie</u>

Staubkörner, im Abstand von rund sechzehn Metern um diesen Atomkern herum rasen.

So unglaublich es klingt, ein Atom ist ein Gebilde von überwiegend leerem Raum. In unserem Beispiel ein Raum von zweiunddreißig Metern mit einem „Sandkorn" in der Mitte und ein paar „Staubkörnern" darum herum.

Da die Abstände der einzelnen Atome zueinander, selbst im dichtesten Stoff ebenfalls „gigantisch" sind, so ist z.b. selbst ein Stahlblock, stofflich betrachtet, „praktisch reine Luft".

Kommen wir zu den Elektronen:

Die Elektronen sind, je nachdem, welche Beobachtung (Erwartungshaltung) wir zugrunde legen, Teilchen oder Welle. Also sowohl als auch.

Bereits hier beginnt unser Verstand zu rebellieren. Das ist jedoch noch nicht alles.

Beim Elektron können wir entweder den Ort wo es ist oder die Zeit, also wann es an diesem Ort ist, bestimmen. **Beides zusammen geht nicht!**

Es ist also unmöglich zu bestimmen, wann ein Elektron an einem bestimmten Ort ist.

Der Physiker spricht bei diesem Phänomen von der Unschärferelation.

Wiederholen wir das Ganze noch einmal. Wichtige Teile des Atoms sind hier. Dann kann man aber nicht sagen wann. Oder wir bestimmen den Zeitpunkt, dann sind die Elektronen weg.

So verrückt wie sich das zunächst anhört ist das gar nicht. Mit diesen Faktoren könnte der Mensch begreifen, daß unsere dritte Dimension, in welcher wir uns im Moment befinden, in Wirklichkeit ein Traum, eine Täuschung ist.

Alle Mystiker haben das schon immer behauptet. Die Physik liefert den Beweis.

Es gibt Physiker, welche sagen: Alles ist gleichzeitig!

Das bedeutet: Die Zeit 10 000 vor Christus, Christi Kreuzigung und jetzt, 10 000 nach Christus, **alles ist in der eigentlichen Realität, welche unser begrenztes Bewußtsein nicht erfassen kann, alles ist JETZT!**

Logischerweise kann die Zeit, als vierte Dimension nicht eine eindimensionale Linie von Vergangenheit-Gegenwart-Zukunft sein.

Da unser menschliches Bewußtsein, aus welchem Grund auch immer, lediglich dreidimensional ausgelegt ist, so verzerrt es die Vierdimensionalität der Zeit, linear in die Eindimensionalität von Vergangenheit-Gegenwart-Zukunft.

Machen wir uns das an einem Beispiel verständlicher: Nehmen wir ein Samenkorn.

Sie wissen, daß in diesem Samenkorn der Plan für die nächste fertige Pflanze sein muß. Wie sollte die neue Pflanze wissen, wie sie funktionsfähige Samen herstellen soll, wenn dazu keine Anleitung vorliegt?

Das heißt dann doch, daß in meinem Samenkorn der Plan für das nächste Samenkorn und damit auch für das übernächste und so weiter und so weiter....., enthalten sein müßte. Richtig, es sind die Gene. Soweit so gut.

Das müssen wir aber auch zurück in die vermeintliche Vergangenheit umdrehen. Fragen wir uns doch, woher haben die Gene dieses Wissen?

Logischerweise kann das im Zuge einer sich ständig erweiternden Evolution nur heißen, daß bereits in der ersten lebenden Zelle mit ihren Genen, der Plan für die gesamte Evolution enthalten gewesen sein muß! - Das mag glauben wer will.

Es ist viel logischer, daß aus einer höheren (für uns zeitlosen) Dimension, jeweils die geistigen Impulse gesetzt werden, also die Gene ständig neu programmiert werden.

„Stimmt", wird die materielle Wissenschaft sagen, die Vermischung macht es. Das beantwortet aber noch immer nicht die Frage, wer eigentlich die Gene mit ihrer immensen Vielfalt geschaffen hat. Vermutlich der Gott des Zufalls.

Sehen wir uns die Forschungsergebnisse von Harold Saxon Burr, Professor der Yale University an.

Professor Burr erforschte die elektrischen Felder, welche jeden lebenden Organismus umgeben. Es zeigte sich, daß z.b. bei einem Samenkorn, ein Feld der ausgewachsenen Pflanze und bei einem Froschei, das Feld des ausgewachsenen Frosches vorhanden war.
(Th. Dethlefsen; „Schicksal als Chance", Goldmann TB, Seite 38).

Das bedeutet, daß der geistige Impuls, die Idee eines bestimmten Frosches, in Form eines energetischen Feldes bereits da ist und die Gene lediglich über die Zellteilung, diesen vorgegebenen Plan ausführen. Der Plan/Impuls ist geistig, die Gene sind die materiellen Handwerker, welche entsprechende geistige Impulse über die Zellteilung nachvollziehen. Wäre es anders, könnte das geistige, unsichtbare Feld vorher nicht da sein. Oder wie erklären Sie sich, daß die ersten Gene plötzlich wissen, wie sie jetzt verschiedene Organe mit ihren spezifischen Genen herzustellen haben?

Kommen wir nochmals zurück auf die ersten lebenden Formen, wie immer sie auf unserem Planeten ausgesehen haben mögen.

Wir hören, daß die ersten Aminobausteine in einer Ursuppe (Miller Experimente) unter Einwirkung von Blitzen entstanden.

Leider ein Ammenmärchen der Wissenschaft, welches gebetsmühlenartig immer wieder angeführt wird.

Professor Dr. Bruno Vollmert, ein führender Polymerchemiker kommt zu dem Schluß, daß die DNS sich niemals so entwickelt haben kann, denn dies widerspricht den Gesetzen der Polymerisation. (Prof. Dr.. B. Vollmert, „Das Molekül und das Leben", Seite 44)

Außerdem konnten in vielen weiteren Versuchen mit der Ursuppe, keine Aminobausteine mehr nachgewiesen werden. Hier dient offenbar ein einziger nicht mehr nachstellbarer Versuch als Beweis für die Entstehung des Lebens. Gibt das nicht zu denken? Vollmert kommt zu dem Schluß, daß diese im ersten Versuch gefundenen Aminobausteine so gering waren, daß sie in den Bereich von eingebrachter „Verschmutzung" fallen.

Das Leben kann auch aus folgenden Gründen kein Zufall sein.

Es gibt das Gesetz von der Erhaltung der Energie. Die Materie ist, wie gesehen, eine Form von Energie, die wiederum vom Geist beherrscht wird. Logischerweise kann der Geist, welcher über der Materie steht und sie beherrscht, kaum vergänglich sein.

Wir müssen zwangsläufig davon ausgehen, daß zunächst DER GEIST, welcher aus einer höheren Dimension ein materielles, dreidimensionales Universum schuf, ständig neue Impulse für jegliche belebte Materie setzt.

Von NICHTS kommt bekanntlich NICHTS. Auch Gene müssen „geboren" werden!

Wie absurd die heutige Evolutionstheorie mit dem Gott „ZUFALL" als Baustein des ersten Lebens ist, mag ein einfaches Beispiel verdeutlichen.

Angenommen Sie reisen mit den Anhängern dieses Weltbilds auf einen fernen Planeten, landen und finden ein verlassenes Dorf mit Häusern in verschiedenen Ausbaustationen vor. Teils sind nur die Fundamente ausgehoben, vor anderen Häusern liegt verschiedenes Baumaterial herum, welches noch einzubauen wäre. Aber ein Haus ist fertig. Lassen wir es noch mit allem Komfort ausgestattet sein.

Nun behaupten Sie, dieses Haus ist rein zufällig entstanden. Können Sie sich vorstellen, welchen Spott Sie von den gleichen Wissenschaftlern ernten?

Die DNS, ein Makromolekül, welches ungleich komplizierter aufgebaut ist als ein Haus, noch dazu organisch ist und sich praktisch durch sich selbst vermehrt, diese DNS, ist nach der Vorstellung der heutigen Wissenschaft hingegen „zufällig" entstanden. Vergessen wir nicht, ohne die DNS wäre die gesamte Evolution unmöglich gewesen.

Wenn die geistigen Denkprozesse die Materie beeinflussen, und das ist schließlich über die Physik abgesichert, so bedeutet das, daß bereits die erste lebende Materie geistig beeinflußt gewesen sein muß.

Wir müssen auf Grund moderner Physik jedoch davon ausgehen, daß alle Materie des gesamten Universums, einen geistigen Ursprung haben muß, sonst würde diese Physik nicht stimmen.

Wer das Gegenteil beweist ist reif für den Nobelpreis!

Die Frage lautet somit, wer ist der geistige Impulsgeber, welcher jegliche Materie beeinflußt?

Wer ist der Schöpfer, welcher die Materie nicht nur beeinflußt, sondern geschaffen hat?

Es sollte außerdem klar sein, daß Materie, welche von geistigen Prozessen abhängt, keine eigene Initiative entwickeln kann.

Soweit Überlegungen was allein die Zeit betrifft. Da aber laut Physik, Zeit und Raum nicht voneinander getrennt werden können, so heißt das doch, daß auch unsere Vorstellung über den Raum nicht stimmt.

Wir hören dann, daß der Raum in sich gekrümmt sei, wie auch immer das zu verstehen sei.

Wie wäre es mit folgender Überlegung:

In einem Traum haben wir bekanntlich oft sehr „reale" Raumvorstellungen, obwohl, wie jeder weiß, dieser Raum gar nicht existiert. (Oder doch?)

Wir können hier nicht unterscheiden ob Traum oder Wachzustand. Was ist das für ein ICH, daß wir im Traum als durchaus real empfinden? Ist es das gleich ICH wie im Wachzustand, welches im Traum nur in einer anderen Dimension „etwas anders gelagert" ist?

Wer garantiert uns, daß unser derzeitiges Leben in der dritten Dimension im Hinblick auf die „Realität" der Atome nicht ebenfalls ein sehr „realer" Traum unseres Egos ist und unsere Heimat (der eigentliche Wachzustand) in einer höheren Dimension liegt?

Was sind 40, 60 oder gar 100 Jahre in einer zeitlosen Ewigkeit? - Weniger als eine Nanosekunde!

Da laut Physik alles angeblich gleichzeitig ist, so ist der Urknall und das Ende des Universums ebenfalls gleichzeitig. Das heißt doch, daß die Mystiker recht haben. Sie sagen, daß diese Welt, ja unser ganzes Universum, irreal, eine Täuschung wäre. Also doch nur ein Traum. Der Traum eines reinen Bewußtseins ohne Raum und Zeit.

Natürlich ist das für unser gewohntes dreidimensionales Denken völlig verrückt.

Aber überlegen wir noch einmal mit. Das Elektron ist da, aber die Zeit wann es da ist, das läßt sich nicht bestimmen. Oder nehmen wir es umgekehrt, bestimmen wir den exakten Zeitpunkt wann es da sein soll, dann ist das Elektron weg. Ja, wohin verschwindet es?

Da das Elektron eine Form von Energie ist und sich die Energie höchstens wandelt, aber nie auflöst, so muß es sich logischerweise auf „eine höhere Ebene" oder Dimension begeben. Auflösen kann es sich nicht.

Wir können dieses Phänomen nun beim einzelnen Elektron belassen. Aber so einfach ist das Ganze nicht. Wir müssen doch den Rahmen weiter stecken. Wir müssen logischerweise dieses Phänomen auf alle Elektronen unseres Universums übertragen.

Das heißt, wären wir in der Lage zu bestimmen, daß alle vorhandenen Elektronen der gesamten vorhandenen Materie, zu einem bestimmten Zeitpunkt an einem bestimmten Ort innerhalb ihres Atoms zu sein hätten, so wären sie gar nicht da!

Mit anderen Worten, zu einem ganz exakten Zeitpunkt verschwindet das halbe Universum - und wohin bitte?? Es bleibt nur „der Ausweg" einer anderen Dimension.

Das heißt: Unser derzeitiges materielles Umfeld kann gar nicht die einzig bestehende Realität darstellen. Da unser Ego eine Form von Bewußtsein ist, so läßt sich folgern, daß auch dieses nur momentan in diese uns gewohnte dritte Dimension abgerutscht ist und gar nicht zusammen auf Ort und Zeit fixiert werden kann.

Mit anderen Worten: Wir sind genau wie das Elektron hier und wiederum auch nicht. Schließlich besteht unser Körper ebenfalls aus Atomen und damit aus Elektronen!

Nächster Punkt. Bei den Quarks im Atomkern ist es noch lange nicht heraus, ob diese nicht ebenfalls so aufgebaut sind wie das eigentliche Atom. Die Frage wäre dann, sind die „Elektronen" der Quarks ebenfalls da und wiederum nicht? Die Möglichkeit ist im Moment 50:50. Soweit ist die Forschung noch nicht. Falls ja, was dann? Dann wäre das ganze Universum weg!

Lachen Sie nicht, kaum jemand macht sich einen Gedanken darüber, daß wir im Kern der Sache stets einen Tick in der Vergangenheit leben. Das absolute JETZT kann der Mensch gar nicht erfahren. Bis es ihm auf irgend eine Art bewußt ist, ist dieses JETZT, selbst mit der schnellsten Reaktionszeit, bereits Vergangenheit.

Möglicherweise existiert diese scheinbare reale materielle Wirklichkeit nur deshalb, daß wir dieses Universum stets minimal zeitverzögert erleben. Wir können es gar nicht so absolut im HIER und JETZT fixieren und damit auch nicht die Elektronen.

Möglicherweise treffen wir in tiefer Meditation, oder anderen besonderen Bewußtseinszuständen diesen Punkt des absoluten JETZT.würde die Einblicke in frühere Leben und auch die Prophetie erklären.

Gehen wir jetzt einmal von der Überlegung aus, daß die gesamte Materie in unserem Universum Energie ist und von Bewußtsein beherrscht wird.

Wir könnten daraus schließen, daß die gesamte Materie nichts anderes als heruntertransformiertes Bewußtsein ist. Ähnlich wie Eis der dritte Aggregatzustand des Wassers ist (Eis - Wasser - Dampf).

So könnte die übergeordneten Ebenen der Materie - Seele - reiner Geist - lauten.

Materie haben wir „sichtbar" um uns. Die seelischen Belange sind unsichtbar, haben aber eine ganze Menge Einfluß. Das Reingeistige, sehen auch wir nicht, an das können wir nur noch glauben. Es hat jedoch genau wie Dampf die meiste Energie in sich.

Wir selbst identifizieren uns nur mit unserem EGO und somit aktivieren wir mit unseren geistigen Kräften (= „Form des Dampfes") diese Wahrscheinlichkeitswellen entsprechend.

Je materieller wir denken, um so „härter" wird der Stoff.

Je spiritueller, je unabhängiger werden wir von materiellen Zwängen und um so leichter leben wir.

Das wäre unsere derzeitige menschliche Ausgangsbasis.

Damit könnten wir unsere eigentliche Aufgabe (= auf-geben) erkennen, unsere materiellen Wertvorstellungen zu überprüfen und unsere geistigen Kräfte zu erproben.

Zurück zur Energieform unserer gesamten Materie:

Wenn die uns bekannte Energie wirklich nur ein niedrig schwingendes Bewußtsein wäre, und zumindest die Hälfte (Elektronen) der gesamten Materie des Universums ist hier, es ist aber unbestimmt wann, so können wir genauso folgern, daß wir mit unserem Körper ebenfalls hier sind und wiederum nicht. Das heißt doch in letzter Konsequenz - unser Ego selbst ist eine Illusion.

Mit anderen Worten, es könnte somit in der eigentlichen Realität nur Bewußtsein ohne Raum und Zeit geben.

In etwa könnten wir uns das wie folgt vorstellen: Wir können unsere Gedanken schweifen lassen. Wir können jeden Ort den wir kennen in Gedanken erreichen ohne wirklich da zu sein. Wir sind dort und wiederum nicht. Der „Raum" dazwischen ist da und nicht da.

Wie gesagt Spekulation, aber wie ist es für ein fünfdimensionales, unter Umständen noch höher angesiedeltes Bewußtsein ???

Diese Frage können wir nicht beantworten. Genau so wenig, wie wir uns einen in sich gekrümmten vierdimensionalen Raum vorstellen können, falls es den Raum überhaupt gibt

Wir bleiben nach meiner Meinung mit der Vorstellung eines in sich gekrümmten Raumes noch zu sehr in dreidimensionalen Denkansätzen und Begriffen hängen.

Wie verhält es sich bei solchen Konditionen mit der Lichtgeschwindigkeit? Auch diese kann in einem Universum, welches nur „teilweise", bzw. „ständig existiert" keine absolute, konstante Größe sein.

Wir könnten dies auch unter folgendem Gesichtspunkt betrachten.

Alle Materie ist Energie. Diese unsere dritte Dimension besteht aus „herunter transferierter" Energie.

Das ist leicht zu verstehen, wenn wir uns das Wasser mit seinen drei Aggregatzuständen von Eis, Wasser, Dampf vor Augen halten.

Unsere dritte Dimension stellt dann den Eiszustand dar. Jeder weiß, daß die Wassermoleküle im Eis nur eine geringe Bewegungsdynamik aufweisen. Deshalb hat das Licht in unserer Dimension ebenfalls eine begrenzte Geschwindigkeit. In einer höheren Dimension existieren hingegen diese Geschwindigkeitsgrenzen zumindest in unserer Form nicht mehr. Unsere zeitverzögerte „Zukunft" (Eisform) kann von höherer Warte längst eingesehen werden, während wir glauben, daß unser Zeitgefühl das einzig Reale darstellt.

Wenn wir schon wissen, daß es eine zumindest vierte Dimension der Raumzeit gibt, so können wir doch nicht immer so tun, als wenn die Kriterien der dritten Dimension, die ausschlaggebenden Faktoren sind.

Das gleiche gilt für die Relativitätstheorie unter dem Zeichen der Unschärferelation. Sie kann so nicht stimmen. Zumindest nicht von einer höheren Warte betrachtet.

Logischerweise ist die große Leere des Alls eine Illusion und es gibt in Wirklichkeit keine „reale" dritte Dimension und damit zumindest keinen Raum wie wir ihn uns vorstellen.

Das was wir uns als leeren Raum vorstellen, könnte so etwas wie ein Nichts sein, welches aus einer höheren Dimension erst gewisse Konturen erhält, genau wie im Kino.

Hier wird uns auf der zweidimensionalen Leinwand ebenfalls ein scheinbarer Raum vorgespiegelt und unser EGO taucht oft in diese vorgegebene „Realität" so stark ein, daß wir zumindest für eine gewisse Zeit glauben, mitten im Geschehen zu sein. Diese Bilder sind ja ebenfalls nichts anderes als Energieeffekte, die Effekte von Lichtenergie.

Wer garantiert uns bei den Fakten der Unschärferelation, daß wir nicht in einer Art kosmischen Kino sitzen und unser EGO ist lediglich ein Mitwirkender „auf der Leinwand einer dreidimensionalen Projektion", welcher glaubt, daß sein Umfeld die wahre Realität darstellt.

Es würde auch das Phänomen der Wiedergeburt, außerkörperlicher Erfahrungen und Prophetie erklären, denn wenn alles gleichzeitig da und nicht da ist, so ist jede Art von Zeit in dieser Bandbreite JETZT.

Bekanntlich arbeiten wir derzeit nur mit höchstens 20 Prozent unseres Gehirns. Warum sollte es nicht möglich sein, daß ein paar Menschen ein paar zusätzliche graue Zellen aktiviert haben, welche andere Sinneswahrnehmungen zulassen. Wer will das wissen?

Es könnte somit nur eine Frage des jeweiligen Bewußtseinstandes des Einzelnen sein (nicht seines jeweiligen Egos), in welcher Zeit „er" auftaucht, oder um das obige Beispiel des Kinos nochmals zu bringen, in welches Lichtspielhaus „er" geht.

Bekanntlich hat unser Gehirn noch eine ungenützte Kapazität von 80 Prozent frei.

Einblicke in frühere Leben könnten spielend innerhalb solcher unerforschter Sektionen ablaufen.

Hinzu kommen die außerkörperlichen Erfahrungen. Die Erklärung könnte darin liegen, daß sich ein Teil unseres höher angesiedelten geistigen Potentials zeitweise von der Begrenzung des Körpers befreit.

Das ergibt die Frage, wer bin ich wirklich? Nur das jeweilige EGO oder weitaus mehr?

Wer weiß, ob z.b. unser Sonnensystem nicht so etwas wie ein Atom darstellt? Die Sonne als Atomkern und die Planeten wären dann die Elektronen. Die ganze Milchstraße eine Art Molekül und alle Milchstraßen zusammen ergeben einen riesigen Körper.

Wieso soll das ganze Universum lediglich eine sinnlose Ansammlung von toter Materie sein?

Wenn Materie zum Bestand Bewußtsein benötigt, ist es nicht mehr als fragwürdig, daß unser gesamter Kosmos von einem Überbewußtsein so aus Jux und Tollerei als leblose Materie geschaffen und am Leben gehalten wird?

Darin als einziges bewußtes Wesen, der Mensch mit all seinen Fehlern und Unwissenheit als „Krone der Schöpfung". Ist solch eine Vorstellung nicht mehr als arrogant?

Ist er jetzt völlig verrückt geworden, wird sich so mancher fragen. Natürlich, verrückt, im Sinne von abgerückt zum derzeit gültigen Weltverständnis, was sonst?

Können wir wirklich bei solchen Fakten der Elementarphysik wie gehabt zur Tagesordnung übergehen, oder lohnt es sich nicht, sich darüber einmal selbst eigene Gedanken zu machen?

Versuchen Sie doch einmal, sich selbst diesen Fragen zu stellen. Unabhängig vom Ergebnis, - eines könnten wir Menschen lernen, und zwar, daß wir unsere derzeitigen Vorstellungen, von der „richtigen Art zu leben", daß wir diese nicht mehr ganz so tierisch ernst nehmen.

Unsere Kämpfe um Macht, unsere Gier nach materiellen Werten, unseren Neid, die Eifersucht und was es sonst noch so alles geben mag.

Wir könnten dann erkennen, was wirklich wichtig ist und was uns auch Jesus mit etwas anderen Worten vermitteln wollte. Wichtig wäre allein unsere geistige <u>Ent</u>wicklung - nicht die ständige <u>Ver</u>wicklung in materielle Begebenheiten mit den unangenehmen Folgen durch die oben erwähnten menschlichen Schwächen.

Je mehr wir unsere Energie auf den Erwerb materieller Werte richten, um so mehr fehlt sie uns bei der Entwicklung unserer geistigen Energie, bei der positiven Gestaltung unseres Umfeldes.

Solche materielle Ausrichtung der eigenen Energie kostet uns im Grunde die „Macht des Volkes"! Das ist die moderne Art von *„Panem et circensis"*. (Brot und Spiele)

Wir sind aber dabei noch naiver als die alten Römer. Die hatten es bekanntlich kostenlos. Wir hingegen geben dafür noch Geld aus.

Der Sport ist geradezu ein Paradebeispiel dafür. Da klopfen sich Fußballfans für „ihre" Mannschaft auf die Köpfe. Sie identifizieren sich so mit diesen Idolen, daß sie offensichtlich vergessen, daß unten auf dem Rasen lediglich moderne Legionäre den Ball treten und zwar lediglich zum eigenen finanziellen Nutzen, nur am Rande für den Verein.

Was haben diese modernen Fußballklubs noch mit der Stadt selbst zu tun? Einst war das noch verständlich. Da ging es um das Stadtprestige wenn z.B. die Nürnberger gegen die Fürther oder Münchner spielten. Aber heute bei Fußball-Legionären, welche ihr Fähnchen nach jedem lukrativen Vertrag hängen?

So können die Herrschenden die Aggressionen, welche sich in der Gemeinschaft auf Grund der allgemeinen negativen Lebensumstände aufbauen, auf die Mitglieder der Gruppe lenken und die Verursacher bleiben außen vor. Der Witz dabei ist, dieses Theater bezahlen wir noch selbst. So sieht die moderne Form von *panem et circensis*, bzw. divide et impera (= teile und herrsche) aus.

Wir verlieren an Macht, indem wir irgend jemand zu einem Idol (= lat. *idolum* bedeutet so viel wie Götze, Götzenbild) erheben.

Wenn wir andere erheben, so heißt das, daß wir uns als geringer ansehen. Indem wir ihnen nacheifern, meist noch ohne den Hauch einer Chance zu haben, diese Leistungen auch nur annähernd zu erreichen, so vernachlässigen wir zwangsläufig unsere eigenen Stärken.

Viele starren wie die Kaninchen auf die Schlange und erstarren in Ehrfurcht. Denken wir nur an die Ehrfurcht vor irgendwelchen Politikern oder „Fernsehstars".

Manche Teenager fallen angesichts ihrer Stars sogar in Ohnmacht. Wie treffend, sie sind ohne Macht, die Stars haben die Macht über sie!

Wiederum andere lassen sich z.B. von einem Kleincomputer, genannt Tamagotchi „per Spiel" eine gewisse Abhängigkeit aufzwingen und Zeit zur eigenen Entwicklung stehlen!

Vom Großmaßstab der Deaktivierung des eigenen, kreativen Denkens, mit Hilfe der vielseitigen Computerbeschäftigungen, ganz zu schweigen.

Ein anderes Beispiel über den eigenen Machtverlust ist unsere Modetorheit und der Wahn nach der Figur dieser Models.

Beginnen wir mit dem Schlankheitswahn. Unsere Frauen vergessen, daß ein großer Teil dieser Modeschöpfer etwas anders „gelagert" ist.

Es ist doch selbstverständlich, daß solche Männer ein ganz anderes „Schönheitsideal" von einer Frau haben als ein „normaler" Mann. Abzulesen an den knabenhaften, teils halb verhungerten Mannequins.

Ganz abgesehen davon, tanzen diese Modezaren nicht eine Art Ball der Eitelkeiten bei der Pret-a`-porter, wie diese Modetorheiten, welche hier präsentiert werden, aufzeigen?

Wozu solch einen Unsinn nachäffen? Wer soll das tragen? Da wir es sowieso abändern, wieso tragen wir nicht gleich, was uns am besten kleidet? Wozu diese gebannte Frage, was trägt man in diesem Jahr? Das ist der erste Machtverlust, denn dieser ständige Wechsel muß bekanntlich finanziert werden. Im Grunde bestimmen ein paar Exzentriker über einen Teil unserer finanziellen Mittel.

Der zweite sieht folgendermaßen aus.

Es ist nachgewiesen, daß rund 80 Prozent der Männer für weibliche Figuren schwärmen. Im Orient liebt man es bekanntlich besonders üppig.

Aber wie viele Frauen interessiert das schon, sie richten sich nach ein paar Modezaren aus. Sie hungern lieber, als daß sie sich zu ihrer eigenen Weiblichkeit bekennen, welche der überwiegende Teil der Männer begehrt. Was für ein Verlust an Macht - und zwar für beide Geschlechter.

Hinzu kommt, daß diese Ausrichtung nach Vorstellungen der Modeschöpfer, zumindest bei den ständig nötigen neuen Kleidern, sei es wegen der Farben oder Formen, auch noch Geld kostet und das nicht zu knapp. Das ist ebenfalls ein Machtverlust, denn dafür müssen wir arbeiten.

Auch der ganze Kult um x-beliebige „Stars" fällt in den Bereich der Abgabe von Macht.

Anstelle jeweils unser Potential zu entwickeln und in die Gesellschaft einzubringen, starren wir auf irgendwelche (unerreichbaren) Idole und viele werden unzufrieden oder qualifizieren sich selbst ab.

So entgehen der Gesellschaft viele ungenutzte Anlagen zu unserer <u>Gesamtentwicklung</u>

Das mag zum Thema der Ausrichtung von Energie in materielle Bahnen völlig ausreichen. Jeder findet in unserer Gesellschaft noch viele Möglichkeiten, wie und wo er seine Energie/Macht verlieren kann. Die Herrschenden haben viele Fallen aufgestellt.

Das einzige was vermutlich jedes menschliche Bewußtsein aus dieser Dimension „nach drüben" mitnehmen kann, dürfte sein geistiges Energiepotential sein, der Schatz seiner Erfahrungen. Je mehr es lernt, um so besser.

Warum wird wohl heute von den Herrschenden die Erfahrung des Alters so torpediert? Vermutlich deshalb, da sie einfach mit der Unerfahrenheit der Jugend, die Geschicke noch viel schneller in die Richtung wachsender Abhängigkeit der Allgemeinheit lenken können.

Wenn Erfahrung nichts mehr gilt, dann regiert das Geld. Wohin das führt, können wir heute schon spürbar in unserer Gesellschaft fühlen.

Wir können noch eine weitere Überlegung in Bezug auf die Atome einfließen lassen. Kaum jemand macht sich Gedanken, daß in jedem Augenblick zusätzliche Energie in unseren materiellen Alltag einfließen muß.

Die einzelnen Atome werden über zusätzliche Kräfte, die sogenannten Valenzen zusammengehalten. Sonst würden sie ein atomares Eigenleben wie z.B. Sandkörner führen und keine Einheit wie z.B. Eisen bilden.

Bereits hier wird deutlich, daß selbst Eisen Bewußtsein haben muß, denn sonst gäbe es nur lose Eisenatome ohne festen Verbund.

Müßten wir das nicht noch spezifischer in der Form sehen, daß jedes Organ wie z.B. unser Auge, ein ständiges Gesamtbewußtsein Auge haben muß? Die Gene und Zellen würden sich dann diesem Oberbegriff *AUGE* unterordnen und bei der Zellerneuerung würde diese Bewußtseinsenergie für den einwandfreien Ablauf sorgen.

Uns fehlt offensichtlich, trotz den Erkenntnis der Elementarphysik, daß Materie von geistigen Kräften abhängig ist, noch immer der Bewußtseinssprung, von dem über unsere Sinne ausgerichteten materiellen Weltverständnis, ein Umdenken, hin zu einem **geistig, energetischen Weltbild**.

(Vielleicht können wir jetzt ermessen, wie gefährlich im Grunde die Erzeugung von Energie mit den Kernbrennstoffen ist. Es ist ein Kräftemessen verschiedener Bewußtseinsarten. Einerseits der hochenergetischen negativen Kernbrennstoffe, andererseits das der abschirmenden Materie. Wer kann hier sicher sein, daß dies stets stabil zu Gunsten der Sicherungsmaterialien ausgeht?)

Gäbe es diese Valenzen, besser formuliert, gäbe es dieses Bewußtsein nicht, so würde selbst unser Körper in unzählige Atome zerfallen. Daran würde auch die Schwerkraft nichts ändern. Alles wäre lediglich Atomstaub. Nichts anderes geschieht beim Tod. Wenn unser Bewußtsein den materiellen Körper verläßt, so zerfällt dieser in die einzelnen Moleküle, wir kommen darauf noch zurück.

Die Frage lautet somit, wer ist dieses Superbewußtsein, oder woher stammt somit diese Art von Bewußtsein (chemisch gesehen, der vorgegebenen Wertigkeiten) der Elemente und daraus sich ergebend, das Bewußtsein aller Stoffe?

Wir haben heute die Theorie des Urknalls. Schön und gut, aber was war zuvor? Wie heißt der große Schöpfer aller möglichen Materieformen. Laut Wissenschaft der bekannte „Gott" des Zufalls.

Wir sehen, daß unsere Wissenschaft gar nicht so ungläubig ist. Sie glaubt ebenfalls an einen schöpferischen Gott. An den Gott der Unvernunft, an den Gott, der im Grunde nichts weiß, dem alles vollkommen unbewußt gelingt.

Wir hingegen können ruhig behaupten, der Schöpfer jeglicher Materie ist GOTT. ER ist in allem, denn in allem ist Bewußtsein.

Wir gleichen Fischen im Wasser, welche fragen:

Wasser? Was soll das sein? Wo ist es? Ich habe es noch nie gesehen. Wir „schwimmen" buchstäblich in GÖTTLICHEM BEWUSSTSEIN und erkennen es nicht. („....*denn mit sehenden Augen sehen sie nicht."*)

Woher kommt z.B. die permanente Kraft des Magneten?

Sie könnten auch fragen, warum wir z.B. an einen Nagel über eine x-beliebige Zeit ein Gewicht aufhängen können.

Woher kommt also die Kraft, welche die einzelnen Atome so fest zusammenhält, um der zusätzlich einwirkenden Schwerkraft des Gewichtes entgegenzuwirken und zwar über längere Zeiträume?

Noch ein Punkt wäre anzufragen: Bekanntlich sind die ältesten, bekannten Gesteinsarten fast zwei Milliarden Jahre alt. Das heißt, seit dieser gigantischen Zeitspanne kreisen die Elektronen um die Atomkerne und halten teils unvorstellbaren Drücken stand.

Woher stammt diese Kraft für diesen „ewigen Tanz um den Atomkern" und woher stammt die Kraft, sich gegen diese enormen Drücke zu behaupten? Von nichts kommt bekanntlich nichts.

Da Raum und Zeit laut Physik nicht zu trennen sind, der Physiker spricht von der Raumzeit, als vierte Dimension, so muß die eigentliche Wirklichkeit des Geistes logischerweise mindestens eine Dimension höher, also in der fünften Dimension angesiedelt sein.

Solange uns Wissenschaftler die Frage über die Herkunft dieser zusätzlichen Valenzen-Energie nicht eindeutig erklären können, solange sollten sie nicht behaupten, daß es nur so ist und nicht anders.

Wir könnten den Spieß der Beweisführung ohne weiteres umdrehen.

Wer nicht beweisen kann, daß hinter all diesen Bewußtseinsfaktoren keine höhere Kraft steckt, sollte sich solange mit seinem Spott und seiner Dogmatik zurückhalten, bis er das Gegenteil selbst erst einmal beweisen kann.

Im Moment spricht die Logik eine deutlichere Sprache als die der Ignoranz.

Lassen Sie die Ignoranten, welche heute die große Presse haben ruhig lachen. Denken Sie selbst und räumen zumindest allen neuen Denkansätzen eine 50-prozentige Wahrscheinlichkeit ein, und zwar so lange, bis **Sie** herausgefunden haben, was stimmt.

Schließen wir zu guter letzt noch das Gesetz von der Erhaltung der Energie in die Überlegungen mit ein, so ergibt sich folgender Schluß. Wenn schon Materie (= Energie) nicht vergehen kann, so kann es logischerweise der Geist erst recht nicht.

Bereits jetzt sollte klar sein, daß die Zeit, welche für uns eine bedeutende Rolle spielt, als Zeitempfinden eine Illusion ist. Genau so eine Täuschung ist wie unser Gefühl, daß wir „auf" der Erde stehen.

Die Zeit entsteht in unserem dreidimensionalen Bewußtsein und hat damit auch eine wandelbare Qualität. Jeder weiß z.B., daß eine Minute in den Armen eines geliebten Menschen sehr kurz ist, unter Wasser aber eine Ewigkeit sein kann.

Kommen wir zum nächsten Schritt.

Dritter Schritt

Um die Zeit und unsere falsche Vorstellung davon besser zu verstehen, sollten wir nochmals auf die Eigenschaft des Elektrons in Form seiner Unschärferelation zurückkommen.

Wir haben gehört, daß wir beim Elektron, also einem wichtigen Teil des Atoms, entweder den Ort oder die Zeit seiner Anwesenheit bestimmen können. Beides zusammen geht nicht.

Hinzu kommt, daß laut Physik Zeit und Raum nicht getrennt werden können. Das alles klingt zunächst verwirrend, ist es aber gar nicht, wenn wir die Eigenschaften des Elektrons in die Überlegungen einbeziehen.

Lassen wir uns nicht von Denkmodellen wie, Raum und Zeit sind in sich gekrümmt, verwirren.

Machen wir es uns etwas einfacher.

Unser Bewußtsein, also unser bewußtes Sein, ist dreidimensional ausgelegt, und damit wird es für uns praktisch unmöglich, vierdimensionale Realitäten zu begreifen, auch nicht geistig.

Begnügen wir uns damit, daß das, was wir als so real erfassen, zeitlich da ist und wiederum nicht.

Zumindest gilt dies, nach dem derzeitigen Stand der Forschung, für die Hälfte (über das Elektron) aller materiellen Erscheinungsformen.

Wir empfinden die Zeit eindimensional, als eine Linie von der Vergangenheit in die Gegenwart hin zur Zukunft und das stimmt nun mal physikalisch zumindest in dieser Form nicht, genauso wenig, wie unser Empfinden, daß wir „auf der Erde stehen".

Was stimmt eigentlich? Das ist eine gute Frage.

Klar sollte sein, daß das, was uns viele Wissenschaftler als unumstößliche Wahrheit verkünden, so nicht richtig ist.

Diese „Experten" gehen von vollkommen falschen Fakten aus. Fragen wir an dieser Stelle einmal kritisch nach.

Diese Wissenschaftler behaupten, daß der Sitz unseres Bewußtseins im Gehirn ist bzw., daß unser Gehirn Bewußtsein erzeugt.

Die Primärfrage lautet doch: Da das Gehirn bekanntlich ebenfalls nur aus Atomen bzw. Molekülen und damit materiell gesehen praktisch aus leerem Raum besteht, wie erzeugen bzw. wie bauen diese Atome/Moleküle überhaupt Bewußtsein auf.

Wie machen sie das? Wo steckt in diesem leeren Raum das Bewußtsein, der „angeborene" Instinkt oder gar unsere Charaktereigenschaften?

Wie funktioniert das in Wirklichkeit? Wie es aus unserer vordergründigen, materiellen Sicht abläuft, das wissen wir, aber das kann atomar, noch dazu im Zeichen der Unschärferelation gesehen, so nicht richtig sein. Das heißt im Klartext: **Bewußtsein erzeugt ein Gehirn, aber Gehirn niemals irgend ein Bewußtsein".**

Dann wäre noch die Frage zu beantworten, welches Genie hat dieses Wunderwerk Gehirn aufgebaut?

Wer hatte dieses Wissen, um solch einen komplizierten biologischen Computer zu bauen?

Die Antwort der Wissenschaftler lautet, die Gene. Daraus ergibt sich zwangsläufig die Frage, wer hat die Gene mit einem solchen Wissen erschaffen? Woher haben diese das Wissen? Woher kommen die Gene? Wer hat die ersten Gene geschaffen?

Bekanntlich sind sie sowohl im weiblichen Ei als auch in den männlichen Spermen.

Frage: Wie wissen z.B. die Hoden, wie lebensfähige Spermen produziert werden? Wo sitzt dieses Überbewußtsein, um diese Gene zu schaffen? Im Eierstock, oder in den Hoden. Oder wiederum in den Genen der entsprechenden Zellen?

Vergessen wir dabei nicht, Gene bestehen in letzter Konsequenz ebenfalls nur aus Atomen, im Grunde aus energetischem Leerraum.

Selbst bei unbewußt lebenden Tieren funktioniert die Erzeugung lebender Gene.

Der Mensch als Krönung der Schöpfung kann keine einzige Zelle, geschweige einen ganzen Organismus aufbauen, aber die Gene können das.

Also sind sie die Krönung der Schöpfung und der einzelne Mensch nur so eine Art Neben- bzw. Spielart genetischer „Zufallsergebnisse". Oder steckt hinter allem nicht die einzig mögliche Kraft der Schöpfung, GOTT? Eine Kraft, welche aus höheren Dimensionen wirkt?

Wir sehen, im Grunde wissen wir nichts. Das jeweilige ICH des Menschen ist ziemlich unwissend.

Ironisch formuliert könnte man durchaus sagen, die „Krone der Schöpfung" selbst weiß nicht einmal die einfachsten schöpferischen Fakten. Selbst die Gene der Tiere sind intelligenter und wissen wie sie ein neues Geschöpf aufbauen müssen.

Wissen diese das wirklich? Angesichts der Forschung von Professor Saxon Burr mit den elektrischen Feldern, welche jedes Lebewesen, selbst das eines Froscheis umgeben, ist es höchst zweifelhaft, ob die Gene über dieses Wissen verfügen.

Möglicherweise sind sie nur so eine Art Handwerksmeister, welche die Ideen eines genialen Architekten ausführen.
Wäre es nicht an der Zeit, daß ernsthafte Forscher sich nicht vom Gelächter ihrer ignoranten Kollegen abschrecken lassen und intensiv in dieser Richtung weiter forschen?
Es muß nach all den erwiesenen Fakten etwas geben, was über der Ebene der materiellen Form steht.
Die Physik allein kann das möglicherweise nicht lösen, sie wäre aber ohne Zweifel der „Stein des Anstoßes", um eine neue Dimension unseres bewußten Seins einzuläuten.

***

Damit wollen wir die physikalischen Gegebenheiten und meine Überlegungen darüber abschließen.
Möglicherweise bringen all diese Fakten Sie zu etwas anderen Erkenntnissen, das ist nicht das Entscheidende. Entscheidend wäre, daß Sie sich neuen Denkmustern öffnen.
Wichtig scheint mir zu sein, daß wir ganz allgemein das nachweislich unrichtige mechanische Weltbild überwinden.
Ändert sich unser Bewußtsein, so muß sich zwangsläufig unser Umfeld ändern!
An dieser Tatsache sollte es jetzt keinen Zweifel mehr geben.

V. Das Gesetz der Resonanz

„Erkenne dich selbst, damit du Gott erkennst" soll einst auf dem Tempel von Delphi gestanden haben.
   Erkenne dich selbst - nichts ist unangenehmer als das. Wer will schon mit seinen ganzen negativen seelischen Anlagen Bekanntschaft machen.
   Wer sich in seiner Gesamtheit erkennt, so lautet die Aussage, erkennt gleichzeitig GOTT.
   Wie treffend diese Feststellung ist, kann sich der modern erzogene Mensch kaum vorstellen.
   Unsere Ahnen mußten an Götter (= Prinzipien) glauben, wir dagegen haben heute die physikalischen Erkenntnisse!
   Die größte Hürde zur Selbsterkenntnis ist unser Widerstand und unsere Abneigung, Verantwortung zu übernehmen.
   Unsere guten Seiten, die stellen wir nur allzu gerne in den Vordergrund, aber von unserem Gegenpol wollen wir nichts wissen.
   Unsere Welt besteht nun aber einmal aus Gegensätzen und somit zwangsläufig auch der Mensch.
   Wo viel Licht ist, ist bekanntlich viel Schatten.
   Daran führt kein Weg vorbei. Bestes Beispiel sind unsere Genies: Ihr Privatleben war nach unserem Verständnis fast durchweg alles andere als vorbildlich.
   Mozart, Wagner, Einstein mögen stellvertretend für viele andere hier erwähnt werden.
   <u>Keiner</u> von uns ist ein Engel!
   Für diejenigen, welche weiter kommen wollen, stellt sich nun die Frage: Wie erkenne ich alle Schattierungen meiner dunklen Seite.

Ein bekanntes Sprichwort lautet:
   „Wer bei anderen sucht, kann sich selbst nicht finden."

Das ist für mich nur zum Teil richtig, es ist nur die halbe Wahrheit. Ich finde es müßte lauten: *„Du findest dich im Nächsten!"*

Skeptiker mögen sich bitte folgende Tatsache vor Augen halten:

Wenn Menschen von ihrem Leben erzählen, so können wir stets hören, wer schuld daran ist, daß sich dies oder jenes zerschlagen hat und warum es stets noch diese oder jene Probleme gibt, seltsam! Wir sind nur Opfer, wir sind eine Gesellschaft von Opfern. Aber wo und wer sind die Täter?

Aus der Sicht der Opfer komischerweise immer nur „die Anderen".

Der Schlüssel zur Lösung für diese ständige Problematik findet sich größtenteils im Gesetz der Resonanz.

Dieses wichtige Gesetz ist in unserem Alltagsbewußtsein so gut wie unbekannt. Lediglich für den materiellen Bereich wird es im Physikunterricht oberflächlich abgehandelt. Da jedoch Bewußtsein über allen materiellen Erscheinungsformen steht, so sollte einleuchten, daß die Resonanz des Seelischen der ausschlaggebende Faktor ist.

Im Wort Resonanz steckt das lateinische Wort *resonare*, was so viel wie „zurückklingen" bedeutet. Vielleicht erinnern Sie sich noch an den Schulunterricht und den Versuch mit der Stimmgabel.

Sobald Sie auf einem Instrument einen Ton anschlagen, welcher dem der Stimmgabel entspricht, so beginnt diese mitzuschwingen. Mit anderen Worten, sie fühlt sich angesprochen oder technisch ausgedrückt, es findet eine Rückkopplung in Bezug zu einer gleichen Schwingungsenergie statt.

Da wir Menschen aber in erster Linie geistige Wesen sind, welche einen Körper haben, so ist es doch logisch, daß wir nicht nur von positiven, sondern auch von allen negativen Ereignissen angesprochen werden, zu welchen wir Resonanz haben.

Hinzu kommt, daß jeder Mensch resonanzmäßig anders ausgelegt ist, und damit fühlt und denkt auch jeder von uns logischerweise anders.

Technisch ausgedrückt: Wenn Ihr „Radioempfänger" nur mit Lang-, Mittel- und Kurzwelle ausgerüstet ist, dann können Sie eben nichts empfangen, was mit UKW ausgesendet wird.

Sie können höchstens glauben, daß andere auf UKW etwas hören, mehr aber nicht.

Wer wenig Resonanz für Musik hat wird auf diesem Gebiet kaum Großes leisten.

Welcher „unmusikalische" Mensch kann schon ein Menuett komponieren? Mozart war mit vier Jahren soweit. Denken wir auch an viele andere „Wunderkinder".

Jeder von uns kann nur das erfassen und erschaffen, was in ihm angelegt ist. Das klingt im ersten Moment ganz harmlos.

Sagen wir hingegen *Gleiches zieht Gleiches* an, so sieht das schon etwas anders aus.

Da, wie gesehen, jegliche Materie vom Geist beherrscht wird, so bedeutet dies ohne wenn und aber:

Alles, aber auch wirklich alles, was uns positiv <u>und negativ</u> berührt, „anklingen" läßt, liegt in unserem Wesen angelegt. Das ist unser Gesamtpotential, positiv <u>und</u> negativ!

Ob wir uns dessen bewußt sind oder nicht ist vollkommen belanglos!

Genauso wie die Gesetze der Schwerkraft existierten und wirkten, obwohl die Menschen des Mittelalters davon so gut wie keine Ahnung hatten.

Alles was wir bejahen <u>und bekämpfen</u> das **sind wir!** Der Mensch kämpft im Grunde immer nur gegen seinen Schatten, bzw. dessen unerkannte Auswirkungen und damit gegen sich selbst.

Darin liegt der eigentliche Sinn von: „Wenn du die Welt verändern willst, mußt du dich verändern".

„Die Welt" im allgemeinen und unser Umfeld im spezifischen ist nichts anderes als der Spiegel unseres gesamten Wesens.
Die Welt da draußen steht für das Gruppendenken, das persönliche Umfeld steht für den Einzelnen selbst.
Wir können uns und somit unser geistiges Gesamtpotential nur im Spiegel, dieser für uns „im Außen" liegenden Weltgeschehnisse, erkennen.
Jetzt könnten wir Jesus besser verstehen, welcher sagte:
„*...liebet eure Feinde*", (Matth. 5. 44) oder auch
„*...richtet nicht, auf das ihr nicht gerichtet werdet. Denn mit welcherlei Gericht ihr richtet, werdet ihr gerichtet werden*".
„*...Was siehest du aber den Splitter in deines Bruders Auge, und wirst nicht gewahr des Balkens in deinem Auge*" (Matth. 7.1)
Jetzt könnte so mancher verstehen, weshalb wir unsere Feinde zumindest nicht hassen sollten. Dieses negative Potential ist in uns angelegt, sonst könnten wir es niemals erkennen, bzw. wir würden davon seelisch/resonanzmäßig nicht berührt.

Wir können unsere negativen Anlagen, unsere negative Resonanzfähigkeit nur im anderen oder „im Außen" des Umfeldes erkennen.

Es ist doch logisch, daß alles, was derzeit auf der Welt abläuft in erster Linie von Menschen erdacht und durchgeführt wird und alles was negativ ist, aus der Schattenseite von Menschen geschaffen wurde. Die Form selbst spielt dabei keine Rolle, höchstens die „Qualität" des Negativen.

Was machen wir bei den täglichen Nachrichten? Schon das Wort Nachrichten ist bezeichnend. Wir *richten nach*. Wir richten und verurteilen an Hand der Meldungen ständig. Wir regen uns auf, obwohl wir im Grunde nichts ändern können.

Wir erzeugen dadurch ständig negative geistige Energie und das ist der Hauptgrund, warum sich das Negative explosionsartig vermehrt.

Es kommt automatisch das Gesetz von der Erhaltung der Energie zum Tragen, denn unsere negativen geistigen Energien lösen sich nicht einfach in Luft auf. Sie müssen sich im materiellen Umfeld in irgend einer Form manifestieren. Denken Sie an die Wahrscheinlichkeitswellen jeglicher Materie.

Wenn wir glauben, daß die negativen Ereignisse ständig wachsen, daß die Morde, die Raubüberfälle und Einbrüche zunehmen, so müssen diese wachsen, sonst würde die Elementarphysik falsch sein und das ist sie bekanntlich nicht.

Wir selbst geben dafür die nötige (negative) Energie in Form unserer allgemeinen negativen Erwartungshaltung. Hinzu kommt aber noch etwas: unsere Angst. Die Angst in diesen wachsenden Strudel mit hineingerissen zu werden, und je mehr wir Angst haben, um so wahrscheinlicher tritt das auch ein!

So sollte sich niemand wundern, wenn er mit Gewalt in beliebiger Form konfrontiert wird.

Das ist mit ein Grund, warum oft angeblich friedfertige Menschen „grundlos" mit gewalttätigen Menschen zu tun haben, bzw. warum wir ganz allgemein mehr und mehr mit negativen Vorkommnissen konfrontiert werden.

Die überwiegende Anzahl der Menschen sind wirklich friedliche Zeitgenossen. Ja sie „kämpfen" geradezu für eine friedliche Welt und was tun sie? Sie verurteilen ständig und sind fast durchweg für rigorose Strafen.

Das kann bis zur Todesstrafe gehen. Mit anderen Worten, sie erkennen nicht ihr negatives (Aggressions)Potential.

Der Angriff über Gewalttäter ist nur die Rückkehr der eigenen ausgesandten negativen (Verurteilungs- und Straf-) Energie zum Sender.

Glücklicherweise mildert die göttliche Gnade diese Energieform ab, genau wie wir unseren unbewußten Kindern nicht das volle Strafmaß der Erwachsenen aufbürden. Aber ganz ungeschoren kommen wir nicht davon.

Es geht für den sich entwickelnden Menschen vor allem darum, ab sofort keine neue negative Energie mehr „in die Welt" zu senden. Bei Nachrichten nicht mehr zu richten. Warum auch, es ist bereits geschehen und außerdem, was könnte ich jetzt noch ändern? Wir sehen, es ist im nachhinein sinnlos zu kämpfen, bzw. negative Energie in Form von Haß und Rache aufzubauen.

Das heißt noch lange nicht, daß wir tatenlos zusehen wie Unrecht geschieht, und die Übeltäter mit Samthandschuhen angefaßt werden sollen.

Wenn wir unsere Gesetze konsequent anwenden und der Strafvollzug durch die entsprechenden Organe durchgezogen wird, geht das völlig in Ordnung.

Es ist auch zweifelhaft, ob Gefängnisse, welche neuerdings Sanatorien gleichen, das richtige Mittel sind, um den Gefallenen den Respekt vor dem Nächsten beizubringen und damit eine wirkungsvolle Resozialisierung zu gewährleisten.

Es würde vermutlich anders aussehen, wenn die Befürworter der weichen Welle und die „Experten", welche die Täter vorzeitig frei setzen, für die Folgetaten, welche daraus entstehen, zumindest finanziell zur Verantwortung gezogen würden.

Schließlich muß jeder Handwerksmeister für seinen Pfusch gerade stehen, warum also nicht auch hier?

Warum haften z.B. auch nicht die Richter für einen zu frühen Straferlaß? Schließlich sprechen sie angeblich im Namen des Volkes. Wieso sind sie dann nicht diesem Volk verantwortlich?

Auch eine gewisse Härte kann Liebe sein, denn diese Menschen werden dann von weiteren negativen Handlungen abgehalten und damit wird auch ihre eigene Aussaat, welche sie ja irgendwann einmal ernten müssen, verhindert bzw. umgewandelt.

Die wirksamste Methode Negatives zu überwinden, ist Energieentzug indem wir, wie Jesus sagt, nicht mehr richten, uns nicht mehr aufregen und dadurch die negative Energie aus dem Umfeld abziehen.

Noch intensiver wird Negatives aufgelöst indem wir unsere Feinde lieben!

Wie, wir sollen diese „Verbrecher" auch noch lieben? Wie sagte Jesus? *„Herr vergib ihnen, sie wissen nicht was sie tun."*

Jesus war ja auch ein Gott, wird so mancher sich denken. Frage: Und was sind Sie?

Dazu sagte Jesus, daß wir alle Kinder Gottes sind. Im Klartext: Jeder von uns ist ebenfalls ein Gott.

Wir alle sind Götter. Wir sind, genau wie ein Kleinkind sich seiner Menschlichkeit nicht bewußt ist, uns unserer Göttlichkeit nicht bewußt. Wir sind alle Götter in Windeln und spielen oft noch mit negativen Energien und mit dem materiellen Unrat, genau wie kleine Kinder mit ihrem Kot.

Jesus sagte sogar, wir werden noch viel größere Wunder vollbringen als er sie getan hat.

Betrachten wir alle Materie als Wahrscheinlichkeitswellen, so dürfte es nur eine Frage eines entsprechenden Bewußtseinsstandes sein, um dies auch auszuführen. Soviel zum Thema Mensch und Kind Gottes.

Also wie sollen wir unsere Feinde lieben? Am einfachsten indem wir sie bedauern wie Jesus es getan hat. *„Herr vergib ihnen, denn sie wissen nicht was sie tun."* Allein, wenn wir das tun, wird dem Negativen jegliche Energie entzogen, und es verringert sich gesetzmäßig! **Alles andere verstärkt** das negative Umfeld!

Der Beweis ergibt sich schon aus der Tatsache, daß noch nie so viel für eine bessere Welt „gekämpft" wurde und es noch nie so ein negatives Gesamtbild auf unserem Planeten gab.

Sie selbst werden durch die Enthaltung des Richtens auch für die entsprechenden negativen Energieformen unangreifbar. Im Klartext: Wenn Sie Ihr Resonanzpotential harmonisieren, indem Sie keine negative Energie mehr erzeugen, so muß gesetzmäßig sich Ihr Umfeld ändern!

Da Gleiches nur Gleiches anzieht, so haben sie für Negatives keine Resonanz mehr. Es fehlt die Entsprechung. Sie werden für diese Energieform sozusagen unsichtbar und zwar gesetzmäßig.

Das müßte eigentlich leicht zu verstehen sein.

Nehmen wir in diesem Zusammenhang noch eine Energieform hinzu. Die Energie der Angst.

Wenn Sie ständig Angst vor diesem oder jenem haben, dies sich auch möglichst noch bildlich vorstellen, so muß sich das auf Grund der Wahrscheinlichkeitswellen zwangsläufig materialisieren!

Hören Sie sofort damit auf, unbegründet Angst zu haben. Angst, daß sie verunglücken, daß Sie bestohlen oder überfallen werden, oder daß Ihr Kind beim Radfahren auf den Kopf fällt.

Es dürfte eines der größten Irrtümer des Menschen sein, daß er glaubt, er könne irgend etwas vermeiden, was ihm analog der kosmischen Gesetze zusteht.

Glauben Sie ja nicht, daß ein Schutzhelm, Sicherheitsgurt oder Tempo 30 irgend etwas verhütet. Wenn Ihnen der Tod bestimmt ist, dann brechen Sie sich eben das Genick und wenn ein Schädelbasisbruch ansteht, dann tritt er ein, ob Sie einen Helm tragen oder nicht.

Als einfachstes Beispiel mögen die Geschwindigkeitsbeschränkungen herhalten. Die Polizei stellt meist fest, es wurde zu schnell gefahren.

Das kann jedoch für Glatteis, Aquaplaning, Kurven, selbst bei Nebel nur bedingt gelten.

Für alle anderen Unfälle ist diese Feststellung so nicht richtig, denn jeder kann mit vollem Recht behaupten, der Verunglückte ist zu langsam gefahren!

Wieso? Ganz einfach, - wir müssen doch zugeben, daß der Verursacher bei höherer Geschwindigkeit niemals in diese Verkehrssituation geraten wäre, da er sich längst ein Stück weiter weg aufgehalten hätte.

Er wäre mit einer höheren Geschwindigkeit dieser Unfallsituation „davongefahren"!

Es geht nie darum, daß Unfallschäden mit höherer Geschwindigkeit größere Folgen haben!!. Es geht um die sich auf Grund der Geschwindigkeit ergebenden „Beiwerke", welche dann zu diesem Unfall führten!!

Das ist beileibe keine Haarspalterei, wir sind nur nicht gewohnt ganzheitlich zu denken, da wir in der Schule fast nur linear denkend geschult werden. Deshalb suchen wir ja immer die Schuld im Umfeld, bei diesem Beispiel in der Geschwindigkeit des Fahrers.

Warum gibt es eigentlich so viele aggressive Fahrer? Steckt der Streß, berufliche Zeitnot oder andere Faktoren dahinter, wie z.B. die weitverbreitete „Nötigung von vorne"?

Darunter fallen die Bummler, die „Blinkerrambos", welche sich auf diese Art die nächste Spur erzwingen, die leidigen „Elefantenrennen", meist weit über den erlaubten 80 km/h.

Das alles bringt Aggression ins Spiel und vor allem das Gefühl der Zeitnot mit anschließend höherer Geschwindigkeit. Wer untersucht all diese Faktoren, welche das Verkehrsgeschehen maßgebend beeinflussen und versucht sie abzustellen?

Einfacher ist es noch allemal den Unfallverursacher wegen zu hoher Geschwindigkeit zu belangen, obwohl wie gesehen das nicht der wahre Grund ist.

Das Thema wäre mit allem wenn und aber durchaus ausbaufähig. Es wurde nur angerissen um einmal unsere linear fixierte Denkweise auf den Prüfstand zu stellen, denn es begegnet uns hier wieder der Gegensatz von Quantität - Qualität.

Die Quantität steht hier für das Tempo, die Qualität für das Ergebnis des Unfalls oder für den Astrologen, für die Qualität der Zeit.

Wir bleiben in unserem Denkansatz jedoch meist nur im Pol der Quantität stecken und ob wir wollen oder nicht, in der Halbwahrheit.

Zugegeben, das ist für unsere heutige Art zu denken ziemlich ungewohnt, aber genauso „richtig"!

Kein Mensch kann, zumindest im Moment, die Schwerkraft aufheben, und noch weniger kann er kosmische Gesetze außer Kraft setzen.

Niemand stirbt, erkrankt oder verunglückt zufällig, dies alles geschieht gesetzmäßig!

Das hat nichts mit Fatalismus zu tun. Noch immer sind Sie der Herr Ihres Lebens. Je nachdem wie Sie denken, gestaltet sich Ihr Umfeld und wenn nichts mehr im Lernprogramm ansteht, so wird Ihr Bewußtsein abberufen, sie sterben.

Was soll daran so schrecklich sein? Bewußtsein vergeht nicht, es wechselt lediglich in eine höhere Dimension.

Spekulation? Nur so lange, bis Sie selbst Ihre erste außerkörperliche Erfahrung machen. Es gibt genügend Literatur von Menschen, welche diese Erfahrung(en) haben.

Wir kommen später auch noch auf die Realität der Wiedergeburt zu sprechen. Bis zur Synode von Konstantinopel im Jahre 553 ein Teil der christlichen Lehre.

Es gibt nichts zu fürchten. Also legen Sie sofort die Angst ab. Vergeuden Sie nicht geistige Energie zu Ihrem Nachteil!

Tun Sie das was niemandem schadet, Ihnen aber Freude bereitet, und vertrauen Sie auf den Schutz der höheren Macht. Ich selbst erlebte ein paarmal wie in kritischen Situationen physikalische Gesetze außer Kraft gesetzt wurden.

„*....dein Wille geschehe....*" Viele vergessen vor lauter Angst zu leben.

Wenn wir die Angst ablegen, wird sich unser Leben ungemein bereichern. Nach dieser Ergänzung im Zusammenhang mit dem Resonanzgesetz zurück zum eigentlichen Thema.

Die Feststellung lautete: Zu allem, was wir be- oder gegen was wir ankämpfen, haben wir auf Grund unseres eigenen negativen Potentials Resonanz.

So schlimm das zunächst aussehen mag ist es nun auch wieder nicht. Es wird ja von niemandem verlangt, daß er dieses Potential auch aktivieren, also leben muß.

Es geht nur darum, zu wissen, daß wir es ja aktivieren könnten, wenn wir wollten. Diese Welt ist wie wir noch sehen werden, auf Gegensätzen beruhend aufgebaut. Folglich ist diese Polarität in Form von „gut und böse" auch in uns.

Wir sind ein Teil des Ganzen und das Ganze ist ein Teil von uns. Metaphysisch lautet dies:

„Dasjenige, welches unten ist, ist gleich demjenigen, welches oben ist: Und das, welches oben ist, ist gleich demjenigen, welches unten ist. Um zu vollbringen die Wunderwerke eines einzigen Dinges."

Ein Satz auf der verschollenen Tabula smaragdina des Hermes Trismegistos.

Vereinfacht sagen wir dazu auch: *"Wie oben so unten."* („Wie außen so innen")

Der einzige Unterschied zwischen „bösen" und „guten" Menschen liegt nur darin, daß irgend jemand diese negative Veranlagungen auch auslebt, „der Versuchung unterliegt", wie wir es fein umschreiben, und wir dies im Kern der Sache unbewußt akzeptieren.

Der eine akzeptiert die Todesstrafe als „Idee um weitere negative Handlungen zu verhindern", also aus Angst vor eigenem Ungemach und damit aus einer egoistischen Interessenlage heraus.

Die Frage, ob er wirklich davon ausgehen kann, ermordet zu werden, interessiert ihn dabei gar nicht.

Der andere mordet aus einer anderen, aber ebenfalls egoistischen Motivation heraus. Vom Kern her sind es rein egoistische Vorstellungen, wobei wir davon ausgehen können, daß derjenige, welcher die Todesstrafe fordert, keine Gewähr dafür hat, daß er erstens selbst vollkommen sicher ist und zweitens, daß weitere Morde damit ausbleiben.

Der andere geht nur direkter auf seine Vorstellung los, auch er verspricht sich durch töten einen Vorteil, ohne Gewähr, daß alles glatt geht.

Möglicherweise erscheint diese Betrachtungsweise dem ein oder anderen im Moment noch zu spitzfindig oder abstrakt.

Wir sind ganz einfach nicht gewohnt qualitativ, sondern quantitativ, also in Mustern zu denken. Wir haben uns daran gewöhnt, wie bei der Mode verschiedene Muster (Kleiderformen und -farben) zu akzeptieren. Diese Gedankenmuster ändern sich aber im Laufe der Jahrhunderte, genau wie die Mode.

Was sich nicht ändert, ist die „Qualität" des Tötens. Töten ist töten, egal aus welcher Motivation heraus.

Unser negatives Potential erklärt z.B. warum manche Menschen praktisch über Nacht zu Mördern werden, es aber anderntags oder zu einem späteren Zeitpunkt, gar nicht mehr wahrhaben wollen. Sie beginnen sehr früh, diesen Mord zu verdrängen.

Nehmen wir noch ein einfacheres, leichteres Beispiel, welche die Qualität des Denkens deutlich macht:

Niemand könnte reich werden, wenn wir nicht die Spielregeln, welche den Reichtum erst ermöglichen, selbst anerkennen.

Wer wollte bisher nicht reich werden? Wer strebt nicht mit den gleichen Mitteln danach?

Reichtum aber kann nur auf Kosten anderer auf- bzw. ausgebaut werden. Darüber gibt es keinen Zweifel (selbst eine Erbschaft oder Lottogewinn ist nur über die „Mithilfe" anderer möglich). Also sollten wir jene, welche Reichtum anstreben, bzw. verwirklicht haben auch nicht verurteilen.

Wenn wir es selbst nicht schaffen reich zu werden, aber andere verurteilen, so spricht daraus nur der Neid wegen unseres eigenen Unvermögens. Das ist ein weiterer negativer Aspekt unserer Schattenseite.

Unser Schatten erklärt praktisch alle Greueltaten. Keine politische Ideologie auf der ganzen Welt würde auf fruchtbaren Boden fallen, gäbe es nicht dafür die geeignete Basis. Sehen Sie sich in jüngster Zeit die Vorkommnisse in Jugoslawien an. „Harmlose" Nachbarn wurden praktisch über Nacht zu Massenmördern.

Sehen Sie sich Palästina an. Zumindest die Israelies müßten begriffen haben was politische „Härte" bewirkt.

Sie <u>verurteilen</u> uns Deutsche noch nach fünfzig Jahren, obwohl die eigentlichen Täter fast alle gestorben sind.

Zugegeben, diese Betrachtungsweise und diese Überlegungen sind gegenpolar zu unserem heutigen Denken, die Wahrheit war noch nie sehr angenehm, sie macht betroffen.

Frage: Wohin kommen wir im Weltgeschehen mit unseren derzeitigen Ansichten und wohin kämen wir, wenn wir diese Erkenntnisse über unser eigenes Potential politisch umsetzen würden?

Es dürfte kaum einen Zweifel daran geben, daß unsere Welt mit mehr umgesetzter Erkenntnis friedvoller wäre.

Es ist zunächst völlig normal, daß neue Erkenntnisse erschrecken, und sie werden deshalb leicht in Bausch und Bogen abgetan.

Beobachten Sie nur Ihr Umfeld, angefangen von Familienmitgliedern, Freunden, bis hin in die Politik. Sie werden sehr schnell feststellen, daß alle das bekämpfen, was sie selbst machen. Nicht in der gleichen Form (Quantität), aber vom Prinzip her schon (Qualität).

Unsere Welt ist wie ein Kaleidoskop. Es gibt nur ein paar bunte Glasscherben (Prinzipien), aber unzählige Muster.

Um es verständlicher zu machen folgen noch ein paar Beispiele was es heißt, qualitativ zu denken.

Es ist nicht beabsichtigt, irgend jemanden an den Pranger zu stellen. Wer anklagt, stellt sich nur selbst darauf (siehe oben).

Es wird sich aber nicht vermeiden lassen, daß sich so mancher betroffen fühlt. Das liegt in der Natur der Sache, sonst würde das Resonanzgesetz nicht stimmen. Was zu<u>trifft</u> macht nun mal be<u>troffen</u> (= getroffen).

Schimpfwort/Beleidigung, Obszönität.

Warum können wir beleidigt werden? Warum bringen uns einfache Wortgebilde wie z.B. „du dummes Schwein" oder „du blöder Hund" in Wut?

Doch nur deshalb, <u>weil wir ihnen die Wertung geben!</u> Je nachdem wie tief wir in unseren Schatten gehen, desto tiefer fällt die Beleidigung aus.

Das heißt: Niemand kann uns tiefer verletzen als wir zulassen oder noch spezifischer: niemand kann schlechter denken als er selbst ist. (deshalb „...*richtet nicht...*")

Schließlich gab der Beleidigte den Wörtern den entsprechenden Stellenwert und sollte gerechterweise die Folgen tragen.

Das ist paradox? So paradox nun auch wieder nicht. Kann Sie z.B. ein vollkommen Betrunkener oder ein kleines Kind mit den gleichen Worten genau so treffen? Und warum nicht?

<u>Sie</u> geben der Sache „die Würze", also sollten Sie auch dafür gerade stehen. Finden Sie das nicht auch?

Natürlich steht damit unsere allgemeine Vorstellung auf dem Kopf. Jedoch ist alles polar und <u>nur wir werten,</u> inwieweit wir in unseren Schatten eintauchen. Logischerweise wäre vom Kern der Sache <u>ich</u> verantwortlich, <u>ich</u> bin der Täter, da <u>ich</u> den Beleidigungswert einsetze!

Das ist natürlich völlig verrückt (= abgerückt) von unserer gebräuchlichen, derzeitigen Vorstellung.

Da in einer Polarität die Lösung des Problems im *sowohl als auch* liegt, so gibt es eigentlich zwei Schuldige. Denjenigen, welcher verletzen wollte und den, welcher so dumm ist und sich verletzen ließ. Entweder gehören beide bestraft oder keiner. Beleidigungsklagen sind im Kern der Sache (Qualität) ein Unfug.

Es kommt auch vor, daß jemand erstaunt ist, welche Handlung man ihm zutraut, an welche er selbst gar nicht gedacht hat.

Diese unberechtigte Unterstellung des Anklägers ist ebenfalls ein Schritt in seinen eigenen Schatten.

Diebstahl

Angenommen in einem Raum sitzen 100 Personen und Sie fragen: *„Wer ist gegen Diebstahl und für höhere Strafen"*? So werden vermutlich alle gegen Diebstahl und für ein höheres Strafmaß stimmen. Sie könnten damit mit absoluter Sicherheit behaupten, daß sie alle Diebe sind und sich selbst gerichtet haben.

Lassen wir wieder Jesus sprechen:

„Was siehst du aber den Splitter in deines Bruders Auge, und wirst nicht gewahr den Balken in deinem Auge."   (Matth. 7.1-4)

Diese Menschen stehlen keine Handtaschen, Geldbeutel, Fotoapparate oder Fahrräder. Auf dieser Ebene findet ihre Art von Diebstahl nicht statt.

Ihre „Übervorteilung" läuft subtiler ab. Da werden über Verträge, niedrige Löhne, Schädigung durch Intrigen usw. Mitmenschen um ihren gerechten Anteil „bestohlen" oder man fordert von Generationen, welche mit dem Krieg oder mit dem Greueln gar nichts zu tun haben, Wiedergutmachung bzw. Reparationen („Du solltest nicht begehren deines nächsten Hab und Gut".) Dies sind rein politische Standpunkte, welche über die Macht realisiert werden.

Sehr beliebt ist heutzutage, das Auto mit versteckten Mängeln an einen „Dummen" zu verkaufen.

Oft haben Mitmenschen eine Machtposition, welche sie rücksichtslos zum Nachteil anderer ausspielen. Üblich ist derzeit bekanntlich, um im heutigen Sprachgebrauch zu bleiben, „clever" zu sein. „Clever" auf mancherlei Art.

Fast alle Reichtümer werden unter diesen Konditionen angesammelt. Oder glauben Sie, daß man reich werden kann, wenn wir all den Mitarbeitern, welche mithalfen diese Reichtümer anzusammeln, einen gerechten Lohnanteil gegeben hätten?

Ach ja, der beginnende Unternehmer hatte zunächst ein erhöhtes Risiko. Stimmt, das soll auch honoriert werden, aber auf Dauer?

Sehen Sie sich doch um im modernen Wirtschaftsleben. Ohne hier eine Verurteilung auszusprechen, werden die einen nicht immer reicher, die anderen hingegen ärmer? Dazu kommt noch die Behauptung, die Löhne wären zu hoch.

Heute haben wir eine ganz spezifische Ausbeutung, die Übervorteilung des Ehepartners bei der Scheidung.

In Amerika, unserem „Vorbild für alle Lebensfragen" geht das z.B. noch weiter.

Einem Filmschauspieler wurden Millionenbeträge abverlangt, da die betreffende Dame ein paar Monate mit ihm zusammen lebte. Worin unterscheidet sich das im Wesen von der Prostitution?

Entweder war er ihr schon nach ein paar Tagen zuwider, dann kann das Verhältnis beendet werden. Wieso dann eine „Vergütung" in Millionenhöhe?

Ich kenne Fälle, in denen Ehemänner nach der Scheidung in der BRD unter das Existenzminimum gedrückt wurden, während die Exfrau auf Kosten ihres Exmannes gut situiert im Leben stand.

Es ist heute durchaus üblich, daß geschiedene Ehefrauen alle möglichen Tricks anwenden, um zu verhindern, zumindest einen Teil zu ihrem weiteren Lebensunterhalt beizutragen. Dafür hat nach ihrer Ansicht der (oft noch gehaßte) ehemalige Partner aufzukommen.

Natürlich gibt es auch das Gegenteil, Frauen, welche bewußt auf Unterhalt verzichten, um unabhängig zu sein. Die sind jedoch meines Wissens dünn gesät.

Dies alles fällt unter Diebstahl am Nächsten. Jede Übervorteilung zieht automatisch Diebe im weitesten Begriff, in das Umfeld desjenigen, welcher übervorteilt hat.

Die Folgen nennen wir dann Zufall. Daß wir nur das ernten, was wir vielleicht vor langer Zeit gesät haben, das erkennt kaum einer.

Sie sehen, langsam wird es unangenehm für unsere allgemein gültige Meinung in Form von: die armen Müller's hat man im Urlaub bestohlen. Bei Fischer's wurde schon zum zweiten mal eingebrochen usw.

Wir müssen jedoch gerechterweise anfügen, daß nicht allein die Übervorteilungen der Auslöser sind, sondern wie oben besprochen, auch unsere Erwartungshaltungen.

Unsere Ängste (= Energie) müssen sich manifestieren und je mehr der einzelne Angst hat, daß er bestohlen werden könnte, desto wahrscheinlicher wird, daß sich diese Energie als realer Diebstahl ereignet. Das ist Physik.

Nicht jeder Diebstahl hat somit einen Diebstahl als Verursacherprinzip.

Sexualität

Es ist schon erstaunlich, was der Klerus im Verlauf der Jahrhunderte unternommen hat, um die heutig gängige Moralvorstellung zum eigenen Machtgewinn in unser Bewußtsein zu verankern.

Nur eine Frage: Wie vereinbart sich die ständige Verurteilung bei etwaigem anderen Verhalten zunächst mit dem „... *richtet nicht"*?
Ja ist es nicht oftmals so, daß die Betroffenen sogar in existentielle Schwierigkeiten kommen können? Da werden z.b. Politiker kaltgestellt, Geschäftsleute boykottiert und manch andere Spielarten an selbstgerechter Moralphilosophie praktiziert. Was hat das mit gelebtem Christentum zu tun?

Können wir Christen uns die Worte Jesu beliebig aussuchen und einzelne Passagen, welche in unser derzeitiges Denkkonzept passen bis zum Dogma erheben, andere Lehren hingegen fallen lassen, oder sind alle bindend? Doch wohl alle oder keines?

Natürlich können wir unsere Sexualität mißbrauchen, aber dann ist es noch immer eine Angelegenheit zwischen Gott und dem Sünder, aber niemals eine Angelegenheit eines Priesters noch sonst irgend eines anderen Gläubigen.

Glauben Sie, daß somit jemand das Recht hat, einem anderen Christen die Existenz zu ruinieren, nur weil er sich zum Richter über die derzeit gültigen Moralvorstellungen erhebt? (*„Denn wer sich selbst erhöht, der wird erniedrigt;"* Matthäus 23.12)

Ist es nicht beschämend und bezeichnend, wie wir die derzeitigen Moralvorstellungen, nur mit Hilfe einer tabuisierenden Haltung aller Betroffenen, mühselig am Leben erhalten?

Alle bedecken sich scheinheilig mit einem viel zu kurzen Mäntelchen und hoffen, daß der andere nicht so genau hinsieht, da er ja am besten weiß, daß er genauso jämmerlich im Leben steht.

Bei x-beliebigen Treffen werden Witze vom Stapel gelassen, welche keinesfalls ins Bild einer moralisch gefestigten Allgemeinheit passen. Beide Geschlechter sind begierig, die neuesten Ausgaben zu hören, vermutlich um wenigstens in Gedanken mal anders zu sein.

Es gibt sogar noch eine öffentliche Moral, teils spricht hier der Staatsanwalt mit, obwohl sich der Staat nicht im geringsten daran stört, Steuergroschen aus der amoralischen Prostitution zu vereinnahmen. Woher kommen denn diese Einnahmen? Ist das wirklich nur der soziale Abschaum? Vom Callgirlwesen der Begüterten ganz zu schweigen. „....*Richtet nicht...!.*"

Was für eine Doppelmoral! Einerseits Strafe, anderseits Steuer.

Klar, „das ist beim Staat was ganz anderes." *Quod licet Jovis, non licet Bovis.* Was Jupiter erlaubt ist, darf der Bauer noch lange nicht.

Wir sehen immer deutlicher, daß wir im allgemeinen in der Polarität munter hin- und herspringen und je nach Lust und Laune, irgend eine Stellung beziehen, welche wir auf Grund unserer angelernten Vorstellungen vertreten. Von diesem Standpunkt aus be- und verurteilen wir dann.

Kommen wir auf die heutig üblichen Scheidungsgepflogenheiten zurück. Ohne den geringsten Skrupel werden mit dieser Doppelmoral, völlig <u>legal,</u> Existenzen ruiniert, Ehen mit Kindern zerstört und was es noch so alles Amoralisches gibt um die Moral hochzuhalten.

Zunächst sei die Frage erlaubt: Was ist Moral? In letzter Konsequenz doch nur anerzogene Vorstellungen, welche im Laufe der Zeit wechseln.

In der Sittengeschichte finden wir alle Spielarten, von der Tempelprostitution bis zum Brauch, die Ehefrau als „Gastgeschenk" anzubieten..

Bis die Missionare kamen, hatten die meisten Naturvölker ein sehr lockeres Moralverhalten. Die Kinder waren Stammeseigentum und genossen die Fürsorge und den Schutz aller Mitglieder. Bezugsperson war in erster Linie die Mutter, der Vater oft nicht bekannt.

Bezeichnend für diese Art von Moral war, daß Gewalt und vor allem Kriminalität in diesen Gesellschaften praktisch unbekannt waren.

Alle fühlten sich mehr oder weniger miteinander „verbunden", bildeten eine Einheit. Dieses „jeder mit jedem" dürfte dabei eine große Rolle gespielt haben.

Erst als die Missionare ihnen ihre Moral- und Wertvorstellungen eingetrichtert hatten, zeigte sich in kürzester Zeit der Verfall der Stammesharmonie.

Mit anderen Worten, diese Art von Machtanspruch fördert das EGO des Einzelnen. Die Vorstellung MEIN - DEIN war geboren.

Jeder wollte nun <u>seine Frau</u> und <u>seine Hütte</u> mit <u>seinen Wertgegenständen</u>, welche <u>seine</u> Kinder erben sollten. Damit war der Unfrieden da. (Wie sagte Mephisto? „*...ich bin die Kraft die Gutes will und Böses schafft.*")

Jesus sagte lediglich „*...du sollst nicht ehebrechen.*" Wir haben also keinen Freibrief in Bezug auf „offene Partnerschaften", aber es geht zumindest keinen Außenstehenden etwas an, was die einzelnen Ehepartner tun.

Im Kern der Sache nicht einmal einen Richter. Damit wären wir wieder bei der derzeitigen „Rechtsprechung".

Kein Ehepartner hat das Recht auf den totalen Besitz seines Lebensgefährten. Wie können wir einerseits die Vergewaltigung in der Ehe bestrafen, andererseits bei einem Seitensprung sofort die Scheidung einreichen, noch dazu mit der finanziellen Absicherung?

Letzteres ist doch ebenfalls der totale Besitzanspruch auf den Körper des Partners und den hat keiner. Sonst wird die Bestrafung der Vergewaltigung zur Farce.

Die Polarität liegt hier in den Punkten
VERWEIGERUNG (= das Recht zu bestimmen, was mit meinem Körper geschieht.) und BESITZANSPRUCH (= nicht das gleiche Recht dem Partner zuzugestehen, was er mit seinem Körper macht.)

Es sollte logisch sein, ich kann einerseits nicht das Recht beanspruchen, zu bestimmen was mit meinem Körper geschieht und dazu noch fordern, was mein Partner mit seinem Körper macht.

Nach meiner Meinung sollten wir uns einmal die Frage stellen: Was ist Treue?

Wie desolat ist diese Gesellschaft, wenn sie Treue auf die rein körperliche Ebene der Ehepartner abwertet?

Ich selbst finde, daß die geistige Treue bei weitem höher anzusetzen ist, als eine gelegentliche körperliche Untreue in Form eines Seitensprungs.

Es gibt mit absoluter Sicherheit Ehepartner, welche sich für ihre Familie buchstäblich in Stücke hacken lassen würden, aber ab und zu einer Versuchung unterliegen.

Treue nur auf die rein körperliche Ebene anzusetzen, ist ein sehr fragwürdiger Denkansatz und zwar ganz einfach deshalb, weil er aus folgender Überlegung unchristlich ist.

Warum ist der Partner so wütend? Doch wohl nur aus verletztem Stolz, und Stolz gehört bekanntlich nach christlicher Lehre zu den Todsünden! (Diese sind Zorn, Eifersucht, Geiz, Trägheit, Stolz; Wollust und die Völlerei)

Erst vor kurzem hörte ich von einer betroffenen Ehefrau, sie fühle sich so gedemütigt. Wie wahr, aber ist es nicht eine der vornehmsten Pflichten eines Christen, Demut zu *üben* ?

Nun haben wir zwei christliche Faktoren: Die Vergebung und den Stolz.

Rechnen wir nun das ganze Leid der Kinder, die übliche Übervorteilung bei der finanziellen Trennung, so könnte sich für den ein oder anderen, eine ganz neue Sicht in Bezug auf den Seitensprung ergeben.

Eifersucht ist aber nicht nur verletzter Stolz, es ist nichts anderes als unser Schatten.

Darunter fällt auch ein Mangel an Selbstbewußtsein und Selbstwertgefühl.

Erst wenn ich selbst (geistig) untreu bin, so kann ich erfühlen, wie eine solche Zuwendung gegenüber einem fremden Partner aussieht.

Das könnte bedeuten, daß (geistig) treue Ehepartner, dem Seitensprung gar nicht den Stellenwert beimessen, den der betrogene Partner aus seiner eigenen Resonanz heraus annimmt.

Es gibt bekanntlich genügend Partner, welche ohne Grund eifersüchtig sind. Sie verraten überdeutlich, daß sie es selbst mit der Treue nicht so ernst nehmen, bzw. wie schon erwähnt, mangelndes Selbstbewußtsein und Selbstwertgefühl haben.

Letzteres zeigt, daß diese Menschen ihre Macht überproportional an ihren Partner abgeben. Sie ruhen nicht in sich selbst. Sie benötigen somit andere Menschen um sich selbst bestätigt zu fühlen.

Die „normale" Eifersucht hingegen zeigt die eigene Resonanz zur Untreue.

Möglich wäre z.B. ich hätte schon Wünsche mit Frau/Mann XYZ, aber es fehlt an Gelegenheit, oder meine Begierde ist einseitig oder nur unerreichbar in (Porno)Film und Fernsehen.

Ganz verklemmte haben es so weit verdrängt, daß es ihnen gar nicht bewußt ist. Meist wurde diese Form mit bigotter Erziehung erreicht.

Da gibt es bekanntlich eine Reihe von Spielarten in geistiger Untreue. Für die Christen zitieren wir diesbezüglich Jesus:

„Ich aber sage euch, wer ein Weib ansieht, ihrer zu begehren, der hat mit ihr schon die Ehe gebrochen." (Matth. 5.28)

Wie oft ein Christ zu vergeben hat, finden Sie ebenfalls im Neuen Testament. Diese Zahl spare ich mir hier, sie ist so hoch, daß praktisch jede Scheidung aus Untreue unmöglich wird. (Siehe Matthäus 18,21-23)

Nun gibt es ja noch das Eheversprechen, welches lautet:

...„in guten wie in schlechten Tagen."

Sollen diese schlechten Tage nur finanzielle Notlagen oder Krankheit bedeuten? Wird gerade beim verletzten Stolz nicht Treue zum schwach gewordenen Partner verlangt?

Hinzu kommt wieder, daß wir nicht richten, also verurteilen sollen. Das bedeutet doch, daß dem betrogenen Ehepartner gar nicht zusteht, den gefallenen Partner so ohne weiteres zu verteufeln.

In der Schrift wird nur eine Ausnahme genehmigt, die der Hurerei, also der Prostitution, aber welcher Ehepartner sinkt schon so weit?

Es gäbe noch viele Blickwinkel und Fragen.

Bliebe noch die Bemerkung, daß selbst Jesus nicht das Gewicht auf sexuelle Verfehlungen gelegt haben kann, wie wir es heute tun.

Bei Lukas 7.47 finden wir in älteren Übersetzungen folgende Stelle (die neue Version liest sich fast gegenteilig [es geht um Maria Magdalena, ein Liebesmädchen])

„Ihr sind viele Sünden vergeben, denn sie hat viel geliebt, welchem aber wenig vergeben wird, der liebt wenig."

Jetzt kann man an gleicher Stelle lesen!

„ Ihr sind viele Sünden vergeben, denn sie hat mir viel Liebe erzeigt; wem aber wenig vergeben wird, der liebt wenig."

Jesus stellte eindeutig die Liebe über den Haß.

„...liebe deine Feinde" (= Rivalin/Rivale) und „......wie auch wir vergeben...."

Die Grundsatzfrage zur Selbsterkenntnis lautet stets:

„Wo liegt zu diesem Ereignis von Untreue meine Resonanz?

Sie muß da sein, sonst wäre ich niemals mit diesem Geschehen konfrontiert worden!

Kommen wir zum letzten Punkt zum Thema Resonanz in der Sexualität.

Wie beliebt der „Dorfklatsch" ist, weiß jeder. Nur kaum einer dieser Klatschmäuler ahnt, je beliebter er beim einzelnen ist, um so mehr offenbart er uns seinen Schatten.

Das Schauspiel, der Film

Filme haben wir alle gesehen, Schauspiele meist nicht so oft. Viele vergöttern buchstäblich die einzelnen Stars. Warum wohl? Ist es allein die Sehnsucht, genau so berühmt zu sein wie XYZ? Wohl kaum, es liegt doch zweifelsfrei eine gewisse Identifizierung mit dem Idol vor.

Was aber wird dazu benötigt? Resonanz!

Wie könnte erstens der Zuschauer eine gute Darstellung würdigen, wenn er gar nicht mitfühlen kann.

Zum Zweiten: wie könnte ein/e Schauspieler/in etwas glaubhaft darstellen, wenn sie/er das nicht auf irgendeine Art erfühlen könnte, wenn er/sie sich nicht in die Rolle „einfühlen", sie leben würde? Bekanntlich ist die Körpersprache bei weitem aussagefähiger als unsere Mimik.

Wie soll er also ohne einen Bezug zu seinem Innenleben negative Rollen glaubhaft darstellen und wie sollten wir, ohne gleiche Resonanz in uns, diese verstehen und die schauspielerische Leistung würdigen?

Militante Tierschützer

Im Herbst 1988 fand in der Nürnberger Innenstadt ein Protestmarsch unter dem Motto *„Pelzträger sind Mörder"* statt. Viele der Demonstranten trugen Lederjacken, ja einige sogar Ledermäntel, Handtaschen und Lederschuhe allemal.

Stellen sie sich vor, es wäre ihnen eine Gegendemonstration von ebenso militanten Vegetariern, unter dem Motto *„Fleischesser sind Mörder",* begegnet! Sie können sich denken, was los gewesen wäre.

Einmal davon abgesehen, daß bei vielen dieser Demonstranten auf Grund ihrer offensichtlichen gesellschaftlichen Stellung, der Neid auf Pelzmäntel eine Rolle gespielt haben mag (Neid ist bekanntlich die ehrlichste Form der Anerkennung), so ist es doch scheinheilig, andere an den Pranger zu stellen, selbst aber seine fleischliche Ernährung aufrecht zu erhalten.

Das Leid des Schlachtviehs ist um nichts geringer, als das der Pelztiere. Hier wird die Resonanz besonders deutlich, denn Vegetarier beweisen längst, daß es auch ohne geht, zumindest könnte jeder seinen Fleischkonsum drastisch reduzieren. Die Frage an die Beteiligten von damals hätte lauten sollen: „Warum eßt ihr überhaupt noch Fleischprodukte, wenn ihr Mörderplakate tragt?"

Mord und Totschlag

Es sei ausdrücklich darauf hingewiesen, im Folgenden geht es nicht um eine Be- oder Verurteilung, auch nicht um Aufrechnung, es geht nur darum, das Gesetz der Resonanz klar erkennbar zu machen.

Daß uns dies bei Mord und Totschlag ziemlich „an die Nieren geht", ist mehr als selbstverständlich. Vor allem zur politisch sanktionierten Tötung haben wir ein gar eigenartiges Verhältnis.

Auf unsere christliche Basis und die 10 Gebote, müssen wir nicht näher eingehen.

Das hinderte die Menschen nicht im geringsten, Kriege im Namen Gottes oder im Namen des Vaterlandes zu führen, obwohl im gegnerischen Lager ebenfalls Christen lebten.

Jeder kann glauben was er will, aber gehen wir einmal davon aus, daß es eine höhere „Institution" gibt, um es einmal vorsichtig zu formulieren. Diese Wahrscheinlichkeit besteht zumindest zu fünfzig Prozent, was dann?

Viele sind für die Todesstrafe. Andere glauben, daß es „gerechte" Kriege gibt. Bleiben wir gleich beim Krieg. Der letzte Weltkrieg mit seinen Folgen bietet sich besonders gut an.

Dieser wurde doch, zumindest wird es von den Siegermächten behauptet, nur deshalb geführt, um Hitler in die Schranken zu weisen und um die Greueltaten der Nazis zu stoppen.

Ein paar Fragen werden dazu erlaubt sein ohne gleich als Nazi zu gelten?

Warum haben die Alliierten nicht die Zufahrtswege zu den KZ's bombardiert?

Warum haben ihre Jagdbomber, welche sich nicht scheuten, die Züge mit Zivilisten anzugreifen und die Bauern auf den Feldern wie die Hasen zu hetzen, nicht die Wachmannschaften auf den Wachttürmen angegriffen und ihre Wohnbaracken in Schutt und Asche gelegt?

Warum wurden die Krematorien nicht bombardiert? Möglicherweise hätte es Tote bei den Insassen gegeben, aber bestimmt nicht in dieser Anzahl.

Nur aus Feigheit der Piloten vor Gegenbeschuß oder aus Unwissenheit der Geheimdienste? Das mag glauben wer will.

Selbst wenn der Geheimdienst, welcher im Allgemeinen über die internen Angelegenheiten des „Dritten Reiches" hervorragend Bescheid wußte, über die Vorgänge innerhalb der KZ's nichts wußte, wieso sollte dann der „Normalbürger" davon wissen und gar noch Widerstand leisten?

Das nur nebenbei.

Der englische Luftmarschall Harris, welchen die eigenen Bomberbesatzungen „butcher" (= Schlächter) nannten, erklärte nach Beendigung des letzten Weltkrieges, daß es bei all seinen Angriffen so gut wie nie um militärische Ziele ging! Zumindest er wollte immer das Zentrum der Städte treffen, „um die Bevölkerung zu demoralisieren".

Daß bei dieser Art von Demoralisierung abertausende unschuldige Frauen und Kinder ihr Leben ließen, also in ihren Kellern ermordet wurden, fällt völlig unter den Tisch. Vor ein paar Jahren bekam

Harris ein Denkmal! Der politische Zweck heiligt die amoralischen Mittel.

Wir sehen, wie sich Resonanz ausdrückt. Die einen errichten Gaskammern für ihre rassistischen „Feinde", die anderen massakrieren per Flugzeug die Familien ihrer politischen „Feinde" oder billigen Unrecht, nur da diese Menschen im Moment ihre politischen "Feinde" sind.

Solange wir glauben, daß es Feinde gibt, solange wird es Mord geben.

Wir haben keinen (persönlichen) Feind, welcher einen Mord rechtfertigt. Wieso soll es im Krieg anders sein? Nur weil politische Führer uns einreden, dieser x-beliebige Staatsangehörige darf jetzt getötet werden, ist jetzt der Gebrauch tödlicher Waffen gerechtfertigt?

Weder im mosaischen Gesetz („*Du sollst nicht töten*"), noch in den christlichen Geboten („*Liebe deine Feinde*" oder „*Was du dem geringsten deiner Brüder antust, das hast du mir angetan*" gibt es dafür eine Legitimation. Zumindest nicht als Angriffsfaktor.

Der Qualitätsfaktor bei Mord liegt auch nicht in der Anzahl der Toten, diese war z.B. bei der Bombadierung nur eine Frage der Effektivität des Angriffs, <u>der Faktor liegt generell in der Bereitschaft zu töten.</u>

Wodurch soll sich politischer Mord von rassistischem Mord unterscheiden? Die Opfer sind wehrlose und unschuldige Mitmenschen, welche durch die Machenschaften ihrer Politiker in den jeweiligen Krieg hineingezogen werden.

Die Gründe für den angeblich „gerechten Mord" wechseln im Laufe der Geschichte. Einmal sind es die Ketzer (Religion), dann die Juden (Rasse), ein andermal sind es die bösen Deutschen oder Palästinenser, Kroaten, Serben, Hutus, Tutsis (Politik) usw. usw. usw....!

Es ist stets nur eine Frage, wie groß ein Volk ist und ob es den jeweiligen politischen Führern gelingt, Feindbilder aufzubauen.

Wie die jüngste Vergangenheit in Jugoslawien beweist, gibt es dann genügend Fanatiker, welche ihr Mörderpotential hemmungslos ausleben.

Ob Gestapo oder sonst wer, vom Kern der Sache besteht kein Unterschied. In jedem Volk gab und gibt es diese Problematik.

Erst wenn wir lernen, daß jeder Mord und Totschlag, sei er politisch, religiös oder rassistisch, zu ächten ist, erst dann verdienen wir eine friedlichere Welt.

Solange wir glauben, daß wir ein Recht haben, „andere" auf Grund ihrer Religion, Rasse oder irgend einem anderen Grund zu bekriegen, solange spricht nur unser mörderischer Schatten aus uns.

Nochmals zurück zu Luftmarschall Harris.

Ganz abgesehen davon, wer einem Volk seine Wurzeln in Form seiner gewachsenen Kultur und seinen Kulturschätzen zerstört, kann er es um so leichter „in den Griff" bekommen, je nachdem, wie gut es ihm gelingt, dem Volk diese Basis zu rauben.. Ein Volk ohne Vergangenheit hat kaum noch einen nationalen Halt[1].

Dazu paßt die Erklärung Churchills vom 3.9.1939 im britischen Rundfunk, welche lautete:

„*Dieser Krieg ist ein englischer Krieg und sein Ziel die Vernichtung Deutschlands.*" (E. Anrich, „Leben ohne Geschichtsbewußtsein" Grabert Verlag, Seite 62)

Warum eigentlich die Vernichtung Deutschlands und nicht die Vernichtung des nationalsozialistischem Systems?

---

[1] Dazu kommt heute in der BRD noch die Überfremdung durch parasitäre Wirtschaftsflüchtlinge, welche nur das Zauberwort *Asyl* von sich geben müssen und dann meist auch in den Genuß sämtlicher Sozialleistungen des Wirtsvolkes kommen, heute z.B. teils in eine bessere Krankenversorgung als die Träger des Krankensystems selbst. Das alles fällt übrigens in die Sparte Übervorteilung/Diebstahl.

Mit welchem Recht die Vernichtung Deutschlands zu diesem Zeitpunkt? Bekanntlich waren die großen Massenvernichtungen der Menschen durch die Nazis, welche dem deutschen Volk seit Ende des Krieges permanent angelastet werden, noch gar nicht angelaufen.

Speziell England, war durch seine Kolonialpolitik noch zu Beginn des Jahrhunderts weitaus menschenverachtender als wir Deutschen zu diesem Zeitpunkt von 1939. Amritsar in Indien und die Errichtung der KZ's für die Buren sprechen eine deutliche Sprache. (Ja, ja, die Resonanz. Was wäre erst abzulesen, stünden uns die noch immer geschlossenen Geheimarchive zur völligen Bewertung zur Verfügung)

Glaubt irgendwer, daß diese Vernichtungswelle der Nazis in Friedenszeiten in diesem Maßstab überhaupt möglich gewesen wäre? Mit Sicherheit nicht. Nein sie wurde erst durch den Krieg möglich!

Es wäre auch sehr unwahrscheinlich gewesen, daß dies sich in Friedenszeiten nicht im Volk weitaus besser herumgesprochen hätte und es darf spekuliert werden, was sich dann ereignet hätte. Somit sind nicht nur wir Deutschen allein an diesen Grausamkeiten schuld. Die Gesamtumstände führten dazu.

Mit dem Krieg allein haben die Alliierten „die Vernichtung Deutschlands" (Churchill) nicht ganz geschafft, dazu war das Volk vom Kern her noch zu gesund, wie es kurz darauf das Wirtschaftswunder beweist. Nein, dazu benötigten wir die Gehirnwäsche über Presse, Funk und Fernsehen. Dazu die laufende Überfremdung mit den entsprechenden Ansprüchen und Rechten dieser Dauergäste, möglichst noch die zweite Staatsbürgerschaft usw.

Heute ist diese Vernichtung des deutschen Wesens fast verwirklicht, und jeder der dagegen aufmuckt, wird sofort in die Ecke eines unverbesserlichen Nazis und Chauvinisten gestellt - obwohl kein Land der Welt solch eine Überfremdung mit diesen Privilegien bei sich duldet.

Wir vergessen bei all dem „Naziwahn", daß wir die Träger, einer über Jahrhunderte gewachsenen Kultur sind. Auch wenn uns die Sieger über eine permanente Gehirnwäsche vermitteln wollen, daß Deutschland und die Deutschen praktisch nur aus 12 Jahren Naziterror bestehen. Wir sind das Volk der Dichter und Denker, - und auch impulsgebender Wissenschaftler und Musiker wie z.B. J.S. Bach u.v.a..

Wieso stets dieser Popanz der unbewältigten Vergangenheit? Auf diesen kommen wir gleich noch, um ihn zu hinterfragen.

Im Moment erleben wir noch den Angriff auf unsere Sprache mit Hilfe der ausufernden Verwendung von Anglismen und der Rechtschreibreform.

Denken wir jetzt strategisch. Deutschland ist das Herz Europas. Wer Deutschland beherrscht, beherrscht Europa. Ist erst unsere Selbstbehauptung am Ende, so werden andere Länder folgen.

Salamitechnik nennt man dieses Verfahren.

Angestrebt wird ein leicht kontrollierbares Konglomerat der Masse, beherrscht von einer Geldelite.

Ihre Instrumente dazu sind: International arbeitende Banken und Konzerne, sowie alle meinungsbildenden Organe, wie Fernsehen, Presse, Literatur und Kunst.

Es gibt darüber aufklärende Literatur (in den Büchereien oder in den Bibliotheken), über diese Drahtzieher mit ihrem Plan von der „Eine Welt Regierung". Wer hat dann das Sagen? Die Völker, oder der Geldadel? Wer kontrolliert diese „Eine Welt Regierung"?

Wer jedoch macht sich schon die Mühe zu erforschen, was wirklich hinter den Kulissen der Weltpolitik abläuft? „Dallas" und der „Denver Clan" sind für die meisten weitaus interessanter, obwohl für uns im Hinblick der wachsenden gesellschaftlichen Probleme, es dringend geboten wäre, die eigentlichen Ursachen der ganzen Misere zu erkennen.

Kommen wir zurück zum Thema der Resonanz.

Nach Beendigung des Krieges gab es mit Duldung der Alliierten, an der deutschen Zivilbevölkerung und den Kriegsgefangenen, millionenfaches Unrecht.

Hinzu kam, daß abertausende an deutschen Kriegsgefangenen in den berüchtigten Hungerlagern jämmerlich zu Grunde gingen und Kriegsgefangene an einen der Verbündeten ausgeliefert wurden, obwohl es kaum einen Zweifel daran gab, daß diese Unglücklichen damit zum Tode verurteilt waren. (Selbst das neutrale Schweden lieferte aus.)

Die gleichen Siegermächte saßen dann in Nürnberg zu Gericht. Wohlgemerkt, sie kamen aus einem christlichen Kulturkreis, was für die damalige UdSSR allerdings nur bedingt richtig ist.

Natürlich kann und darf Unrecht, in welcher Form auch immer, nie gegeneinander aufgerechnet werden.

Es stellt sich aber die Frage, warum nach dem Krieg dieses Unrecht an den Deutschen verübt wurde und weshalb dieses Unrecht plötzlich akzeptabel sein soll, wenn Unrecht nicht gegen Unrecht aufgerechnet werden darf?

Die Sieger traten doch angeblich unter dem Motto an, die Unrechtsherrschaft der Nationalsozialisten zu eliminieren, warum ließen sie dann millionenfaches Unrecht zu? Ja, ja der Schatten!

Schließlich haben England und Frankreich den Deutschen den Krieg erklärt, als Hitler in Polen einmarschierte, um ihn angeblich zu stoppen. Mit Polen bestand jedoch kein ratifizierter Beistandspakt zwischen England und Frankreich. Also haben England und Frankreich den dritten Weltkrieg begonnen, nicht wir Deutsche.

Wieso werden selbst fünfzig Jahre nach Ende des Krieges nicht die Geheimarchive der Siegermächte geöffnet? Was gibt es noch zu verheimlichen? Die eigentliche Wahrheit, die eigenen „Schattenspiele" im damaligen gesamten politischen Geschehen?

Deshalb haben wir Deutschen in Verbindung mit unserer angeblich „unbewältigten Vergangenheit" noch eine ganz spezifische Resonanz mit den damaligen Siegern.

Erwiesen ist zunächst, daß seit 1945 die Geschichte „umgeschrieben" wurde. Es kam zu einer einseitigen „Aufarbeitung" von Vergangenheit.

Die Fakten, welche im Kern zu den letzten drei Kriegen führten, fallen derzeit zumindest im deutschen Geschichtsunterricht vollkommen unter den Tisch. Fest steht, zumindest seit 1918 wurde x-mal das Völkerrecht verletzt.

Sagen einzelne davon auch nur ein Wort, so werden sie sofort als Nazi „an den Pranger gestellt", meist von Menschen, welche sich gar nicht sachkundig machten. Ich denke, wir haben das Recht der freien Meinungsäußerung?

Eine Gesellschaft, welche nicht mehr die Wahrheit, selbst die von einzelnen verträgt, auch wenn sie absolut nicht ins Konzept paßt, ist keine Demokratie, sondern eine Diktatur. Ob faschistisch oder sozialistisch, der Unterschied besteht nur in der jeweiligen politischen Tendenz!

Es sind genau diese engstirnigen Fanatiker, welche eine Aufarbeitung der gesamten Vergangenheit der Beteiligten verhindern und damit beitragen, daß sich die Geschichte in Spielarten immer wiederholt, da stets die gleichen negativen Kräfte innerhalb der Völker aktiv werden können.

Wir müssen uns nur umsehen: Es sind immer wieder die gleichen Fanatiker, welche die politischen Geschicke leiten. Alles nur deshalb, weil von den Völkern nicht das Prinzip erkannt wird.

Im „Dritten Reich" konnte niemand den Mund aufmachen und die Wahrheit sagen, ohne daß ihm das KZ sicher war. Heute steht der Staatsanwalt im Hintergrund. Wir sehen, es hat sich kaum etwas geändert.

Weiß die heutige Generation eigentlich, daß die Nazis die KZ nur nachahmten? Diese sind eine „Erfindung" der Engländer, welche kurz nach 1900 damit die freien Burenstaaten „unter Kontrolle" bringen wollten. Das kostete damals rund viertausendeinhundert Frauen, zweiundzwanzigtausend Kindern und rund eintausendsechshundert alten Männern das Leben und das bei einer Bevölkerung von rund dreihunderttausend! Hätten die Buren nicht kapituliert, so wäre mit Sicherheit die Anzahl höher ausgefallen. Das alles nur, weil englische Interessen auf dem Spiel standen (E. Anrich „Leben ohne Geschichtsbewußtsein" Seite 54).

Haben Sie je von der unbewältigten Vergangenheit der Engländer gehört? Sie waren bekanntlich bei ihren Raubkriegen alles andere als zimperlich. Andere Völker (Kolonialmächte) standen ihnen kaum nach.

Wo bleiben die Amerikaner mit der Sklaverei ihrer Schwarzen und vor allem mit dem Vernichtungskrieg gegen die eingeborenen Indianer? Diebstahl und Mord waren die Devise, mit denen sie auf Kosten der Indianerstämme ihr Land aufbauten.

1945 als dieser Begriff „Unbewältigte Vergangenheit" geboren wurde, da lagen zeitlich Wounded Knee und wie all die Orte von Massakern noch lauten mögen, nur ein paar Jahre länger zurück, als heute 1945 von uns Deutschen, die Burenkriege sogar kürzer.

Wie und wodurch hat das englische und amerikanische Volk es geschafft, so schnell seine Vergangenheit „zu bewältigen"? Zumindest die der Burenkriege, um sich 1945, rund 45 Jahre später auf das Richterpodium in Nürnberg zu setzen? Was hingegen würde passieren, würden wir Deutschen uns heute, fünfzig Jahre danach, zu Richtern erheben?

Also wie geht das, die Vergangenheit eines Volkes zu bewältigen? Das wäre für uns Deutsche eminent wichtig zu erfahren, uns fehlt hier offenbar eine Menge Erfahrung, oder wird hier von den Siegern willkürlich ein Unrecht gegen unschuldige Nachfolgegenerationen begangen?

Haben die damaligen Sieger 1945 auf ihre eigene „Unbewältigte Vergangenheit" zurückgeblickt? Offensichtlich nicht! Entsprechend rücksichtslos waren ihre Beschlüsse. Ja ja, die Resonanz! Weiß die heutige Generation, daß z.b. der polnische Marschall und de-facto-Staatschef Rydz-Smigly bereits im Sommer 1939 vor einer Versammlung polnischer Offiziere, Reserveoffiziere und Offiziersanwärter referierte, deren Tenor lautete 'Polen will den Krieg mit Deutschland und Deutschland wird ihn nicht vermeiden können'? Wieso kommt der amerikanische Botschafter in Paris, Bullit bereits am 25.4.! 1939 zu der Feststellung: „Der Krieg in Europa ist eine beschlossene Sache" (E. Anrich „Leben ohne Geschichtsbewußtsein" Seite 62, ISBN 3-87847-088-6). Wer hat das beschlossen? Ich denke wir haben Polen überfallen. Es gäbe noch viele Punkte, welche heute nie auf den Tisch „zur Vergangenheitsbewältigung" kommen. Es wäre meines Erachtens für die junge Generation langsam an der Zeit, sich etwas mit Geschichte und den derzeit verfügbaren Fakten, zu befassen: Wie lange wollen sie noch die Rolle der Verfemten spielen?

Selbst wer jetzt noch skeptisch ist, sollte sich einmal fragen; wie es dazu kam, daß ein 1933 völlig darniederliegendes Deutschland innerhalb von nur sechs Jahren derart aufrüsten konnte, daß es diesen größten Krieg unserer Geschichte überhaupt führen konnte?

Woher kamen die unentbehrlichen Rohstoffe für die Waffen? Wer hat das finanziert!?

Glauben Sie wirklich, die Geldgeber wußten nicht darüber Bescheid, auf welchen Mann sie sich einlassen, auf welche Kräfte sie setzen?

Selbst wenn nicht, so hätten sie früh genug den Geldhahn zudrehen können, um zumindest diese Hochrüstung zu stoppen.

Es gibt genügend Literatur darüber, wie die Fäden im Hintergrund, zumindest seit 1870 gezogen wurden.

Es gibt genügend mutige Schriftsteller, welche die Fakten nicht unter den Teppich kehren.

Die Wahrheit bleibt im Grunde auf der Strecke - ja, **die Wahrheit** und damit kann es keine umfassende „Vergangenheitsbewältigung" geben.

Das bedeutet, man läßt die beteiligten Menschen in Unwissenheit und was noch viel schlimmer ist, es bedeutet, aus dieser Unwissenheit heraus lassen sich ohne weiteres neue politische Spielchen betreiben, denn noch immer werden Soldaten benötigt.

Es kann aber keine englische, keine amerikanische, polnische, tschechische, deutsche usw. Wahrheit geben. Es gibt nur alle vorgefallenen Fakten, die amerikanischen, englischen, polnischen, tschechischen, deutschen Fakten usw.

Dann kann jeder absehen, daß es überall Menschen gab, welche sich an ihren Mitmenschen vergangen haben.

Nur diese sind für ihre Untaten verantwortlich und niemand sonst!

Alles andere ist neues Unrecht, **denn Schuld ist nach keiner Rechtsprechung der Welt übertragbar!**

Die Nazis werden wegen der Sippenhaft angeprangert, die Sieger nahmen das ganze deutsche Volk in „Volkshaft". Das ist einmalig. Dafür gibt es gar keinen sprachlichen Begriff.

Selbst die armen Verfolgten sollten in ihre Schrift sehen. Moses gab uns die Gebote Gottes. Darin heißt es u.a.

„... *du sollst kein falsches Zeugnis reden wider deinem Nächsten*" und

„... *du sollst nicht begehren deines Nächsten Hab und Gut....*"

Jeder, welcher Wiedergutmachung von Unbeteiligten forderte und noch fordert, sollte sich klar sein, daß er wider diese Gebote gehandelt hat und noch handelt.

Er handelt wider göttliches Gesetz und diese Beschuldigungen und Forderungen sind im christlichen und auch im jüdischen Glauben, über die Zehn Gebote, ganz einfach **gottlos**.

Jeder strenggläubige Jude und Christ müßte diese Forderungen und Zahlungen ablehnen, nach christlichem Verständnis sogar wieder gutmachen.

Ich höre schon, so kann man die Schrift nicht auslegen. Das kann jeder halten wie er will. Am Ende seines Lebens, und das erleben wir alle, könnte es durchaus sein, daß darüber von jedem einzelnen Rechenschaft abgelegt werden muß.

Noch immer stehen die Chancen 50:50, daß es eine höhere Instanz gibt. Was dann, wenn der einzelne auf die falsche Seite gesetzt hat?

Wieso sprechen unsere Spitzenpolitiker heute, über fünfzig Jahre danach, noch immer „von unserer unbewältigten Vergangenheit"?

Wieso hängen sie den Folgegenerationen, welche mit diesem Verbrechen nicht das Geringste zu tun haben diesen Makel an, obwohl in keiner Rechtsprechung der Welt Schuld übertragen werden kann (*„Du sollst kein falsch Zeugnis reden wider deinen Nächsten"*.)?

Es gibt kein Recht auf Übertragung von Schuld, folglich gibt es keine unbewältigte Vergangenheit sondern nur die Vergangenheit jedes einzelnen Menschen und sonst nichts! Alles andere ist eine Form einer höheren Sippenhaftung, die der Volkshaftung, bzw. politischer Rassismus.

Hinzu kommt noch das Gebot: *„Du sollst nicht begehren deines Nächsten Hab und Gut"*. Das heißt im Klartext: Wer (Steuer)Gelder von Unbeteiligten verlangt, handelt wider dieses göttliche Gebot. Zugegeben ein durchaus unüblicher Standpunkt, aber kann Unrecht mit Unrecht aufgewogen werden?

Wie bestehen wir mit solch einer Wiedergutmachungseinstellung vor einer göttlichen Instanz - und die Chancen sind immerhin 50:50!?

Vom Kern der Sache sind es zwei den Geboten Gottes widersprechende rein politische Standpunkte, kurz gesagt, sie sind gottlos.

Zurück zu unseren Politikern. Warum verlangen sie nicht von den Siegermächten, daß alle Fakten der Geheimarchive „auf den Tisch" kommen? Was ist denn so geheim, daß es selbst fünfzig Jahre danach noch geheim bleiben muß? - Die Wahrheit um die wahren Strippenzieher??

Haben nicht alle beteiligten Völker des Zweiten Weltkrieges ein Anrecht darauf zu erfahren, welche Fäden ihre damaligen Spitzenpolitiker zogen, die ihnen dann in Folge diesen enormen Blutzoll ihre liebsten Angehörigen abverlangten?

Wäre dies nicht eine allumfassende und vor allem gerechte „Vergangenheitsbewältigung"? Haben wir unbescholtenen Nachfolgedeutschen kein Recht auf unsere Würde in Gleichklang mit den anderen Völkern? Wie sollte Geschichte anders bewältigt werden **als durch die ganze Wahrheit?**

In unserer Nationalhymne sollen wir singen *Einigkeit und Recht und Freiheit für das deutsche Vaterland*. Wieso fordern unsere Spitzenpolitiker dieses Recht, als unbescholtene Staatsbürger innerhalb der Gemeinschaft der Völker zu leben, nicht ein?

In allen Völkern finden sich Menschen, welche zu jeder Gewalttat bereit sind. Jüngstes Beispiel ist Jugoslawien. Es ist nur eine Frage, ob es diesen Anhängern der Gewalt gelingt, an die Macht zu kommen. Die Frage der Anzahl der Opfer ist dann nur eine Frage ihres Fanatismus. Die Qualität von Mord und Totschlag ist überall gleich.

Jedes Volk hat dunkle Punkte in seiner jüngeren Geschichte. Es hat niemand das Recht zu richten, zumindest nicht im christlichen Kulturkreis.

***

Wir sehen, mit unserer Resonanz zu Mord und Totschlag gehen mit Sicherheit Emotionen in die Höhe. Je höher, desto mehr Resonanz.

Entscheidend sind nicht unsere Vorstellungen, entscheidend ist das Potential in uns und vor allem, ob wir es durch irgendwelche Ideologien aktivieren.

Über Jahrhunderte wurden diese sich wandelnden Ideologien von Priestern und anderen Herrscherklassen zum eigenen Vorteil in die Welt gesetzt und es geschieht, wie wir gesehen haben, noch heute. Anders wären diese religiösen und rassistischen Konflikte gar nicht möglich.

Natürlich mag der eine oder der andere daran glauben, daß es hier oder da „etwas ganz anderes ist". Es bleibt jedem selbst überlassen, wie er mit den Geboten umgehen will.

Frieden ist jedoch nur möglich im *sowohl - als auch*.

Wir werden heute über alle Medien mit negativen *Nachrichten* buchstäblich (geistig) „vergiftet".

Wir *richten nach* über Begebenheiten, welche sich an irgend welchen Orten der Welt ereignen. Wir können im Grunde nichts tun, außer zu richten, zu verurteilen und wie wir bei der Elementarphysik deutlich sehen, wird dadurch das Umfeld immer weiter negativ getrimmt.

Daß uns diese Gesetzmäßigkeit noch nicht bewußt ist, liegt daran, daß die neuesten Erkenntnisse, aus gutem Grund gar nicht gelehrt werden.

Wenn der Einzelne erst einmal erkennt, welche Macht er in Wirklichkeit hat, so ist es aus mit der Macht der Herrscher, welche uns heute mehr und mehr in Abhängigkeiten verwickeln.

Es ist für Sie völlig belanglos, ob ein Bus in Indien in die Schlucht stürzt oder ein Amokläufer in den USA zwanzig Menschen ermordet. Sie können daran nichts ändern. Also beurteilen Sie nicht die Angelegenheit und verurteilen Sie nicht den Amokläufer. Es ist nicht Ihre Angelegenheit.

Kurz, verschwenden Sie keine Energie an Fakten, welche außerhalb Ihres Einflußbereichs liegen.

Selbst wenn in Ihrem Ort ein Haus niederbrennt oder bei Ihrem Nachbarn eingebrochen wird, so ist es nicht Ihr Schicksal, sondern das der betroffenen Personen.

Haben Sie Mitgefühl mit den Betroffenen, aber be- und verurteilen sie nicht, Sie kennen die physikalischen Energien nicht, welche zu dieser Aktivierung der Wahrscheinlichkeitswellen führte.

Fallen Sie nicht in Ängste, sondern helfen Sie wenn möglich. Alles andere ist, so brutal das zunächst für unsere derzeitige Vorstellung auch klingt, sinnlose Energieverschwendung. Es läßt Ängste wachsen und diese negativen Vorstellungen müssen sich, über die Gesetzmäßigkeiten, welche die Materie beherrschen, verwirklichen!

Ich weiß, das führt zu enormen Widerständen. Aber nur eine Frage dazu?

Verstärkt sich zur Zeit in der Welt das Gute oder ist es mehr und mehr das Negative?

Darüber dürfte es kaum einen Zweifel geben. Es vermehrt sich gesetzmäßig auf Grund unseres derzeitigen geistigen **Bewußten Seins das Negative!**

***

Diese Beispiele mögen genügen, um zwischen den Menschen mehr Verständnis und daraus mehr Toleranz erwachen zu lassen.

Erst wenn wir ehrlich zu uns selbst sind, können wir es zu unseren Mitmenschen sein.

Es gibt zwei Lebensweisheiten, welche lauten:
Alles verstehen heißt - alles verzeihen.
Wer bei anderen sucht, kann sich selbst nicht finden.
Also suchen wir nur bei uns!

Im Licht des Gesetzes der Resonanz betrachtet, könnten diese Weisheiten für den ein oder anderen, jetzt möglicherweise ein ganz anderes Gewicht haben.

VI. Die Welt besteht aus Gegensätzen

Jeder weiß, zumindest unbewußt, daß die Welt aus Gegensätzen besteht. Trotzdem fällt es uns allen sehr schwer, damit in Harmonie zu leben.
Ständig bekämpfen wir irgend etwas oder streben den entsprechenden Gegenpol an. Deshalb kämpfen wir z.b. gegen das Böse und unterstützen das Gute.
Der Mensch will in fast allen Belangen nur einpolig leben und dann wundert er sich, wenn er im wilden Zickzackkurs durchs Leben taumelt und so manchen Absturz auf den Boden der Tatsachen erlebt.
Wie gesehen, gegen all das, was ich ankämpfe, also meine Energie richte, das muß sich auf Grund des Gesetzes von der Erhaltung der Energie, verstärken.
Druck erzeugt immer Gegendruck. Mit anderen Worten: mein „Gegner" bringt immer mehr Energie ins Spiel um seine Position zu halten. Bei dieser Art der „Kriegsführung" bin ich immer im Nachteil, wie es das Wort so schön sagt, ich habe den hinteren Teil, oder ich hänge den Begebenheiten nach.
Noch einfacher: ich kann immer erst reagieren, nie von vorneweg agieren. Somit hat die Gegenseite in Wirklichkeit das Gesetz des Handelns in der Hand!
Es sollte einleuchten, daß dies taktisch vollkommen falsch ist und es nur einen Weg gibt. Die geistige Energie muß anders eingesetzt werden. Verbrechen oder Vergehen dürfen sich nicht mehr lohnen.
Das heißt, es müßten z.B. die Haupteinnahmequellen der Kriminalität ausgetrocknet werden.
Einfachste Beispiele: Waffenhandel, Prostitution, Drogenhandel.
Wie wenig effektiv der Kampf z.B. gegen Rauschgift ist, kann jedermann selbst ermessen. Also müßte zunächst natürlich das Rauschgift ausgegeben werden, um den Abhängigen zu helfen. Oder haben wir die Prostitution verhindert? Na also, warum zunächst nicht staat-

lich leiten, ohne den ganzen Sumpf im Umfeld. Steuern sind sowieso fällig. Dazu müßten wir natürlich bereit sein, auf unser vermeintliches moralische Recht zur Verurteilung, zu verzichten.

Es ist leicht abzusehen, daß sich dann die Dinge viel leichter regulieren werden.

Wie erwähnt: die Welt besteht nun einmal aus Gegensätzen, ob uns das gefällt oder nicht. Nicht umsonst heißt der Teufel auch *Luzifer* (= lat. Träger des Lichts).

Der Mensch braucht das Dunkel, um das Licht erkennen zu können. Wir brauchen das Negative, um das Positive zu sehen. Deshalb sagte Jesus: „*...richtet nicht...*".

Solange wir kämpfen ändern wir nichts. Erst wenn wir verzeihen, kann sich die Energie verschieben.

Das heißt noch lange nicht, daß den Übeltätern freie Hand zu lassen wäre.

Die Gesellschaft hat auch das Recht, sich vor Gewaltverbrechern zu schützen, indem sie diese aus dem Verkehr zieht und entsprechend schult.

Wiederholen wir die richtige Art zu handeln noch einmal und noch einmal, da fast alles Leid aus diesem falsch verstandenem Prinzip entsteht.

Der **Klügere** gibt nach!

Das heißt, der Klügere kämpft nicht, er zieht seine Energie ab. Das ist die wirksamste Methode, um allen negativen Energien den Boden unter den Füßen wegzuziehen.

Für denjenigen, welcher noch immer skeptisch ist, sei erwähnt:

Mahatma Ghandi hat das auf der politischen Ebene mit ganz Indien, im Großmaßstab vorexerziert.

Wir kennen auch das Beispiel des Boykotts. Nichts fürchten die Herrschenden mehr, als dieses Instrument des Energieentzuges. Das kann auf mancherlei Arten erfolgen.

Wir hingegen, wir wehren (und rächen) uns. Die ganze Filmindustrie ist auf dieses falsche Konzept abgestimmt. Am Ende siegt immer der Gute und der Bösewicht beißt ins Gras. Das ist Volksverdummung im Großmaßstab.

Wir bekämpfen praktisch alles, was nicht in unser Konzept paßt und was geschieht?

Wie entwickelt sich unser Umfeld! Steigt trotz verstärkter Gegensteuerung nicht eher das Negative an, und das Positive bleibt mehr und mehr auf der Strecke? Also wo liegt der Fehler? Doch wohl nur am falschen Konzept.

Es kann gar nicht anders sein, nachdem wir unsere ganze Aufmerksamkeit/ (= Energie) auf all die negativen Ereignisse der Welt lenken.

Es gibt nur eine Möglichkeit, die Richtigkeit zu überprüfen. Sie lautet: Probieren Sie es selbst in Ihrem Umfeld aus. Polen Sie Ihre Energie um, auch wenn Sie zunächst der vermeintlich „Dumme" sind. Noch allemal lacht der am besten, der zum Schluß lacht.

Nehmen wir ein ganz einfaches Beispiel aus unserem Alltag: Fast jeder regt sich über die Werbesendungen im Fernsehen auf. Viele zappen um, andere holen sich ein Bier usw.

Das ist ein Schritt in die richtige Richtung, aber noch viel wirksamer wäre es, konsequent kein Produkt zu kaufen, mit dem im Fernsehen geworben wird. Wenn wir diesen Produkten unsere Kaufkraft entziehen, geht es sehr schnell, bis sich diese Art von Suggestion (= Werbung) auf den Fernsehzuschauer erledigt.

Wieso kaufen wir eigentlich solche Produkte, wenn wir uns über den Stil solcher Werbung ärgern, abgesehen davon, daß die Werbeblöcke langsam das Hauptprogramm abgeben?

Wo steckt hier die Logik, wenn wir das über unseren Kauf noch honorieren, was uns ärgert?

Das Geld für die Werbung könnten die Firmen z.B. in höhere Qualität ihrer Produkte stecken, wie wäre es mit dieser Art von Werbung, denn bekanntlich spricht sich sehr schnell herum, was gut ist. Oder diese Firmen könnten es in die Erhaltung von Arbeitsplätzen stecken, oder dafür höhere Löhne zahlen, was die Kaufkraft erhöhen würde, bzw. die Sozialeinrichtungen stärkt.

Woher kommen diese teils enormen Sponsorengelder? Von den zu hohen Lohnkosten? Was wird also damit gemacht? - Werbung!

Oder noch ein Beispiel: Da verkündet ein Konzernchef ganz im Glanze seiner Macht, daß auf dem Sektor Lebensmittel genmanipulierte Sojaprodukte eingeführt werden, ob es der Verbraucher wünscht oder nicht, basta.

Und was machen wir Verbraucher? Wir protestieren und resignieren!

Die richtige Reaktion hingegen wäre, die Produkte dieses Konzerns für eine beliebige Zeit nicht mehr zu kaufen. So schnell könnten wir gar nicht bis drei zählen, wie die Angelegenheit in unserem Sinne bereinigt wäre. Das Beispiel der Bohrinsel Brent Spar zeigt, daß selbst internationale Konzerne klein beigeben müssen, wenn sich der Verbraucher seiner Macht bewußt wird.

Mit einem Boykott der Produkte, für die jeweils geworben wird, hätten wir gleichzeitig die Auswüchse im Profisport im Griff. Denken wir nur an die Entwicklung der Olympischen Spiele.

Hinzu käme bei all diesem kostspieligen Werbeaufwand, daß vor allem der Mittelstand wieder eine bessere Chance bekäme. Dieser hat, obwohl er arbeitsplatzintensiv ist, keine großen Mittel frei um großartig Werbung zu betreiben.

Wir sehen allein an diesen paar Beispielen, der Entzug ist die wirksamste Strategie um alles im Griff zu behalten.

Wir hören oft von einem Spiel der Kräfte in Bezug auf freie Marktwirtschaft. Stimmt das noch, oder haben wir nicht längst ein Diktat des Kapitals?

Wer soll sich gegen die Finanzkraft und Kreditmöglichkeiten der internationalen Konzerne eigentlich noch behaupten? Gleicht das nicht einem Angriff mit Pfeil und Bogen gegenüber einem modernen Panzer?

Allein das leidige Thema der Kennzeichnung von Lebensmitteln spricht eine deutliche Sprache. Im Moment machen die Amerikaner mit ihren marktpolitischen Interessen Front gegen die Europäer, welche keine genmanipulierten Rohstoffe für ihre Nahrungsmittel einführen möchten.

Hätten wir wirklich eine <u>freie</u> Marktwirtschaft, so entscheidet doch allein der Verbraucher, was <u>er</u> kaufen möchte. Dazu benötigen wir eine einwandfreie Kennzeichnung! Alles andere ist ein Diktat von irgendwelchen Interessenverbänden, welche nur den eigenen Profit im Auge haben.

Wer gegen die Kennzeichnungspflicht ist, der ist gegen die freie Marktwirtschaft. So einfach ist im Grunde nach meiner Meinung die ganze Sache, oder sollte ich mich hier irren?

Positive Energie kommt stets positiv zurück und Energientzug bei untragbar gewordenen Bedingungen sind die einzigen Mittel, welche den Umschwung einleiten, auch wenn es manchmal etwas dauern mag.

Oft stellt sich erst im nachhinein heraus, daß die anfangs erfolgten Verluste geradezu garantierten, daß sich größere Erfolge ergaben. Vertrauen Sie auf die göttliche Führung, sie ist allemal menschlichem Verstand überlegen.

Ich kenne z.B. den Fall, wo der (vermeintlich) stärkere Vorgesetzte seinen Untergebenen zur Kündigung trieb, ohne daß sich dieser dagegen wehrte. Zwei Jahre später stand dieser Chef selbst unter großem Druck, er wechselte die Firma. In seiner neuen Firma wurde nach kurzer Zeit die Führung umgestellt, und sein alter Untergebener war jetzt sein neuer Chef.

Zufall? – „Natürlich, was sonst".

Wir verstehen heute die Welt nur über die Devise *entweder - oder*, daß es ein *sowohl - als auch* gibt, das wissen wir zwar, aber handeln wir entsprechend (Im Zeitalter des Wassermanns - zumindest lauten so die Prophezeiungen - soll diese extreme Polarität des Fische-Zeitalters abgeschwächt werden.)?

Selbst, wenn wir das vom Verstand her begriffen haben, heißt es dann meist, wenn es uns selbst betrifft: *„aber doch nicht in diesem Fall"*.

Speziell im persönlichen Umfeld reagieren wir auf äußere (negative) Einflüsse meist aggressiv und genau hier liegt das Problem.

Wir akzeptieren ohne weiteres, daß Tag und Nacht, groß und klein oder Mann und Frau Gegensätze darstellen, aber bereits bei unserer ureigensten Basis, der Polarität von Mann und Frau oder noch spezieller, von Ehemann und Ehefrau, geht der Kampf gegen die Polarität los.

Selbst nachdem wir das Gesetz der Resonanz kennen, haben wir noch immer unsere liebe Not, unseren eigenen Bezug dazu an uns selbst zu erkennen und dieses dann auch zu ändern.

Wie gehört, ist es leider nun mal so, daß <u>wir</u> uns ändern müssen, wollen wir unser Umfeld und damit das Verhältnis zu unserem Partner ändern.

Greifen wir ein heißes Eisen an, den des „Kampfes der Geschlechter".

Heute haben wir z.B. die Eman(n)zipationsbewegung. Schon das Wort ist verräterisch.

Das männliche Prinzip ist dynamisch, aggressiv, besitzergreifend, herrisch, gefühlskalt. Es ist die Welt des Verstandes. Das mag genügen.

Im Gegensatz das weibliche Potential. Es ist nach innen ausgelegt. Es ist warmherzig, mütterlich, beschützend und schutzbedürftig, aufnehmend, intuitiv. Es ist die Welt der Intuition.

Was wollen die emanzipiert ausgelegten Frauen? Sie wollen die Prinzipien des Mannes in sich verstärken!

Wieso verstärken? Einfach deshalb, da selbst der einzelne Mensch polar angelegt ist. Jeder von uns trägt männliche <u>und</u> weibliche Hormone in sich. Es gibt emotionell sehr männliche Frauen und umgekehrt sehr weibliche Männer.

Die Frauen beschweren sich über die „Unterdrückung" durch den Mann.

Frage: Wer erzieht eigentlich die Jungen? Doch wohl in fast allen Fällen die Frauen! Also muß der Fehler schon in der Erziehung liegen, wenn Männer später ihr Prinzip so deutlich ausleben.

Nach meiner Meinung liegt der Fehler in folgenden Punkten:

Wir haben uns eine Gesellschaftsform aufgebaut, in welcher fast nur noch der materielle, finanzielle Erfolg zählt. Wohin das führt können wir in ein paar Jahren in aller Deutlichkeit erfahren. Es sei denn, daß wir doch noch einsichtig werden und die Werte schnellstens in den geistigen Pol verschieben.

Ein erfolgreicher Mitbürger gilt heute nur etwas, wenn er über möglichst teure Statussymbole und ein dickes Bankkonto verfügt.

Das trifft zum Teil auch für Frauen zu, denn sie wollen erfolgreiche Männer mit diesen Attributen.

Sie wundern sich dann, wenn solche „Vorbilder" durch die Erziehung ihrer eigenen Söhne, mit all den negativen Konsequenzen nachgeahmt werden.

Schließlich wollen die „Karrierefrauen" vom Kern der Sache ebenfalls an diese Machtpositionen, um sich diese Attribute in eigener Regie zu erarbeiten.

Kurz, sie wollen über die gleiche materielle Potenz und den gleichen Machtfaktor wie die Männer verfügen. Sie wollen ebenfalls auf die Chefsessel.

Ob dies bei dieser Art unseres Wirtschaftssystems, welches das familiäre und natürliche Umfeld zerstört, überhaupt sinnvoll ist, danach fragen sie in ihrem Streben nach gleicher Macht gar nicht.

Wir bräuchten somit heute keine Emanzipationsbestrebung, wir bräuchten eine neue „Frauenbewegung".

Eine Bewegung, welche den aggressiven männliche Erfolgswahn nach Macht, Status und materiellen Äußerlichkeiten drastisch abmildert.

Gehen wir noch mehr an den Kern des Problems heran. Unsere heutige Gesellschaftsform besteht praktisch in allen Bereichen aus Wettbewerb. Wir konkurrieren „mit Gott und der Welt".

Das ist vollkommen einpolig und damit krankhaft. Uns fehlt der Gegenpol, der Pol der Zusammenarbeit, der Kooperation.

Jetzt wird so mancher sagen, daß die gesamte Natur auf Wettbewerb aufgebaut ist. Das ist nur zum Teil richtig. Bei Jäger und Beutetier ist es radikal, innerhalb der einzelnen Art ist das bei weitem nicht so kraß.

Es gibt zwar einen Kampf um die Weibchen und um das lebensnotwendige Revier, aber selbst hier kommt es kaum zu lebensbedrohenden Auseinandersetzungen. Nur bei sehr wehrhaften Exemplaren auch können Todesfälle vorkommen. Diese Kämpfe sind ritualisiert und zielen nie darauf ab, die eigene Art zu verletzen oder gar auszurotten. Damit wären wir bei unserem tierischen Erbe.

Überlegen wir jetzt selbst einmal. Die Menschen lebten bis Ende der Steinzeit in einem ziemlich lebensbedrohenden Umfeld.

Sie waren Jäger und Sammler. Die Männer mußten auf der Jagd auf Gedeih und Verderb zusammenarbeiten, um Wild zu erbeuten.

Hätten diese unseren heutigen, als selbstverständlich angesehenen Wettbewerbsgedanken auch nur ansatzweise gehabt, so wären die jeweiligen Horden in kürzester Zeit vernichtet worden.

Es kann auch kaum einen Streit um die weiblichen Mitglieder gegeben haben. Im Gegenteil, es muß sogar zwischen den einzelnen Horden einen Austausch an Genen stattgefunden haben, sonst wäre der Mensch längst an Inzucht eingegangen.

Das heißt, selbst die einzelnen Horden konnten kein allzu aggressives Konkurrenzdenken gegenüber ihren Nachbarn empfunden haben.

Die Muttergottheiten und das Matriarchat waren nach unseren derzeitigen Forschungsergebnissen aktuell.

Logischerweise müssen es die (jungen) Männer gewesen sein, welche von Stamm zu Stamm wanderten und „einheirateten".

Frauen waren für die Gruppe viel zu wertvoll, denn ein Mann kann viele Kinder zeugen, eine Frau nur verhältnismäßig wenige aufziehen. Außerdem waren bei der damals allgemeinen Lebenserwartung von 20-30 Jahren die weiblichen Mitglieder wahrscheinlich schon sehr früh schwanger.

Da die Jungmänner stets einen festgefügten weiblich fertigen Clan vorfanden, so waren sie gar nicht in der Lage, das Regiment zu übernehmen.

Möglicherweise wollten sie auch gar nicht die volle Verantwortung für Frauen und Kinder tragen. Es müssen zwangsläufig die erfahrenen Frauen gewesen sein, welche das Sagen hatten.

Vergessen wir auch nicht, das Wunder ein Kind gebären zu können, war damals noch ein Mysterium. Es ist anzunehmen, daß der Zusammenhang der Zeugung noch unbekannt war.

Die Aufgabe der Männer bestand somit in erster Linie darin, Schutz zu geben und den weiblichen Clan mit Jagdbeute zu versorgen, um das Überleben zu sichern. Der Lohn dafür, vermutlich Sex und ihr Schutz durch alle Gruppenmitglieder.

Da unter solchen Verhältnissen kaum ein Mann wußte, welches seine Kinder waren, so war er gar nicht erpicht darauf, großartig den Vater zu spielen.

Die Jungen wiederum schlossen sich den Männern an und übernahmen dieses lockere Verhalten. Die Mädchen verließen vermutlich nie die Gruppe und „heirateten" wieder neu hinzugekommene Männer.

Wann also kippte diese Einstellung um? Wahrscheinlich dann, als der Mensch den Ackerbau entdeckte, als er seßhaft wurde. Kurz gesagt mit der Möglichkeit, Eigentum zu bilden.

Jetzt konnte er mehr horten, als er benötigte. Jetzt konnte er größere Tauschaktionen und damit „Geschäfte" tätigen. Damit begann mit ziemlicher Sicherheit das Wettbewerbsdenken.

Da es auch einen Sinn haben mußte, das zusammengeraffte Gut weiter zu vererben, so kam vermutlich die Monogamie auf. Schließlich mußte gewährleistet werden, daß das Eigentum auch wirklich an die eigenen Kinder weitergegeben wurde.

Dazu braucht man eben seine Frau und da ein Mann nie so ganz sicher sein konnte, daß diese Kinder auch seine Kinder waren, so begann die Unterdrückung der Frauen.

Wir brauchen uns nur bei den wenigen nomadisierenden Urvölkern umzusehen, um das zumindest in Ansätzen bestätigt zu finden. Hier gibt es noch ein gewisses Rollenverhältnis und so gut wie keine Unterdrückung von Frauen.

Es sei denn, sie hatten Kontakt mit Missionaren. Dann ging und geht der Ärger in der Gruppe sehr schnell los.

Das ist sogar wissenschaftlich bewiesen und auch gar nicht verwunderlich, denn schließlich haben wir diese Polarität von Zusammenarbeit und Wettbewerb in unserer Resonanzfähigkeit angelegt. Es ist nur eine Frage der jeweiligen Schulung bzw. Lebensumstände, wohin wir tendieren.

Mit Beginn des Ackerbaus kam jedoch noch ein entscheidender Faktor ins Spiel. Der Beginn des technischen Zeitalters und damit die Umweltzerstörung.

Als wir den Vorteil der Metalle gegenüber den Steinwerkzeugen erkannten, fingen wir sehr schnell damit an, dies gewerblich, also mit Handel oder Tausch industriemäßig aufzuziehen.

Mit dem Erfolg, daß wir, ohne uns um die Folgen zu kümmern, im Umkreis der Erzlagerstätten alle Bäume abholzten. Der Mensch begann bereits hier, die Erde im wahrsten Sinne des Wortes zu verwüsten.

Ziehen wir ein kritisches Resümee, so sind wir entweder nur sehr begrenzt lernfähig - oder maßlos egoistisch. Im Grunde sind wir noch Urmenschen, welche mit Maschinen zwar auf den Mond gekommen sind, aber offensichtlich noch immer das geistige Programm unserer Steinzeitahnen in uns tragen.

Zurück zum Thema.

Wenn also die Eltern ihre Söhne mit dem Gesichtspunkt auf (materiellen) „Erfolg im Leben" programmieren, so sollten sie sich nicht wundern, wenn diese dann eine Ellenbogengesellschaft schaffen, in der die Frauen zwangsläufig ebenfalls unter die Räder kommen.

Wer selbst einen erfolgreichen Mann haben will, muß auch bereit sein, den Preis dafür zu bezahlen.

Kommen wir nochmals auf die starken Emanzipationsbestrebungen einiger Frauen zurück. Sie bekämpfen ihre eigene Resonanz und sie werden auf Garantie, mit dem Mittel des Kampfes scheitern.

Erfolg bedeutet nach der männlichen Ratio dann eines Tages, sich gegen die anklagenden, stets männliche Machtpositionen anstrebenden Frauen, zu wehren.

Die männliche Reaktion wird folgen, denn sie wurden von Jugend an auf Erfolg getrimmt, und kämpfen können sie ausgiebiger als die Frauen, selbst wenn als letztes Mittel nur die nackte Gewalt zum Tragen kommt. Sehen Sie sich doch um, vor allem in der islamischen Gesellschaft, wie radikal sich das dann auswirken kann, um jeglichen Widerstand fürs erste zu brechen. Es würde Jahrhunderte dauern, um wieder einen gewissen Ausgleich zu erzielen.

Es ist nur eine Frage der Zeit bis diese Energieform auf die Frauen zurückkommt. Je aggressiver, desto härter.

Damit ist aber doch niemandem geholfen, am wenigsten den Frauen.

Also wie soll eine Erziehung aussehen, welche beiden Geschlechtern gerecht wird? Liebe Frauen, dazu seid Ihr gefordert.

Das Bewußtsein der Frauen muß sich ändern, um die Männer zu ändern!

Wir sehen immer wieder, daß es nichts Neues auf der Welt gibt. Druck auf die Männer erzeugt nur deren Gegendruck. Was ist dabei zu gewinnen? Kampf!

Geben die Frauen ihren Söhnen andere Leitbilder und streben selbst weniger materielle Wertmaßstäbe (= Eigentum und anderer Kurzweil) an, so lohnt es sich für die Männer kaum, dafür „ihre Haut im täglichen Streß auf den Markt zu tragen".

So blöde und arbeitswütig sind sie ja nun auch wieder nicht! Sie glauben mir nicht?

Dann sehen sie einmal z.B. nach Afrika, als es noch einigermaßen in Takt war. Was machten die Männer? Arbeiten? - von wegen, sie palaverten. Die Hauptarbeit überließen sie bekanntlich den Frauen. Was ich auch nicht richtig finde.

Noch ein Punkt käme dazu.

Sind wir Männer wirklich durchwegs so, na sagen wir einmal herrschsüchtig?

Warum übertragen nicht mehr und mehr Frauen ihre intuitiven Handlungsweisen auf die große Ebene unserer Gesellschaft? Im familiären Umfeld gelingt ihnen das sehr gut. Viele Frauen sind in diesem Bereich bereits zu einem tieferen Bewußtsein gekommen und bereit, Gesellschaftsformen zu ändern. Aber es sind noch lange nicht genügend, um wirklich etwas zu verändern.

Wir brauchen heute keine Spielwiesen für männliche Machtspiele in Form von Konzernen, von denen lediglich einige Wenige des oberen Managements profitieren und der Rest der Arbeiter und Angestellten immer abhängiger wird bzw. auf der Straße landet.

Wir brauchen wieder ein Wirtschaftssystem, in dem die Leistung des Einzelnen und vor allem seine Kreativität zum Tragen kommt.

Mit anderen Worten, der Mensch und nicht das Kapital müßten wieder in den Mittelpunkt unserer Gesellschaftsform rücken.

Was uns fehlt, ist der gesunde Mittelstand auf breiter Linie mit möglichst vielen selbständigen Verdienstmöglichkeiten und vor allem, eine starke bäuerliche Basis, um uns auf Dauer unser täglich Brot zu sichern - und zwar möglichst gesundes.

Wenn wir jetzt nicht schnellstens aufwachen, so werden die Sozialhilfeempfänger und Dauerarbeitslosen zunehmen und das Kapital kann uns jederzeit den Brotkorb höher hängen lassen.

***

Es kommt für den Einzelnen jeweils nur darauf an, dieses **ENTWEDER - ODER** in die Harmonie von **SOWOHL - ALS AUCH** zu bringen.

Wir bringen nur eine Harmonie in die Gesellschaft, wenn wir in allen Belangen unsere Mitmenschen mit einbeziehen, und damit wären wir wieder bei Jesus, welcher sagte:

„Liebe deinen Nächsten wie dich selbst." Oder noch einfacher, **Mute Deinem Nächsten nie das zu, was du selbst nicht willst.**

Erst wenn wir das tun, verdienen wir auch eine „bessere Welt", Solange wir (bewußt) in der Polarität des eigenen Egoismus verharren wollen, so lange wird die Saat unserer eigenen Handlungen immer wieder neue Früchte tragen.

Die Welt ist das, was **wir** aus ihr machen. **WIR** haben es in der Hand sie jederzeit zu ändern, aber nur indem wir uns ändern! Denken wir dabei an die Wahrscheinlichkeitswellen jeglicher Materie und damit unseres ureigenen Umfeldes.

Die Welt ist perfekt eingerichtet, es gibt nichts daran zu verbessern. Jeder erntet das, was er gesät hat. Wenn uns diese Früchte nicht zusagen, so müssen wir lediglich andere Energien aktivieren.

Wer gibt, dem wird gegeben - Wer nimmt, dem wird genommen.

So einfach funktioniert das göttliche Gesetz. Nur die Krone der Schöpfung glaubt, wohlgemerkt glaubt, daß sie die kosmische Gerechtigkeit austricksen kann.

Jeder kann das selbst überprüfen. Der Beweis liegt in dem Vertrauen an die eigene schöpferische Kraft. Das kann man nicht andere machen lassen. Wer positiv handelt, stellt gesetzmäßig sein Umfeld auf positiv. Das ist Physik und keine Glaubenssache.

Versuchen Sie es selbst, es funktioniert. Lassen Sie weiterhin die Blinden und Ungläubigen in ihre eigenen, selbstgegrabenen Gruben fallen.

Geben Sie ein Beispiel für wachsende Harmonie und andere werden Ihnen folgen.

Nochmals im Sinne von J. W. v. Goethe, welcher sagte: *„Die Welt wiederholt sich immerfort in der Tat. Deswegen muß man das Wahre unermüdlich in Worten wiederholen."* Also wiederholen wir es nochmals:

Die Welt besteht (noch) aus Gegensätzen. Es kommt nur darauf an, wie wir mit unseren eigenen Gegensätzen umgehen und versuchen sie zu harmonisieren.

Es gibt nur einen Verantwortlichen für alles was sich in meinem Leben ereignet - MICH!

Will ich meine Lebensumstände ändern, so muß ich mich verändern. Es gibt keinen anderen Weg!

VII. Konsequenzen

Jeder Stoff den wir sehen ist, wie gehört, nur ein Energiemuster, ein Tanz rasender „Atompartikel". Diese Muster sind von Bewußtsein oder geistigen Impulsen abhängig.
Welche Konsequenzen ergeben sich für jeden Einzelnen von uns daraus?
Vermutlich mehr als wir alle im Moment noch ahnen, denn wie wir gesehen haben, steht im Kern der Sache unsere Forschung offensichtlich erst am Anfang, Falls überhaupt ein Großteil der Wissenschaftler Notiz davon nimmt, daß es nur bewußtseinsabhängige Energiemuster gibt.
Erst wenn unsere gesamte Forschung, die eigentlichen Kräfte des Universums, die des Geistes, mit einbezieht, könnte die menschliche Gesellschaft einen Riesenschritt in der Entwicklung des eigenen Potentials ausführen.

***

Zunächst einmal ergibt sich der zwingende Schluß: *alles,* aber auch wirklich *ALLES* was wir sehen, oder anfassen können hat Bewußtsein oder eine innere geistige Kraft. Wäre es anders, so gäbe es nur eine Ansammlung einzelner Atome, mehr aber auch nicht.
Diese Tatsache können wir uns nicht oft genug klarmachen.
Jeder Stein, jede Pflanze, jedes Insekt, jedes Tier, ja sogar jedes Atom muß Bewußtsein haben! Wie das aussieht ist eine andere Sache, das kann niemand angeben.
Nach neuesten Forschungen soll Wasser sogar ein Gedächtnis haben. Oder denken wir daran, daß z.B. ein unbewohntes Haus sehr schnell verfällt, auch wenn es gut gepflegt wird.
Das könnte daran liegen, daß wir laut Physik unser Umfeld, kraft unserer geistigen Energie ständig neu erschaffen. Im Falle eines un-

bewohnten Hauses fehlt diese Energie und es zerfällt deshalb schneller in die einzelnen Bewußtseinsformen der jeweiligen Materiebausteine, als ein Haus, welches mit der Idee *mein Haus/ mein Heim* stets „neu erschaffen" wird.

Wer also will hier werten, was alles Bewußtsein hat und wie das aussieht. Kann doch niemand schon das Bewußtsein eines anderen Menschen korrekt bewerten.

Denken Sie nur daran, daß unser ICH so gut wie nichts darüber weiß, wie es die entscheidenden Faktoren unseres Körpers steuern soll.

Folglich muß meine Einheit als Körper ein über meinem beschränktem ICH angeordnetes Bewußtsein haben. Nennen wir es ruhig Seele oder höheres Selbst. (Die Mystiker unter uns bitte ich um Verständnis für diese Vereinfachung)

Es wäre gar nicht so abwegig anzunehmen, daß unser ICH eine Art Programm ist. Ähnlich wie bei unseren PCs.

Das Gehirn wäre so etwas wie ein biologischer Computer und unser ICH wäre das Programm. Der Körper wäre lediglich eine Art Vehikel, um den Computer beweglich zu machen.

Tritt diese, über das ICH gestellte Seele, aus meinem Körper aus, so liegt zwar noch der Körper da, aber der Verfall beginnt. Diese ehemalige Einheit löst sich buchstäblich in die einzelnen Atome und Moleküle auf. Der Organismus verwest.

Wir glauben immer, alles wäre so wie wir es sehen. Das kann so nicht stimmen. Erstens hat jeder Mensch eine andere Resonanzfähigkeit, er kann nur einen Teil seines Umfeldes wahrnehmen. Hinzu kommt wie bereit erwähnt, daß alles fließt.

Das geht aber noch weiter. Wir können nicht beurteilen wie z.B. Tiere, mit einer weitaus höheren Leistung ihrer Sinne, ihr Umfeld „erkennen".

Wir wissen, daß z.B. die Bienen und Delphine im Infrarotbereich sehen bzw. im Ultraschallbereich hören. Wir können doch nicht behaupten, daß dieses bewußte Sein dieser Gattungen falsch ist.

Wer oder was steckt hinter dieser Art von Bewußtsein des Tieres. Der „Zufall" oder das Tier allein und warum?

Nichts zeigt deutlicher unsere Ignoranz, falls wir das Spiel des Geistes mit der abhängigen Materie in unserer Wissenschaft außer Acht lassen. Uns fehlt noch immer wahres Wissen.

Wenn der Einzelne die gesamten Konsequenzen dieses Spieles nicht berücksichtigt, so sollte er sich nicht wundern, wenn er Tag für Tag mit den Folgen negativer Aktivitäten konfrontiert wird.

***

Da das Thema so komplex ist und sich teils mit anderen Aspekten vernetzt, so sollten wir versuchen, zunächst einen schematischen Aufriß wie folgt zu erstellen, um dann die einzelnen Bereiche anzuschneiden:

I. Geistiger Urgrund

II. Materie, welche durch Bewußtsein aktiviert wird
In dieser materiellen 3. Dimension stehe ich, als bewußtes Wesen, welches durch mein eigenes geistiges Wirken diese „Wahrscheinlichkeitswellen" meines Umfeldes entsprechend gestalten kann. Dieses Umfeld könnten wir wie folgt aufteilen:

1. Geburt und Tod   2. Mein Körper   3. Beruf/Wirtschaft
4. Finanzen   5. Politik   6. Religion

Dies dürften die wichtigsten, sich ständig überschneidenden, Dreh- und Angelpunkte im Leben des Einzelnen sein.

Kommen wir zum ersten Punkt.

1. Geburt und Tod

Wir haben gehört, daß beim Froschei und beim Samenkorn, noch vor dem Wachstum, elektrische Felder gemessen werden können, welche die Form des fertigen Frosches oder der Pflanze vorgeben. Beim Menschen dürfte das kaum anders aussehen.

Damit ergibt sich die grundsätzliche Frage: Wer gibt diesen hochenergetischen unsichtbaren Impuls? Wer erstellt dieses elektrische Feld?

Müßten wir im Grunde unserer Überlegungen nicht davon ausgehen, daß eine Art Steuerung erfolgt, welche Gene vermischt werden sollen oder anders ausgedrückt, welche männliche Samenzelle das Ziel als erster erreichen soll, oder glauben wir auch hier an den Gott „ZUFALL"?

Da es keinen Zufall gibt, so erscheint es mir mehr als zweifelhaft, daß wir ausgerechnet bei der Menschwerdung so einfach in diese Welt katapultiert werden.

Die Gene können es nicht sein, denn sie sind materieller Struktur, sie bestehen aus Atomen und folglich sind sie abhängig vom Bewußtsein.

Also wer setzt den Impuls, welches das spezifische bioenergetische Feld, um ein befruchtetes menschliches Ei legt? Wirklich nur der „Zufall"?

Wer erstellt den biologischen Computer Gehirn, mit dessen Hilfe jeder einzelne von uns sein Ego im Laufe der Jahre aufbaut?

Wo stecken auf den Elementarteilchen der Gene die ganzen Informationen der körperlichen und charakterlichen Eigenschaften? Selbst die Gene sind nur Energiemuster und außerdem unterstehen sie ebenfalls der Unschärferelation.

Hören wir in die Sprache: Information, also irgend etwas bringt sie *in (die) Form*. Also wer ist der Architekt, der Formengeber (Informant) des ganzen Spiels??

Selbst wenn viele rein materialistisch denken, wer glaubt daran, daß in einem Computer auch nur ein Programm von selbst abläuft, oder muß nicht vielmehr der Mensch die entscheidenden Impulse setzen?

Wer steckt denn hinter all diesen phantastischen Programmöglichkeiten, welche heute mit den modernen PCs möglich sind? Es ist der (menschliche) Geist, welcher sich diese Programme ausdenkt und dann die entsprechenden Tasten bewegt!

Glaubt wirklich jemand, so ein moderner PC hat sich so rein zufällig selbst entwickelt, möglichst in einer Ursuppe mit Blitz und Donner?

Hier wirkt es lächerlich. Bei der ganzen Evolution regiert jedoch der Zufall und das, nachdem seit Jahren die Physik die Raumzeit als vierte Dimension und die Unschärferelation verkündet.

Worin besteht im Kern der Unterschied zwischen der Materie biologischer Körper und der Materie des Computers? In Wahrheit nur auf einer anderen Anordnung und einer anderen Verteilung der einzelnen Atome und damit auf einer etwas anderen Energieform.

Damit sind wir bei der Frage - was ist Leben?

Wir Menschen können bekanntlich nicht einmal ein Atom herstellen. Wieso kommen einige Wissenschaftler zu einer rein materiellen Betrachtungsweise und ignorieren die geistige Energie, welche alle Atome beherrscht?

Nach meiner Erkenntnis gibt es eine geistige Kraft, welche allen Erscheinungsformen das entsprechende „Leben einhaucht". Da Raum und Zeit die vierte Dimension bilden, so muß dieser „Impulsgeber" zumindest eine Dimension höher liegen.

Mit unserer Ratio, welche dreidimensional funktioniert, ist das nicht so einfach zu begreifen, wie es das Wort be<u>greifen</u> so schön ausdrückt. Wer so unsere Welt allein mit seinen Sinnen begreifen will, zeigt nur die eigene Beschränktheit in seiner ureigenen, geistigen Beweglichkeit an.

Ob wir bereits beim Embryo aus dieser Dimension unseren Körper aufbauen und dann im Leben langsam lernen, diesen neuen PC (unser jeweiliges materielles Gehirn), Schritt für Schritt in den Griff zu bekommen, sei dahingestellt. Es ist jedoch weitaus wahrscheinlicher als der Zufall, welcher angeblich der Herr über Leben und Tod sein soll.

Worin unterscheidet sich solch eine Denkart von dem Dämonenglauben unserer Altvordern?

Fest steht jedenfalls eines, wir haben Erbanlagen, wir haben Resonanzfähigkeit mitbekommen.

Nun stellt sich doch folgende Frage: Wenn schon ein Impuls aus einer höheren Ebene erfolgen muß, welcher Geist ist bereit, dieses neue „Vehikel Körper" mit einem, durch seine jeweilige Resonanzfähigkeit beschränkten Computer (Gehirn), zu übernehmen? Möglicherweise kommen noch körperliche Gebrechen hinzu.

Damit wären wir bei der Wiedergeburt.

„*Nach mir die Sintflut*" ist nach meiner Erkenntnis eine Illusion.

Es gibt genügend Fälle, wo es nachweislich Menschen gelang, in ihre früheren Leben zu blicken. In England sollen Archäologen nach solchen Angaben z.B. einen Brunnen aus römischer Zeit freigelegt haben. Es gibt darüber genügend glaubwürdige Literatur.[2] (Warum sollten sich diese Menschen in dieser anders denkenden Gesellschaft lächerlich machen?)

Wiedergeburt hat mit Genen offensichtlich nichts zu tun, denn nachweislich war niemand meiner Ahnen in England um die „Gene zu erhalten", welche meine ehemalige Existenz als junger englischer Leutnant um 1910 erklären.

[2] z.B. Jan Stevenson „Wiedergeburt" ISBN 3-591-08019-S

Vermutlich bin „ich" im ersten Weltkrieg gefallen, denn 1934 war ich schon wieder in dieser Welt.
Für mich ist die Reinkarnation eine Tatsache. Wem es vergönnt war einmal zu erleben, wieviele ICH's es für einen geben kann, der fragt sich sehr eingehend wer er eigentlich wirklich ist. Dazu kommen noch ein paar außerkörperliche Erfahrungen.
Diese Phänomene/Erfahrungen kann man nicht erklären, das muß man erleben. Darüber läßt sich auch gar nicht mehr diskutieren.
Wie wollen Sie jemandem erklären, daß sie rot und grün sehen können, wenn dieser Mensch rot/grün farbenblind ist und abstreitet, daß es diese Farben gibt. Er hat dazu keine Resonanzfähigkeit. Aber ist er deshalb über die Realität der Farben kompetent?
In einem kleinen Experiment können Sie z.B. selbst erkennen, daß die Zeit nicht von der Gegenwart in die Zukunft fließt. Sie benötigen dazu nur etwas Konzentrationsfähigkeit. Der Versuch geht wie folgt:
Setzen Sie sich bequem hin und stellen Sie vor sich eine Uhr mit einem deutlich sichtbaren Sekundenzeiger auf.
Nun erinnern Sie sich an ein Erlebnis, welches Ihnen sehr viel Freude machte. Versuchen Sie es sich mit allen Einzelheiten und dem genauen Ablauf so deutlich wie möglich zurückzuholen. Sobald dieses Erlebnis wieder klar verfügbar ist, so beginnen Sie damit nochmals, halten aber so ganz beiläufig den Sekundenzeiger im Auge. Nicht die Aufmerksamkeit auf den Zeiger konzentrieren, bleiben Sie in Ihrem Erlebnis!
Je klarer oder genauer Sie das Erlebte nochmals nachvollziehen, um so besser. Plötzlich werden Sie sehen wie der Sekundenzeiger zuerst langsamer wird und dann stillsteht. (Konzentration in Ihrem Erlebnis halten.)
Wenn Sie das Gleiche (ohne Uhr) vor dem laufenden Fernseher machen, bekommen Sie einen totalen Bildausfall, obwohl Ihr Partner Ihnen später sagen wird, daß es keine Bildunterbrechung gab.

***

In der Physik gibt es das Gesetz von der Erhaltung der Energie. Da aber jede Materie an sich Energie ist und noch dazu abhängig von einer geistigen Energieform, wie immer die aussehen mag, so müssen wir uns doch fragen, wohin geistige Energie geht.

Wohin geht dieses ICH, angefüttert mit abertausenden von positiven und negativen Erfahrungen, nach meinem Tod?

Diese Erfahrungen sind doch nichts anderes, als Programme, welche in meinem Computer (Gehirn) abgespeichert sind. Da sie uns seelisch angesprochen haben, so müssen wir davon ausgehen, daß sie noch auf einer höheren Ebene festgehalten werden.

Wenn schon einfache Energie nicht vergehen kann, so kann die eigentliche Kraft, welche diese Materie beherrscht, der Haß und die Liebe, ebenfalls nicht vergehen oder wollen Sie sagen, daß die gesamte Welt in der wir heute leben, nicht davon beherrscht wird?

„Was du säst.... dürfte für so manchen Ungläubigen, welcher glaubt, daß mit dem Tod alles vorbei ist, in seinen letzten Sekunden zum Alptraum werden.

Welcher Geist sollte sich zum Beispiel Eltern auswählen, welche bitterarm sind oder ihm nur einen mißgestalteten Körper mitgeben können?

Wenn unser Körper mit genetischen oder anderen Defekten geboren wird, so war bereits im Ei oder im Sperma die entsprechende bioenergetische Form vorhanden. Die Gene können das logischerweise nur noch in die Wege geleitet haben.

Daraus ergibt sich zum Schrecken der Soziologen, daß wir uns diese Eltern und diese defekten Gene ausgesucht haben, welche zu diesem defekten Körper und zu diesem häuslichen Umfeld führten.

Das klingt allemal logischer als der Zufall.

Es würde bedeuten, daß nicht das (negative) Elternhaus schuld an der Entwicklung dieses negativ handelnden Menschen ist, sondern von ihm wird verlangt (von höherer Warte gesehen), daß er seine (mitgebrachten) negativen Eigenschaften in den Griff bekommt, daß er zum Ersten seine Aussaat erntet und zum Zweiten, daß er seine negativen Charaktereigenschaften harmonisiert. Dieser Mensch sollte sich nicht weiter in negative Handlungen verwickeln, er sollte sich geistig entwickeln.

Solange ihm jedoch die Soziologen das Schlupfloch vom „schlechten Elternhaus" lassen, so lange hat er im Grunde schlechte Chancen, seinen eigentlichen Lebensplan zu erfüllen.

Dazu müßte solch ein Mensch zunächst einmal lernen, die Verantwortung für sich und seine Taten zu übernehmen und nicht die Schuld auf sein Elternhaus abschütteln.

Für unsere derzeitige Soziologie hingegen ein unbekanntes Neuland im Denken.

Diese Überlegungen würden bedeuten, daß mit dem Tod noch lange nicht alles vorbei ist, was mit der Zeit als der vierten Dimension auch konform läuft.

Allein daraus könnten wir zu dem Schluß kommen, daß die Gene nicht selbständig intelligent, sondern programmiert sein müssen. Frage von wem und warum?

So mancher Anhänger der Kernenergie wäre vielleicht vorsichtiger, wenn er für die Folgen der harten Strahlung, welche seine Mitmenschen schädigt, selbst einmal ein Leben lang mit einem verunstalteten Körper leben müßte. Wie sollte er sonst als fünfdimensionales Wesen lernen, daß er für alle seine Taten haften muß?

So ganz nebenbei eine Frage: Da bekanntlich jegliche Materie Bewußtsein haben muß, welche Art von Bewußtsein steckt wohl in der Kernenergie?

Was bewirken wir, wenn wir das Material noch „anreichern"?

Es wäre doch gut möglich, daß dieses negative geistige Potential, welches in dieser Materie steckt, gar nicht so harmlos ist und ebenfalls im geistigen Umfeld „strahlt".

Welche Abschirmung haben wir eigentlich dafür, falls dem so wäre? Materieller Art kann dieses (negative/aggressive) Bewußtsein der freiwerdenden Kernenergie auf keinen Fall sein.

Auch wenn wir das Wesen von Materie noch gar nicht richtig erfaßt haben, gibt es deshalb keine Gewähr für eine „geistige" Unbedenklichkeit von Kernbrennstoffen, so verrückt sich das Ganze im ersten Moment auch anhören mag.

Bleiben wir im Zusammenhang von *Bewußtsein <-> Materie* bei einem weiteren, kaum beachteten Punkt, den der Transplantation.

Da ein fremder Körper, oder noch spezifischer, fremde Körperzellen ein anderes Bewußtsein haben, so könnte es gar nicht so harm-los sein, wenn mir ein Organ eingepflanzt würde.

Inwieweit hat dieses Fremdbewußtsein Einfluß auf meinen bioenergetischen, ja sogar auf meinen geistig energetischen Körperhaushalt?

Allein die Tatsache, daß diese Patienten ständig Medikamente - welche ja eine grobstoffliche Energieeinheit darstellen - zu sich nehmen müssen, deutet darauf hin, daß hier eine Disharmonie von Bewußtsein herrscht.

Bei eineiigen Zwillingen, welche ja ein fast gleiches Bewußtsein haben, existiert diese Disharmonie der abhängigen Materie nicht.

Wir haben offensichtlich noch kein Gefühl für unsere rein energetische Umwelt.

Die Homöopathie ist ebenfalls ein heiß diskutiertes Thema, obwohl längst bewiesen ist, daß sie selbst bei Tieren hilft. Letzteren kann kaum ein Placebo-Effekt unterstellt werden, aber das interessiert die Ignoranten so gut wie gar nicht.

(Vergessen wir nicht, daß dieser Placebo-Effekt, bei uns Menschen, mit der derzeitigen „normalen" Medizin, ebenfalls ein nicht zu unterschätzender Faktor ist. Das wird aber gerne in Kauf genommen.)

Die Homöopathie funktioniert auf einer feinstofflichen Energiebasis, von der unsere Wissenschaftler derzeit offensichtlich kaum eine Ahnung haben.

Sie vergleichen hier, Äpfel mit Birnen, allein aus dem Grund, daß sie Materie analysieren.

Machen wir uns an einem Beispiel klar, wie aussagefähig wissenschaftlich analytische Untersuchungen im Fall der Homöopathie sind.

Sie heilt in vielen Fällen, genau wie die grobstoffliche Medizin auch, mit Information, also mit Energiemustern.

Die Pillen „informieren" die Atome unserer Zellen ziemlich brutal, sie brauchen sich nur die Nebenwirkungen näher ansehen (informieren = in Form bringen, oder bei manchen Medikamenten besser desinformieren).

Die Verantwortung für diese Art von Information lehnen die Hersteller wohlweislich ab.

Wir kennen doch alle den ständig angefügten Satz in allen Werbesendungen: *„Zu Risiken und Nebenwirkungen lesen Sie die Packungsbeilage oder fragen Sie Ihren Arzt oder Apotheker."* Geschäft ja, Verantwortung nein, unser allseits beliebtes Spielchen.

Bei der Homöopathie wirkt alles subtiler und falls sie überdosieren oder das falsche Präparat bekommen, sind die Nebenwirkungen gleich Null, da unsere Körperzellen zu dieser Art von Information keine Resonanz aufweisen, d.h. sie werden davon nicht berührt.

Die Wissenschaftler analysieren nun homöopathische Präparate und da nichts in ihren Meßgeräten erscheint, so ist das für sie ganz einfach Schwindel.

Schauen wir uns das Wort Analyse an. Es bedeutet so viel wie Auflösung, Zergliederung (in diesem Fall der Materie, also des Informationsträgers).

Sie werden bei dieser Art von Untersuchung niemals auf die allen innewohnende geistige Kraft stoßen, denn die geistige Kraft, welche jegliche Materie beherrscht, wird zumindest in den heutigen Meßgeräten nicht erscheinen. Denn selbst diese Geräte werden von ihr beherrscht.

Geistige Kraft läßt sich immer nur mit gleichwertigen Mitteln erfassen, mit dem Geist.

Wenn ich ein homöopathisches Produkt analysiere, so ist das genau so exakt, als wenn ich ein Buch auf diese Art untersuche.

Was werde ich bei der Analyse des Buches finden? Hauptsächlich Zellstoff, Druckerschwärze, Füllstoffe und Leim, mehr aber auch nicht. Von der Information, also dem geistigen Gehalt und somit dem Sinn jeden Buches, finde ich keine Spur.

Das heißt, um auf den Denkansatz der Wissenschaft zu kommen, es ist **wissenschaftlich bewiesen**, daß Bücher ein Humbug sind.

Daraus kann jeder ermessen, zu welchem Humbug sich die rein materiell ausgelegte Wissenschaft aufschwingt.

Merken Sie, wie fragwürdig unser heutiges wissenschaftlich abgesichertes Weltbild ist, es ist in vielen Bereichen das gleiche Dilemma.

Es fehlt der Bezug zu den eigentlichen Kräften des Kosmos, denen des Geistes.

Nehmen wir gleich noch ein weiteres Beispiel, welches heute als Humbug leichtfertig abgetan wird.

Es ist die Astrologie. Vor allem diejenigen, welche sich damit gar nicht fundiert beschäftigt haben, wissen darüber „am besten" Bescheid.

Natürlich wird aus Geldgier eine ganze Menge Scharlatanerie betrieben, aber alles zu verteufeln trifft nicht den Kern.

Bei den Auseinandersetzungen um die Astrologie kommt immer wieder die Vorstellung auf, daß die Sterne irgend eine Kraft ausüben. Weder die Sterne bezwingen irgend etwas, noch können Sie erfahren ob sie in Kürze im Lotto gewinnen.

Es geht lediglich um die Qualität der Zeit, und gerade das versteht der moderne, rein quantitativ geschulte Mensch nicht mehr. Uns fehlt fast in allen Bereichen das Gefühl für die Polarität von Qualität - Quantität.

Horoskop kommt vom Griechischen und bedeutet *in die Stunde sehen* und genau das ist darunter auch zu verstehen.

Es geht um die Qualität der Zeit, welche in der Stunde der Geburt in Frage kam, oder welche im Moment aktuell ist.

Das hängt mit der Resonanz (= Qualität) der jeweiligen Seelenstruktur zusammen. An Hand der Zeitqualität zum Zeitpunkt der Geburt kann man die Qualität der Resonanz einer Person ablesen.

Jede Seele kann zu diesem Zeitpunkt nur dann im Körper inkarnieren (ihn übernehmen), wenn sie dafür die richtigen Voraussetzungen hat. Machen wir es uns an einem Beispiel klar.

Wir können bestimmte Pflanzenarten nur im Frühjahr säen, da ab hier die Qualität der Sonne gut genug und die Reifezeit entsprechend ist. Säen wir zu einem anderen Zeitpunkt, so hat die Pflanze keine Chance ihren Plan zu erfüllen.

Genauso kann eine Seele nur zu der Zeit „ins Leben treten", wenn analog zu ihrer Resonanz die geeignete Zeit da ist.

Mit der Astrologie ist es genau wie bei einer Uhr. So wenig die Zeiger einer Uhr etwas bewirken, so wenig bewirken die Sterne etwas. Sie zeigen nur an, was im Moment für eine Resonanz aktuell ist.

Wenn im Juni die Zeiger auf zehn Minuten nach fünfzehn Uhr stehen, dann weiß jeder Mensch, es ist Nachmittag und damit kann die Sonne keinesfalls auf- oder untergehen.

Es herrscht zu diesem Zeitpunkt, eine ganz bestimmte Licht (Energie)-Qualität.

Wenn ich am 10. Juni 1934 um 5 Uhr 55 geboren bin, so konnte ich auf Grund meiner eigenen mitgebrachten Resonanz (= Qualität), nur zu diesem Zeitpunkt ins Leben treten.

Wer sich je ein solides Geburtshoroskop machen ließ, wird erstaunt sein, wie brutal ehrlich dieser „Spiegel" der eigenen Persönlichkeit ist. Sogar das Verhältnis zu den eigenen Eltern stimmt aufs Haar.

Genau so kann man die Qualität von Zeit zu beliebig anderen Terminen bestimmen. Es wäre z.b. unsinnig eine Firma zu gründen, wenn die Zeitresonanz ungünstig ist.

Sie werden kaum Mitte November Rettiche säen und erwarten dann, daß diese zu Weihnachten speisefertig sind. Warum sollte es sich mit einer Firma anders verhalten?

Mit der Astrologie können Sie, genau wie mit einer Uhr, in etwa ablesen, was die Stunde geschlagen hat. Nicht mehr und nicht weniger.

Da es einen linearen Zeitablauf von Vergangenheit über die Gegenwart zur Zukunft in Wirklichkeit nicht gibt, kann es logischerweise keinen Tod (des Bewußtseins) geben.

Wenn nach dem derzeitigen physikalischen „Zeitverständnis" alles gleichzeitig ist, so müssen auch Geburt und Tod gleichzeitig sein.

Zum Schluß sollte uns klar sein, wir sind im Kern unseres Seins ein geistig energetisches Wesen aus einer höheren Dimension, welches einen materiellen Körper hat.

Wir sind Seele und haben, aus welchen Gründen auch immer, einen materiellen (Energie)Körper!

Wie empfindet im Gegensatz dazu der moderne Mensch? Empfinden sich nicht die meisten als Körper, welche vielleicht eine Seele haben?

Richtig hingegen ist; Wir geben im Falle des Todes nicht den Geist auf, wir geben den Körper auf!

Wir sollten weniger materiell, sondern mehr energetisch denken. Dann würden wir wieder lernen „die Welt" ein wenig besser zu verstehen.

Unser ICH scheint so etwas wie ein Lernprogramm zu sein. Es könnte sein, daß wir durch unseren freien Willen entscheiden, wie wir in dieser dritten, materiellen Ebene schalten und walten. Handeln wir negativ, so werden wir mit negativen Reaktionen konfrontiert, handeln wir positiv, so sind die Ergebnisse positiv.

Es steht jedem frei, dies ab sofort bei sich zu überprüfen. Das muß er aber selbst erledigen, das kann niemand für sich machen lassen.

Wir haben alle Zeit der Ewigkeit, um diese Entscheidung zu treffen - gute oder schlechte Früchte zu ernten. Vergessen wir nie, mit dem Tode kann (für Skeptiker 50:50) nicht alles vorbei sein, und so manche Illusion eines erfolgreichen Lebens könnte sich in den letzten Sekunden als tragischer Irrtum herausstellen.

Da wir materielle Werte in eine höhere Dimension nicht mitnehmen können, so bleibt vermutlich nur der Lerneffekt und die daraus resultierende Resonanzerhöhung als Wegzehrung übrig.

Wäre es nicht langsam an der Zeit, unser Denken zur eigentlichen Realität hin umzupolen, indem wir uns nicht mit unserem Körper identifizieren und dabei glauben, daß wir (vielleicht) eine Seele haben? Wir sollten verstehen, daß wir im Kern ein fünfdimensionales Geistwesen sind, welches für eine gewisse Zeitspanne, warum auch immer, einen materiellen Körper hat.

Nach den Erkenntnissen der Physik kann es gar nicht sein, daß unser Gehirn (Materie, welche beim Tod zerfällt) Bewußtsein entwickelt, sondern ein höheres Bewußtsein agiert mit Hilfe des materiellen Gehirns.

Unsere Computertechnik könnte uns den Weg zu diesem Denken erleichtern. Der PC taugt nur soviel, wie ihm der menschliche Geist mit Hilfe der Finger einprogrammiert, genau wie unser Körper.

Diese Welt scheint mir ein Schulungsplanet für rebellische Geister zu sein. Warum das so ist, bleibt vermutlich noch lange Spekulation.

Bevor sich auf dieser dreidimensionalen Ebene irgend etwas ereignete, müßte laut Physik ein geistiger Impuls gewesen sein, die Idee, daß ich in diese dreidimensionale Ebene eintrete.

Das würde doch bedeuten, daß mein Ich, also die Summe meiner bisherigen Erfahrungen bereits da war, bevor sich in dieser materiellen Dimension auch nur das Geringste abzeichnete?

Somit könnten wir zu dem Schluß kommen, wir sind nicht so unschuldige Kinderchen, welche da in der Wiege liegen und jeder Vater und jede Mutter kann bestätigen, daß kein Kind dem anderen gleicht.

Sie können in Ihren Charaktereigenschaften, und diese sind geistiger Art, geradezu gegensätzlich sein.

Damit taucht die Frage auf, woher haben wir unsere Charaktereigenschaften? Wirklich nur von den Genen der Eltern?

Könnte es nicht so sein, daß wir uns unsere Eltern aussuchen, da wir gerade hier diese Anlagen finden, welche wir mitbringen? Nicht nur das, sondern weil wir im Umfeld der Eltern das vorfinden, was wir hier am besten lernen bzw. an angehäuftem Karma abbauen könnten.

Wer in einem reichen Elternhaus geboren wird könnte lernen, wie er am verantwortungsvollsten mit Reichtum umzugehen hätte, im armen Elternhaus, wie der Mißbrauch mit Reichtum sich im (folgendem) Leben auswirkt.

Das würde bedeuten, reich geboren ist risikoreicher, als arm zu sein. Bekanntlich fällt man leichter hinunter als hinauf.

Jeder weiß: harte Erfahrungen sind lehrreicher als leicht erworbene kurzlebige Erlebnisse.

Das Leid ist der härteste, aber auch segensvollste Lehrmeister und feste Charaktere gingen meistens zuerst durch eine harte Schule.

Das würde einen Sinn ergeben. Endgültige Gewißheit darüber werden wir erst am Ende unseres Lebens haben. Helen Wambach, eine anerkannte amerikanische Psychologin, kommt nach vielen Hypnosesitzungen, zu diesem oben aufgeführten Schluß. Das Ergebnis ihrer umfangreichen Versuche hat sie in ihrem Buch, *„Das Leben vor dem Leben"* festgehalten (Das Buch ist im Moment leider vergriffen).

Sei es wie es will, wir haben nun mal einen Körper. Für alle X-beliebigen technischen Geräte haben wir eine Gebrauchsanweisung, aber wie wir unseren Körper richtig pflegen, das sagt uns niemand.

Im Gegenteil, heute gaukelt uns unsere allmächtige Nahrungsmittelindustrie mit Hilfe der Werbung vor, daß sie über das Beste vom Besten verfügt.

Die Frage ist nur, warum wir dann die Folgen der Fehlernährung allein in der BRD mit jährlich rund 48 Milliarden DM zu bezahlen haben. Mehr davon im nächsten Kapitel.

Nun wollen wir uns ansehen, wie wir unsere (Schul)Aufgaben am schnellsten lösen.

In der Aufgabe steckt das Wort aufgeben. Was wohl sollten wir aufgeben? Ganz einfach, überholte Denkmuster, welche uns immer wieder in die gleichen Gruben fallen lassen.

Wenden wir uns unseren Wehwehchen zu und beginnen beim Elementarsten was wir haben, unserem Körper.

2. Mein Körper und ich

„In einem gesunden Körper herrscht ein gesunder Geist"

Heute verstehen wir es meist in dem Sinne, daß mit etwas Körperertüchtigung die geistige Bildung positiv ausgerichtet wird. Wäre es so, so wären alle Spitzensportler wahre Engel. - Sind sie das?

Mit unseren physikalischen Erkenntnissen ist dieser Satz auch anders zu verstehen. Er bedeutet, daß ich nur dann gesund bin, wenn mein gesamtes Gedankenkonzept richtig ist.

Ich bringe mit „niederen Gedanken" (= niedrige geistige Energie) die Schwingung in meinen Körpermolekülen durcheinander, ich transformiere die jeweilige Stimmung herunter. Ich bin im wahrsten Sinne des Wortes verstimmt. Das kann auf viele Arten geschehen.

Einmal ist mein Immunsystem „nicht auf der Höhe", zum anderen meine Gier, mein Haß und Neid, meine allgemeine Unzufriedenheit, Aggression und was wir sonst noch so an negativen „Stimmungen" (= Stimmungsdämpfer) mit uns herumtragen. All das beeinträchtigt meine Gesamtharmonie und zeigt sich auf der körperlichen Ebene.

Bildlich gesprochen, wenn in einem Orchester ein Musiker denkt, er könne andere Noten spielen als vorgeschrieben, so wird der Klang des Orchesters gestört und der Dirigent wird auf ihn aufmerksam.

Der Dirigent bei Krankheiten bin ich, welcher plötzlich merkt, daß sein eigener Klangkörper nicht mehr in der Harmonie ist. Auf die Idee, daß ich dem Musiker falsche Noten vorgegeben habe, kommen die Wenigsten und was machen sie? Richtig, sie schlucken Medikamente oder lassen sich operieren. Sie prügeln den Musiker oder werfen ihn aus dem Orchester.

Über diese Zusammenhänge von Seele und Körper (= Psychosomatik) gibt es selbst für Laien leicht verständliche Literatur. Ein paar, seien hier erwähnt:

„Krankheit als Weg"
(von Th. Dethlefsen und R. Dahlke. Letzterer schrieb noch eine Fortsetzung „Krankheit als Sprache der Seele")

„Wieder gesund werden"
von O.Carl + St. M. Simonton, James Creighton

„Gesundheit für Körper und Seele"
von L.L. Hay

„Was Dir Dein Körper zu sagen hat"
von M. Reiz

Es gibt noch einige andere Werke, sehen Sie sich um und suchen Sie Ihr entsprechendes Buch aus.

Nicht jede Krankheit kommt zunächst aus dem eigenen seelischen Bereich. Das gilt z.b. für alle Vergiftungen oder fehlerhafte Nahrungsmittel, was letzten Endes nur falsche Energiezufuhr ist.

Wir haben schon erwähnt, daß allein in der BRD achtundvierzig Milliarden an Folgekosten entstehen, welche wir letztendlich über (erhöhte) Beiträge erbringen müssen, nur weil wir den Verlockungen der Werbung erliegen! Das bezahlen wir letztendlich über die höheren Krankenkassenbeiträge selbst.

Bei ca. 35 Millionen Erwerbstätigen ist dies immerhin im Schnitt eine Summe von rund 1370,00 Mark pro Jahr oder ca. 114,00 Mark pro Monat an höheren Beiträgen.

Dazu kommt, daß viele Werbeaussagen über diese Nahrungsmittel gar nicht stimmen, wir sie aber trotzdem kaufen - um dann noch die erhöhten Kassenbeiträge zu zahlen. Von den aufkalkulierten Werbungskosten der Nahrungsmittelpreise ganz zu schweigen.

Abgesehen davon, brachte jeder Eingriff des Menschen in die Natur bislang noch immer eine Abwertung mit sich. (Das Thema gehört eigentlich in den Bereich Wirtschaft, aber es paßt auch sehr gut hierher, denn die Thematik Wirtschaft wird etwas anders hinterfragt.)

Im Bereich unserer Lebensmittel haben wir, über die industrielle Aufbereitung, fast alles vom Lebensmittel auf das Niveau von reinen Nahrungsmitteln abgewertet. Wir werden zwar satt, aber bekommen wir damit die richtige Energie, welche unseren Körper gesund erhält?

Zum besseren Verständnis nehmen wir ein technisches Beispiel, unsere „Heilige Kuh", unser Auto.

Wer von uns tankt Normalbenzin, wenn der Hersteller Superbenzin vorschreibt? Aha, das könnte dem Auto schaden.

Unserem Körper muten wir allerhand zu. Das beginnt bei Drogen, Alkohol, Tabak, Zucker, Fast Food usw. usw.

Werden wir krank, so tritt bekanntlich die Solidargemeinschaft in Kraft. Die hat dann für meine Unvernunft geradezustehen. Steigen dann die Beiträge der Kassen, so beginnt das große Jammern.

Wir wollen keine Verantwortung für unsere Handlungen, das Kernproblem der „Krone der Schöpfung".

Die Zusatz-, Ersatz- und Konservierungsmitteln in den industriell hergestellten Nahrungsmitteln gehen in unüberschaubare Größenordnungen.

Hintergrund ist eine mächtige Lobby, welche nur auf eigene Profitinteressen sieht. Ganz abgesehen davon, daß Bestrebungen bestehen, vollkommen artfremde Produkte, welche wir als unappetitlich empfinden, in unsere Nahrungsmittel einzuarbeiten, teils auch schon verarbeitet werden.

Obst wird zwar immer schöner, aber immer fader und vitaminärmer. Hinzu kommt, daß es oft nicht ausgereift gepflückt wird. Dann kommt noch eine Dosis Bestrahlung als Draufgabe, um nur ja nicht mit ein paar Prozenten Verlust beim Verbraucher zu landen. Das alles, obwohl gleichzeitig gigantische Mengen untergepflügt oder zu Sprit verarbeitet werden.

Jetzt manipulieren kurzsichtige Besserwisser auch noch an den Genen, um möglichst lange Lagerzeiten zu erzielen.

Auf der Strecke bleibt bei solchen Praktiken die Energie unserer Lebensmittel und damit unsere Gesundheit, während sich die Profite der dafür Verantwortlichen mehren.

Bei den genmanipulierten Rohstoffen stellen sich die Erzeuger auf den Standpunkt, daß es nicht bewiesen sei, daß solche Produkte für den Menschen schädlich sind. Wir spielen für ihre Interessen die Versuchskaninchen.

Wie dämlich sind wir eigentlich, daß wir das alles so klaglos hinnehmen?

Es gibt allein über Ernährung eine kaum überschaubare Anzahl an Büchern. Nach meiner Erkenntnis gilt auch hier der Grundsatz, je einfacher, desto wirkungsvoller, je naturbelassener, desto gesünder.

„Fleisch, ein Stück Lebenskraft" lautet z.b. der Wahlspruch der Fleischerzeuger. Wahrhaftig, eben nur ein Stück von der Lebenskraft, nicht die Lebenskraft schlechthin.

Wir können bei der Nahrungsmittelindustrie die gleiche Art des Denkens erkennen, welche unsere Wissenschaft für sich beansprucht. Sie haben so lange recht, bis nicht das Gegenteil bewiesen ist.

Zunächst kommt das Geschäft und dann die Sicherheit der Verbraucher. Allein im Wort Verbraucher können wir sehen, was wir sind, ein Faktor in der Betriebsbilanz.

Wie wäre es, wenn wir den Spieß umdrehen und vom Gesetzgeber verlangen, daß die Industrie erst über umfangreiche Langzeit-Versuche den Beweis liefern muß, daß für Mensch (und Tier), bei laufendem Verzehr, keine ernährungsbedingten Folgeschäden auftreten?

Kann die Industrie diesen Beweis nicht liefern, kommen die Produkte aus den Regalen. Zumindest muß, wie bei den Tabakprodukten ein entsprechender Vermerk auf den Verpackungen erfolgen.

Wir könnten dem Ganzen noch mehr Pfiff verleihen, indem wir die Solidargemeinschaft mit den erwähnten achtundvierzig Milliarden Mark aus der Fehlernährung entlasten.

Dazu müßten wir nur eine Art Verzehrabgabe für „Junk food" erheben. Bei den Zigaretten klappt es mit der Steuerbanderole doch ebenfalls, warum nicht bei den Nahrungsmitteln?

Ich höre schon den Protest. Es ist wieder das alte Problem, ich will keine Verantwortung für meine Handlung, zahlen sollen „die anderen", nur ich nicht.

Wir hören auch von seiten der Hersteller, daß es gar nicht mehr möglich ist, nachzuweisen, daß z.B. genmanipulierte Grundstoffe in den Halbrohstoffen sind. Das ist eine Verdummung des „Verbrauchers".

In der Industrie ist es z.B. im chemischen Bereich sehr wohl möglich, auf garantiert silikonfreie Stoffe zu bestehen. Wer trotzdem täuscht, haftet für den Schaden.

Wenn die Verantwortlichen in der Nahrungsindustrie keine Gewähr für ihre Einkaufspraxis und damit für ihre Produkte abgeben können, so sitzen sie auf dem falschen Posten.

Das wäre eine verantwortungsvolle Betriebspolitik. Schließlich werden diese Spitzenmanager ja nicht gerade unterbezahlt, also könnte man von ihnen auch eine solide Arbeit verlangen.

Es bleibt dabei, im Grunde kann man davon ausgehen, daß jeder Verarbeitungsprozeß die ursprüngliche Energiepotenz des Lebensmittels abbaut.

Das ist logisch, denn wir bringen Energie in den Verarbeitungsprozeß und Energie verändert die Schwingung des Lebensmittels.

Jeder weiß, allein das Kochen (= Energiezugabe) zerstört die Vitamine. Konservieren wir dann noch Nahrung, so kommt eine weitere Energieeinheit, die des Konservierungsmittels hinzu.

Wenn Bakterien am Wachstum gehindert oder abgetötet werden, was geschieht dann mit meinen Körperzellen? Schließlich wirken Medikamente über ihre Form der Energie ähnlich.

Wir müßten nur alles energetisch betrachten, um zu den richtigen Schlüssen zu kommen.

Zum Essen kommt das Trinken. Bleiben wir nur beim Wasser.

Unsere Industrie ist der größte Feind unserer Gesundheit. Früher wurde mit Brunnenvergiftern kurzer Prozeß gemacht, heute zählt leider der Profit.

Viele Menschen müssen „wiederaufbereitetes" Wasser aus Flüssen trinken.

Wasser ist ein Lebensmittel! Das wichtigste Lebensmittel überhaupt. Es ist auch unser energetischer Lieferant und Transporter. Nichts funktioniert ohne unsere tägliche Aufnahme von Wasser.

Schon nach drei Tagen ohne Wasser wird es für den Menschen lebensbedrohend.

Einige Forscher kommen heute schon zu dem Schluß, daß Wasser ein Gedächtnis haben muß!

Was machen wir? Wir gehen damit um, als wäre es für unsere Gesundheit ohne Bedeutung.

Es würde X-Seiten füllen, würde ich nur die größten Sünden der Nahrungsmittelindustrie aufzeigen, ohne die neuerdings anstehende Genmanipulation.

Diese Denkansätze mögen jedoch als „Initialzündung" Ihrer eigenen Überlegungen ausreichen.

Jeder, welcher schon einmal in Wut oder gar Haß verfiel, konnte am eigenen Leib verspüren, wie sich diese „Stimmung" auf seine Körperzellen auswirkte. (Meist zittern wir, so stark stehen wir unter einer negativen (An)Spannung)

Wie gut fühlt sich im Gegensatz dazu, Harmonie oder gar Hochstimmung an? Hier fließt ebenfalls viel Energie, aber positiv. Mit dieser Energieform werden wir spielend fertig.

Das geht aber noch viel weiter.

Nehmen wir die Musik. Es ist bekanntlich ein großer Unterschied, welche Art von Musik ich mir anhöre.

Musik stimmt mich und damit auch meine Körperzellen, auf eine ganz bestimmte Art und Weise. Hinzu kommt, daß heute bei bestimmten Aufnahmen Subliminals unterlegt sind, welche das satanische und damit negative Kraftfeld verherrlichen.

Denken Sie auch an Rockgruppen wie Black Sabath oder K.I.S.S. Letztere haben keineswegs zu einem Kuß Beziehung, sondern es ist die Abkürzung von **Knights In Satans Service**, somit Ritter in Satans Diensten. Auch die Rolling Stones liegen auf dieser Welle.

Es gibt ein Buch von Dr. John Diamond unter dem Titel *Der Körper lügt nicht.* Hierin wird in ausführlicher Form beschrieben, was nachweislich unseren bioenergetischen Körperhaushalt beeinträchtigt bzw. zusammenbrechen läßt.

Dies kann jeder selbst mit einem einfachen Muskeltest nachvollziehen. Er geht wie folgt:

Aktivieren Sie diese Bioenergie indem Sie sich ein paarmal mit den Fingerspitzen etwa zehn Zentimeter unterhalb des Halsansatzes, vorne auf die Rippen klopfen. Sie aktivieren damit Ihre Thymusdrüse. Dann strecken Sie den rechten oder linken Arm waagrecht aus.

Nun bitten Sie jemanden, daß er, während Sie den Arm halten, diesen Arm nach unten drückt. (Bitte nicht mit brachialer Gewalt). Verstärkt wird der Effekt, wenn Sie dabei die Fingerspitzen der anderen Hand auf die zuvor beklopfte Stelle legen. Der Arm wird nicht nachgeben. Nun beenden sie den Versuch.

Jetzt hören Sie sich Musik an. Zuerst Musik in Richtung eines Ave Maria oder auch andere Klassiker wie z.B. J.S. Bach. Sie sollte getragen sein.

Nach etwa 20 Sekunden lassen Sie die Kraft Ihres waagrecht ausgestreckten Armes erneut testen.

Der Muskel wird noch immer stark sein.

Nun legen Sie moderne Musik auf, z.B. „*Sympathy for the Devil*" von den Rolling Stones oder ähnliches. Jetzt testen Sie wieder. Sie werden feststellen, daß Ihr Muskel schwach testet, der Arm wird sich leicht nach unten drücken lassen.

Das können Sie im Grunde mit allem machen. Es funktioniert sogar, wenn Sie Plastik auf Ihren Kopf legen oder ein Stück Zucker in den Mund nehmen oder falsche Pillen schlucken.

Sie werden überrascht sein, in was für einem ungesunden Umfeld wir eigentlich leben. Es ist ein Wunder, was unser Körper so alles aushält. Es ist mit unserer modernen Art zu leben beileibe nicht alles Gold was glänzt.

Eines sollte uns klar sein. Wir können nicht alles vermeiden, aber wir könnten in vielen Belangen sehr wohl entscheiden, was wir uns so ansehen und anhören wollen.

Damit kommen wir zum Fernsehen. Bis auf wenige Beiträge könnten wir alles in die Sparte „geistiger Schrott" sortieren.

Zappen Sie sich doch einmal zu einer beliebigen Zeit durch all ihre verfügbaren Programme ganz zügig durch. Es wäre ein Wunder, wenn Sie nicht auf irgend einem Kanal Gewalt in irgend einer Form vorfinden.

Es fliegen die Fäuste, sie blicken auf Pistolen, Aliens und Frankenstein geistern über den Bildschirm, oder es werden die alten Geschichten der Nazigreuel abgespult.

Dies alles geht auf Ihre Bioenergie. Probieren Sie es mit Hilfe des Muskeltests selbst aus und entscheiden Sie sich dann, ob Sie auf Dauer so unterhalten werden wollen und dabei zumindest Ihr Immunsystem beeinträchtigen, wenn nicht mehr.

Vielleicht ist das alles noch nicht „wissenschaftlich" bewiesen, aber das Gegenteil steht ebenfalls nicht fest.

Eines jedoch ist nachweisbar.

Unsere Jugend wird aggressiver und zwar in einer Form, welche uns mehr und mehr erschreckt. Wen wundert es, wenn Tag für Tag dieser Müll in ihr Gemüt eingeträufelt wird.

Warum lassen wir uns den „Geschmack" anderer aufzwingen? Warum geben wir dafür Geld aus?

Es geht weiter über die Musik. Wer das Radio andreht wird fast nur noch mit englischem Rock und Pop überschwemmt. Sind wir hier in Deutschland oder in Amerika? Schlafen unsere Liedermacher oder bekommen sie gar keine Chance?

Zu wenige machen sich über diesen Verfall aller Werte und die Folgen für die Gesellschaft große Gedanken. Warum eigentlich nicht?

Amerika, das neue Land mit der am geringsten ausgeprägten Kultur, wird in fast all seinen Gärungsprozessen nachgeäfft.

Glauben wir wirklich, daß dies für uns so belanglos ist? Welche Gefahren ergeben sich letztendlich für jeden Einzelnen daraus?

Wollen Sie gesund bleiben, so sollten Sie darauf achten, was Sie sich „einziehen", geistig wie materiell. Wenn alle sich so verhalten würden und diesen geistigen Müll ganz einfach auf die Seite legt, so erledigt sich diese Phase der Zerstörung ganz von selbst.

Im Grunde ganz klar, aber im Alltag meist viel zu unbewußt.

Kommen wir auf unsere alltäglichen Ängste zu sprechen.

Angst ist ein nicht zu unterschätzender Energieräuber, welche unsere Stimmung drückt.

Ganz abgesehen davon, daß, wie gehört, Materie aus Wahrscheinlichkeitswellen besteht, sollte klar sein, je mehr Ängste Sie entwickeln und je intensiver Sie daran glauben, daß Sie z.B. bestohlen werden können, oder daß Sie in einen Unfall verwickelt werden, um so eher muß sich solch ein Ereignis ereignen. Das ist Physik und keine Vermutung!

Legen Sie so schnell wie möglich jegliche Angst ab. Es ist vollkommen unwichtig, was sich in Hamburg, Hebron oder Peking ereignet.

Sie werden nicht das geringste daran ändern, also vergessen Sie es. Vergeuden Sie keine Energie, welche Sie zu Ihrem eigenen Schutz und vor allem zu Ihrer eigenen Stimmung benötigen.

Sie sind nicht an diesen Plätzen. Es ist der Lernprozeß dieser Menschen. Jeder wird das bekommen was er sät, bzw. er wird vor Ort das aufarbeiten, was er einst gesät hat oder welche Wahrscheinlichkeitswellen er über seine Ängste aktiviert hat.

Halten Sie es stets mit dem 91. Psalm welcher u.a. lautet:

„.....Ob tausend fallen zu deiner Seite und zehntausend zu deiner Rechten, so wird es doch dich nicht treffen".

Es ist wie im Krieg, Zehntausende fielen und viele kamen teils unverletzt durch den dicksten Kugelhagel. Auch hier gab es logischerweise keinen Zufall.

Sobald Sie Ihre Gedankenenergie umpolen, muß sich Ihr Umfeld zwangsläufig ändern.

Sicher, das ist fast unglaublich, aber gerade weil die meisten Menschen an irgendwelche andere Gesetzmäßigkeiten glauben, <u>müssen</u> sich diese dann auch „zufälliger"weise realisieren.

Ist das so schwer zu verstehen?

Selbst wenn Sie das im Moment noch nicht voll akzeptieren, so gibt es nur einen Weg, um das zu prüfen. Versuchen Sie es und urteilen Sie nach Ablauf von ein paar Monaten.

Ist das nicht einen Versuch wert?

Vergessen wir nicht, je ängstlicher der Mensch, um so leichter ist er zu beherrschen!

Alle Priester haben das über Jahrtausende praktiziert und tun das noch heute. Aber darauf kommen wir noch.

Wenn Sie Ihre geistige Kraft positiv umpolen, so <u>muß sich ihr materielles Umfeld gesetzmäßig</u> positiv gestalten. Das ist Physik und keine Spekulation. Das habe ich selbst erprobt.

Sie werden dann genau das bekommen, was Ihnen zu Ihrer Entwicklung am meisten dient, auch wenn es im ersten Moment gar nicht so aussieht. Sie werden mit Menschen zusammenkommen, welche Ihnen positiv gegenübertreten.

Sie werden Informationen erhalten, welche Ihre Sichtweise und -weite in unglaublichen Dimensionen erweitert. Bitten Sie ruhig die höheren Kräfte um Hilfe, Erkenntnis und Führung und Sie werden staunen, was zwischen Himmel und Erde möglich ist.

Lassen Sie andere aber auch anders sein, überhören Sie auch notfalls Spott. *Wer zuletzt lacht, lacht bekanntlich am besten!*

Jetzt sollten folgende Aussagen Jesu weitaus verständlicher sein:

1. Ihr könnt nicht Gott und dem Mammon dienen. (Matthäus 6.24)

Da Sie ein Ebenbild oder Kind Gottes sind, so könnten Sie es auch so verstehen, daß Sie nicht dem Mammon und sich selbst dienen können!

2. Trachtet am ersten nach dem Reiche Gottes, und nach seiner Gerechtigkeit, so wird euch alles zufallen. (Matthäus 6.33)

Wenn Sie nach dem Reiche Gottes trachten, so sollte klar sein, daß Sie sich an göttliche Gesetze und deren Gerechtigkeit halten. Wenn Sie diese einhalten, so werden Sie unter dem Schutz dieser Gesetze stehen, denn was Sie säen, das werden Sie ernten.
Bestätigt wird das im folgenden Satz:

3. Welcher ist unter euch Menschen, so ihm sein Sohn bittet ums Brot, der ihm einen Stein biete.....
.....wie viel mehr wird euer Vater im Himmel Gutes denen geben, die ihn bitten. (Matth. 7.9 - 7.12)

4. Denn wer den Willen tut meines Vaters im Himmel, der ist mein Bruder, Schwester und Mutter. (Matthäus 12.50)

Ich kann nur wiederholen, versuchen Sie es und werten Sie dann!

Wenn wir ein klein wenig offen sind für diese Gesetzmäßigkeiten, so dürfte klar sein, es hängt nur von unseren Erwartungshaltungen und unseren Handlungen ab, wie sich unsere Zukunft gestalten wird.
Es gibt nur einen Schuldigen in meinem Leben: **mich selbst!**

Wenn Sie wirklich Ihr Leben in den Griff bekommen und auch gesünder werden wollen, so müßten Sie die volle Verantwortung für alles, was auf Sie zukam übernehmen. Leider geht es nicht anders.

Diese „Übeltäter" in unserer Vergangenheit sind lediglich die Gegenspieler in einem Spiel, dessen Fäden allein wir in den Händen hielten und noch halten. Ziehen wir negative Fäden, so bekommen wir es mit negativen Gegenspielern zu tun.

So lauten die vollkommenen, göttlichen Spielregeln und da wir allesamt Gottes Ebenbilder sind, so gelten diese selbstverständlich für jeden Einzelnen von uns.

Was wäre also zunächst zu tun?

Energieverbindungen auflösen!

Und wie geht das?

Vergeben!

„....Und vergib uns unsere Schuld, wie wir unseren Schuldigern vergeben"......!!!

Die Menschen beten das Vater Unser noch bis zum *und die Herrlichkeit in Ewigkeit. Amen.*

Den nächsten Satz, welcher unmittelbar darauf folgt, den lassen so gut wie alle außer acht. Da steht aber noch:

Denn so ihr den Menschen ihre Fehler vergebet, so wird euch euer himmlischer Vater auch vergeben. Wo ihr aber den Menschen ihre Fehler nicht vergebet, so wird euch euer Vater eure Fehler nicht vergeben. (Matth. 6.12 - 15.)

Es gibt keinen anderen Weg.

So lange Sie Wut- und Haßgefühle aufrecht erhalten, so lange müssen diese logischerweise ihre negative Energie in Ihrem Umfeld, meist auch in Ihrem Körper, zum Ausdruck bringen. Jeder hat das, was er verdient!

Das ist bittere Medizin. Je mehr der einzelne in seinem Schatten hängt, um so bitterer die Medizin.

Es liegt nun in Ihrer Hand, ob Sie IHR Glück finden wollen, oder ob Sie glauben, die kosmische, fünfdimensionale Institution austricksen zu können.

3. Unser berufliches Umfeld, unser Wirtschaftssystem

„Entscheidend ist, daß sich der Mensch im Augenblick seiner größten Ohnmacht einbildet, dank seiner wissenschaftlich und technischen Fortschritte, allmächtig zu sein.

Wir haben die Maschine zur Gottheit erhoben und werden selbst Gott gleich, indem wir sie bedienen." (Erich Fromm 1979)

Was Erich Fromm 1979 möglicherweise noch nicht absehen konnte, ist die Skrupellosigkeit, mit welcher die heutigen „Götter" diese Maschinen zu ihrem ureigensten Nutzen (gegen die Bevölkerung) "bedienen".

Tüchtig, tüchtig, wie es unseren (Maschinenbau)Ingenieuren gelungen ist, solche leistungsfähigen Produkte zu konstruieren, daß heute die Menschen zu Tausenden auf der Straße landen, während lediglich eine kleine Elite davon profitiert.

Wurde durch den Einsatz all dieser maschinellen Errungenschaften unser Streß, ja überhaupt die Arbeitsleistung für den (noch) arbeitenden Einzelnen weniger?

Hier scheint bereits das erste Grundproblem der modernen Wirtschaft zu liegen. Die Maschine als Mittel der Macht. Es gibt eine ganze Reihe weiterer Faktoren.

***

Beginnen wir mit unserer ureigensten Lebensbasis, unserem Beruf.
Das Wort Beruf und Berufung haben einen nicht zu übersehenden Zusammenhang.
Wer von uns fühlt sich heute noch zu seiner Arbeit berufen? Wir sprechen deshalb auch meist nur noch vom Job. Allein schon das alte Wort Arbeit ist bezeichnend. Laut Duden Etymologie bedeutete es im Gemeingermanischen *schwere körperliche Anstrengung, Mühsal, Plage.*
Treffender konnte man es damals wahrhaftig nicht bezeichnen. Ohne Maschinen war einst der Broterwerb verständlicherweise eine Plackerei, von der Sklavenarbeit ganz abgesehen.
Aber heute, mit dem ganzen Maschinenpark, wieso haben wir eigentlich noch immer diesen Streß im Berufsleben? Ja steigt er nicht von Tag zu Tag trotz immer besserer Maschinen zusehends an?
Heißt das nicht, daß **wir**, die arbeitende, arbeitsfähige, teils arbeitslose Bevölkerung, uns langsam die folgende Frage stellen sollten?
In einer Zeit wo menschliche Arbeitsleistung durch immer leistungsfähigere Maschinen ersetzt wird, wo die Konzerne immer höhere Produktions- und Gewinnrekorde, sowie die Banken immer höhere Ertragsrekorde erzielen, gleichzeitig immer mehr Menschen arbeitslos werden, **stimmen hier eigentlich noch die Rahmenbedingungen für eine harmonische Gesamtwirtschaft?**
Wem dient dieser umweltvernichtende Wachstumswahn eigentlich? Uns oder einer kleinen Elite, welche dieses „Spielchen" lediglich aus überzogener Gier und Machtanspruch ohne die geringsten Skrupel durchzieht.
Sind die Menschen im Arbeitsleben nur noch so lange erwünscht bis sie durch eine neue Maschine ersetzt werden können, um dann von dem Rest der Beschäftigten, über deren finanzielle Sozialbeiträ-

ge, als Sozialfall unterhalten zu werden, während diese Elite exorbitante Gewinne einstreicht?

Wozu unterhalten wir für unsere Steuergelder ein Ministerium für Arbeit und Soziales? Schlafen die allesamt, dank ihrer unkündbaren Posten?

Worin unterscheiden wir uns noch von einem gut behandelten römischen Haussklaven? Doch nur in Nebensächlichkeiten. Überlegen wir einmal.

Damals wurden Sklaven einzeln auf dem Markt verschachert. Da wurden Körperbau und Zähne kontrolliert.

Heute werden ganze Firmen mit dem Personal an den meistbietenden Konzern - wir können auch das Wort Großkapital dafür verwenden - verkauft.

Das ist noch weitaus effektiver, als sich seine Arbeitssklaven einzeln zusammenzusuchen. Hinzu kommt, daß eine solche Mannschaft ihre Erfahrungen einbringt!

Hat man den Wettbewerb erst einmal aufgekauft oder ist fusioniert, dann kann man „rationalisieren" und damit die Gewinne steigern, um sich damit möglichst in weiteren Branchen zu etablieren, wo dieses „Monopoly-Spiel" munter weitergeht.

Zusätzlich wird noch der Verdrängungswettbewerb betrieben. Wen „verdrängen" wir eigentlich? Doch nur uns. Die „Oberen", welche diese Art des Wirtschaftssystems pflegen, kommen so gut wie ungeschoren davon. Im schlimmsten Fall erhalten sie Abfindungen, für deren Höhe die meisten von uns ein Leben lang arbeiten müssen.

Wie blöde sind wir dann und machen klaglos dieses leicht durchschaubare Spielchen der Herrschenden, auf unsere Kosten immer weiter mit?

Wir können nichts ändern? Von wegen, wir müßten nur ein wenig Quantenphysik verstehen und dazu ein kleines Stück Solidarität mit den Arbeitslosen an den Tag legen.

Wäre das nicht eine lohnendere Aufklärungsarbeit für unsere Gewerkschaftsfunktionäre als der Kampf um ein paar Lohnprozente? Unsere Vogel-Strauß-Politik mag für den Einzelnen noch ein paar Jahre gut gehen, aber irgend wann kommt das dicke Ende. Entweder wir werden selbst wegrationalisiert, oder der gesamte soziale Frieden ist zu Ende und was das bedeutet, kann sich jeder selbst ausmalen.

Es gibt bei diesem Monopolyspiel der Hochfinanziers und Konzernmanager zwei wichtige Fragen: Erstens; gibt es nur diese Form des Wirtschaftssystems, in dem sich bis auf einen geringen Prozentsatz, die ganze Bevölkerung nur den Lebensunterhalt jeweils als abhängiger Angestellte und Arbeiter verdienen kann?

Das würde bedeuten, daß entweder die angelegte Kreativität des Einzelnen ganz abgewürgt werden kann, falls es nicht ins Firmenkonzept paßt, oder es wird auf Grund der Kraft des Kapitals zu einem Spottpreis lukrativ vom Management verwertet.

Zum Zweiten; und das scheint noch viel wichtiger zu sein, unsere berufliche und damit finanziell wachsende Abhängigkeit wird sich dramatisch verstärken. Das Kapital kann uns in Kürze den Brotkorb so hoch hängen, wie es ihm beliebt. Wir müssen uns nur in der Arbeitswelt umsehen, wie diese Entwicklung mehr und mehr an Boden gewinnt.

Jetzt wären wir wieder bei der Frage nach der Qualität dieses Wirtschaftssystems überhaupt. Dient es uns allen, oder nur wenigen?

Bekanntlich denken die Verantwortlichen auch nur im Wachstum, somit im quantitativen Pol. Sobald das Wachstum fehlt, krankt das ganze System.

Wachstum an sich ist keineswegs negativ. Jedoch in einem begrenzten System wie es unser Globus ist, muß unser derzeitiges exponentielles Wachstum, je nach Prozent-Dynamik über kurz oder lang an seine Grenze stoßen.

Was aber dann? Wo sind alternative Konzepte? Was bieten die Verantwortlichen bei rund vier Millionen Arbeitslosen allein in der

BRD an? Im Moment doch nur *HOFFNUNG!* Hoffnung auf die Zukunft mit steigendem Wachstum.

Selbst wenn wir das erreichen, wie lange soll dieser Planet diese Technologie eigentlich noch aushalten? Vor allem, was bedeutet das für kommende Generationen?

Aber ist es nicht so, daß bereits Wachstum erfolgte? Die Zahlen weisen das doch aus - und? - Hat sich die Arbeitslosigkeit verringert, oder sind nur die Gewinne und die Ausreden gewachsen? Wer glaubt daran, daß sich etwas ändert? Ist das nicht eine Art „Salamitechnik" in Bezug auf Zeitgewinn?

Die wenigsten machen sich klar, was exponentielles Wachstum bedeutet. Deshalb zeigen wir dieses Prinzip einmal auf.

Beginnen wir mit 1960 mit 100 Prozent Produktion und gehen von einem jährlichen Wachstum von vier Prozent aus. (Wir hatten schon höhere Wachstumszahlen)

Bereits 1978, also achtzehn Jahre später haben wir das ursprüngliche Potential verdoppelt. Wir stehen bei 202,5% gegenüber 1960.

1988, also nur noch zehn Jahre später, haben wir weitere 100 Prozent erreicht. Wir stehen somit bei ca. 300 Prozent gegenüber 1960.

1995 nach nur sieben Jahren sind wieder 100 Prozent (von 1960) erreicht. Wir haben jetzt die rund vierfache Produktion von 1960 und schon 2001, also nur in weiteren knapp sechs Jahren, wären die nächsten 100 Prozent von 1960 fällig.

Selbst wenn sich die Wachstumsrate in den letzten Jahren nicht so dramatisch entwickelte, so weiß jeder um den Jubel um ein höheres Wachstums-Prozent und das angesichts solcher Zahlen.

Das bedeutet bei dieser Art Technologie, gleichzeitig eine parallel mit gleicher Dynamik laufende Ausbeutung und Belastung unserer Umwelt.

Ticken diese „Apostel des Wachstums" eigentlich noch richtig? Können sie nur noch auf der schmalen Spur des Profits denken? Haben sie überhaupt ein oder mehrere alternative Konzepte?

Müßte nicht längst Wirtschaftswachstum aus folgenden Gründen zum „Unwort des Jahres" gewählt werden?

Sehen wir uns unser derzeitiges Wirtschaftssystem näher an, so bedeutet Wachstum unter anderem auch:

Wachstum der Umweltzerstörung. Wachstum an Profit für den Geldadel und gleichzeitig Verarmung der unteren Schichten mit einem permanenten Wachstum der Arbeitslosigkeit.

Kann sich die Menschheit solch ein Wirtschaftssystem und deren Manager auf Dauer überhaupt leisten? Wenn ja, wie lange noch?

Der Klimagipfel 1997 in Kyoto, was brachte er außer Spesen? Einen Erfolg der Industrie und ein taktieren auf Zeit.

Glauben die Verantwortlichen wirklich, auf diesem Kurs weiter machen zu können? Wie lange soll diese gesamte Umweltzerstörung, verbunden mit einem dramatischen Abbau der Lebensqualität eigentlich noch weitergehen?

Uns fehlt im Moment offensichtlich der Gegenpol zum materiellen, quantitativen Wachstum, das geistige, qualitative Wachstum. Deshalb wird alles Machbare auf fast allen Gebieten durchgezogen, ohne auf die sich daraus entwickelnden Probleme zu sehen, geschweige Lösungen anzubieten.

Sehen wir uns unsere Entwicklung der letzten fünfzig Jahre an, so ist klar abzusehen, daß es uns und den folgenden Generationen, eine ganze Reihe von teils unwiederbringlichen Verlusten brachte und mit wachsenden Produktionszahlen auch in steigendem Maße weiterhin bringt.

Wir haben ganze biologische Netzwerke vernichtet und täglich sterben mehr und mehr Tiere aus.

Wir haben die Umwelt vergiftet und verstrahlt und tun es noch heute mit steigender Tendenz.

Wir vernichten die Wälder in einer atemberaubenden Schnelligkeit, wir verseuchen die Weltmeere und die Luft. Es wachsen Hunger und die Krisenherde, während gleichzeitig eine Minderheit Milliarden scheffelt!

Das alles soll so weitergehen, nur weil eine kleine Elite ihre Spielchen spielt, uns dabei lediglich als intelligente „Maschinenbediener" betrachtet?

Wir behaupten die Krone der Schöpfung zu sein und ziehen uns jammernd in unseren Schmollwinkel zurück, nach dem Motto: „Ich kann ja doch nichts tun."

Wenn wir so denken, muß es sich zwangsläufig weiterhin in diese Richtung entwickeln. Das ist Physik. Es sind die verschwommenen Wahrscheinlichkeitswellen, welche wir gestalten.

Würden wir aufwachen und uns nicht wie Kinder, vordergründig kleine materielle Schnuller in den Mund stecken lassen, sondern wie mündige Staatsbürger unsere Rechte einfordern, würde sich sehr wohl etwas ändern.

Beim nächsten Thema, dem unseres finanziellen Umfeldes, wird noch deutlicher, wie wir in Wirklichkeit „über den Löffel barbiert werden".

Wenn ein Kind auf der Straße überfahren wird, sind wir sehr schnell bereit TEMPO 30 zu fordern. Wenn aber für die gleichen Kinder und die nachfolgenden Generationen die ganze Lebensexistenz auf dem Spiel steht, gehen wir zur Tagesordnung über, setzen uns vor den Volksverdummer *Fernsehen*, trinken ein Bierchen und lassen uns scheibchenweise den restlichen Verstand mit billigen Serien, vernebeln.

Wir sind heute so weit, daß der Einzelne, ja die ganze junge Generation froh sein muß, überhaupt noch irgendeinen „Job" zu finden.

Bezeichnend dürfte auch sein, welche Einstellung zur derzeitigen Arbeitslosensituation unsere Politiker haben.

So sagte unser Bundespräsident Roman Herzog am 7.4.1997 auf seiner Reise in Japan zu diesem Thema:

„Es geht weniger um Geld, es geht um die Bereitschaft zu arbeiten."

Warum sagt er uns nicht gleich, daß wir nur noch bessere Sklaven sind, welche froh sein müssen, um für ein „paar Kröten" überhaupt arbeiten zu dürfen?

Was würde er wohl sagen, wenn wir ihm rund die Hälfte seiner Bezüge und Pension kürzen - davon könnte er bekanntlich noch weitaus komfortabler leben als so manche Steuerzahler, welche ihm diese Bezüge überhaupt erst ermöglichen?

Sollte er protestieren, so könnten wir ihm seine eigenen Worte entgegenhalten:

„Es geht weniger um die Höhe der Bezüge, es geht um die Bereitschaft dem Gemeinwohl zu dienen."

Vielleicht könnten solche Handlungen garantieren, daß stets eine gewisse Volksnähe der Politiker gewährleistet ist, denn erstens soll man nie von anderen das verlangen, was man selbst nicht bereit ist zu tun. Das wäre lediglich das bekannte „Wasser predigen und selbst Wein trinken."

Zweitens sollten wir niemand in Versuchung führen.

Wer von uns garantiert dafür, daß wir selbst in gleicher Position, ohne eine Kontrolle unsere jeweilige Machtposition überziehen? Deshalb sollten wir nie vorschnell verurteilen!

Solange die Regierenden keiner Kontrolle für ihre Leistungen unterliegen, solange stehen sie im Bannkreis solcher Versuchungen.

Sollten wir ihnen nicht helfen, das rechte Maß wiederzufinden, indem ein vom Volk gewählter, neutraler Ausschuß die Bezüge festlegt und auch kontrolliert? Das wäre vom Grundgesetz her völlig legal, da alle Macht vom Volke ausgeht.

Wir sehen immer wieder, wie komplex unser gesamtes Umfeld mit den einzelnen Institutionen verwoben ist. Deshalb jetzt wieder zurück zum Thema des Berufes.

Wird uns in der BRD nicht vorgehalten, daß unsere Löhne und die Lohnnebenkosten zu hoch sind? Wo bleibt hier der Widerspruch, denn hier werden offensichtlich Äpfel mit Birnen vertauscht.

Wir sind hier ein Hochpreisland und wer diktiert so langsam alle Preise?

Jeder Besitz, jede Arbeitsleistung, jeder Handgriff kostet Geld und Steuerabgaben.

Sieht man sich die Liste dieser Abgaben und den versteckten Zins in jeder Anschaffung näher an, so klingt es direkt wie Hohn, von zu hohen Löhnen zu sprechen. Wie im folgenden Kapitel dargelegt wird, verbleiben jedem Arbeitenden nach Abzug dieser offenen und versteckten Abgaben rund 25 Prozent an echter Kaufkraft. Das ist der wahre Lohn für gebrachte Arbeitsleistung! 75 Prozent gehen an irgendwelche Institutionen! Offensichtlich reicht diesen auch das noch nicht!

Nochmals zu unseren „hohen" Löhnen. Bei uns kostet, wie erwähnt <u>alles</u> weitaus mehr, als in den hochgelobten Billigländern. Allein die Miete ist in unserem Land oft um ein mehrfaches höher als der Monatslohn z.B. in den Ostblockstaaten. Ein einfaches Mittagessen in einem normalen Restaurant kostet meist mehr, als ein halber Wochenlohn in diesen Staaten.

Es ist bezeichnend, daß die Reimporte eines Pkws um Tausende Mark günstiger liegen, als wir hier zu zahlen haben. Wer streicht denn diese Gewinnspannen ein? Woher kommen z.B. die Milliarden von VW zum Kauf von Rolles Royce? Woher die Milliarden der Deutschen Bank zur Übernahme von Bankers Trust? - Und was machen Sie? Stellenabbau, wegen zu hoher Lohnkosten!

Als weiteres wäre zu fragen, wie haben sich die <u>Lohnstückkosten</u>, also die Lohnkosten pro Einheit des jeweiligen Produkts in den ganzen Jahren entwickelt? Steigend oder fallend? Das ist doch der entscheidende Faktor!

Was soll dieses ewige Jammern wegen zu hoher Lohn- und Lohnnebenkosten?

Woher haben eigentlich die Manager das Geld, um im Ausland neue Produktionsstätten, teils in Milliardenhöhe, zu errichten? Von den roten Zahlen?

Von Krediten und dem Geld der Aktionäre allein läßt sich so etwas nicht finanzieren. Kredite müssen zurückbezahlt werden und die Aktionäre wollen auf Dauer Dividende sehen.

Woher kommt also dieses Geld? Noch allemal von denen, welche überhaupt noch arbeiten (dürfen).

Wem dient solch ein Management, welches hier Arbeitsplätze wegrationalisiert, im Ausland neue, arbeitsplatzarme, modernste Maschinenfabriken errichtet? Sich selbst oder der Volkswirtschaft?

Wie lange soll solch eine „Wirtschaftspolitik" gutgehen?

Wer soll dann diese, im Billiglohnland kostengünstig hergestellten Produkte, auf Dauer eigentlich kaufen?

Unsere Arbeitslosen und Sozialhilfeempfänger oder die Arbeiter dieser Billiglohnländer, welche ja bekanntlich nur sehr wenig Geld verdienen?

Allein daran sieht man, wie krank dieses Wirtschaftssystem schon ist. Es ist in Wirklichkeit nur noch ein Durchhangeln auf eine beschränkte Zeit.

Solange wir dem Management erlauben, und das gilt weltweit, die Kalkulation am Werkstor zu beenden, die Folgekosten ihres Handelns hingegen, den Sozialeinrichtungen aufzubürden, solange wird sich hier nichts ändern.

Der Hohn dabei ist, daß noch über zu hohe Lohnkosten gejammert wird.

Die Kernfrage lautet: Haben wir überhaupt die richtigen Manager bzw. das richtige Wirtschaftssystem?

Wir hören doch, daß wir eine freie Marktwirtschaft hätten. Stimmt das eigentlich (noch)? Ist es nicht vielmehr so, daß längst das Kapital die Wirtschaft regiert?

Auf wessen Kosten? Auf unsere? Warum machen wir dann so weiter als ginge uns das Ganze nichts an?

Ganz abgesehen davon, sollten wir nicht die Nebenwirkungen, dieses längst überholten Wirtschaftssystems, aus den Augen verlieren:

1. Vernichtung der Erwerbsmöglichkeit des Einzelnen und des Mittelstandes, damit des Wohls der jeweiligen Familien. Über die Konzernstrategie kommen wir in wachsende Abhängigkeit, verbunden mit dem Verlust unseres wertvollsten Kapitals, der Kreativität jedes Einzelnen.

Nicht zu vergessen, Vernichtung ganzer Kulturen zum Wohle des Wirtschaftswachstums der Industustrieländer.

Frage: Wie soll das eigentlich funktionieren, wenn z.B. jeder Chinese, Inder und Afrikaner seinen Pkw hat. Woher soll der Treibstoff kommen, und wie will man dann die CO_2 Werte reduzieren?

2. Ausbeutung, Vernichtung, Verstrahlung und Vergiftung unseres Planeten durch das gesamte Wirtschaftssystem mit einer längst frag.-würdig gewordenen Technologieform.

3. Wachsende Krisenherde auf der Erde, bedingt durch eine florierende Waffenindustrie.

4. Zusätzliche Denaturierung von Lebensmitteln, welche bereits durch die Umweltgifte schon belastet sind, über die marktbeherrschende Nahrungsmittelindustrie.

Wie skrupellos Geschäfte gemacht werden, kann man am BSE Skandal und die Umgehung des Importverbotes von britischem Rindfleisch, sowie an Folgendem absehen.

In der Nürnberger Zeitung vom 16. September 1997, Seite 5 wird berichtet, daß Tausende Tonnen mit PCB verseuchtem Holz, welches klammheimlich zu Spanplatten verarbeitet wurde, wieder Einzug in unsere Wohnungen finden.

Wie ist so etwas überhaupt möglich? Wer trägt dafür die Verantwortung, daß dieses Holz nicht vernichtet wurde und warum unterblieb dies? Wir sehen, die Profitgier der Verantwortlichen kennt keine Grenzen, notfalls gehen sie offenbar „über Leichen".

Es gäbe noch eine ganze Reihe von Fragen. Schließen wir mit einem allgemein weit verbreiteten Fehlverhalten ab.

Es sind die „billigen Angebote und Käufe", Sonderangebote und andere „Schnäppchen".

Im Kern der Sache sind sie das Teuerste, was wir uns leisten. Dies sind Einkäufe, welche in letzter Konsequenz Arbeitsplätze kosten und zwar aus logischen Gründen.

Nehmen wir als Beispiel die marktbeherrschenden Lebensmittelketten.

Sie haben uns in der Vergangenheit abertausende freier Existenzen gekostet und lediglich „Billigjobs" unterbezahlter Regalauffüller und Kassierer gebracht, während ein paar Unternehmer zu Milliardären aufstiegen. Diese Billigjobs gehen zu Lasten der Sozialabgaben.

Des weiteren verlieren wir die Vielfalt des Angebotes. Von Hamburg bis Bad Reichenhall finden wir stets das gleiche Sortiment.

Das heißt, nur „durchrationalisierte" Großbetriebe können diesen Bedarf noch decken. Kleinere mittelständische Unternehmen mit den entsprechenden Arbeitsplätzen haben kaum eine Chance neu ins Geschäft zu kommen, oder auf Dauer weiter zu bestehen. Somit weiterer Verlust von Arbeitsplätzen.

Es kommt aber noch ein Punkt dazu:

Glauben Sie, daß die Inhaber dieser Großfirmen dabei nicht auf ihre Verdienste kommen?

(Am liebsten würden bekanntlich diese marktbeherrschenden Unternehmen alles mit 630 Mark „Jobs" bestreiten. Wo die Angestellten im Alter bleiben, wen kümmert das schon?)

Das ist jedoch noch nicht alles. Diese Giganten haben über ihr Einkaufspotential die Möglichkeit, die Produzenten bis auf den letzten Pfennig zu drücken. Das heißt, es wird auf Seiten der Hersteller nur noch verhältnismäßig wenig Gewinn gemacht und die Folge ist, es muß „rationalisiert" oder auch qualitativ „abgemagert" werden.

Das Prinzip dieser Art von billigen Einkäufen lautet somit:

„Wenn wir nicht bereit sind, die Arbeitsleistung anderer über vernünftige Preise zu honorieren, so schlägt dies eines Tages auf mich selbst zurück. Werden andere wegrationalisiert, so bringe ich meinen Arbeitsplatz bzw. meine Altersversorgung in Gefahr.

Die Drahtzieher dieser Preispolitik selbst bleiben jedoch weitgehendst unbehelligt. Sie haben „ihr Schäfchen längst auf dem Trockenen".

Nun mag mir mancher entgegnen, er müßte auf solche preiswerten Produkte zurückgreifen.

Gut, es wäre aber noch zu bedenken, ob das nicht wenigstens zum Teil eine Milchmädchenrechnung ist.

Wir zahlen für Subventionen dieser Großerzeuger und der gebeutelten Landwirtschaft.

Über den niedrigeren Steuersatz dieser unterbezahlten Arbeitskräfte des Systems, sowie die erhöhten Sozialbeiträge, zahlen wir im Grunde zumindest einen fetten Anteil über unsere Abzüge bei Lohn und Gehalt.

Wäre es da nicht gleich besser, wir tragen etwas höhere Einkaufspreise und es gäbe mehr freie Existenzen?

Es ist das Gesetz von der Erhaltung negativer Energie/(Aktion), welches hier auf ziemlich subtile Weise zum Tragen kommt oder ein Lernprozeß von der Extraklasse.

Es gäbe zu diesem Thema noch einiges aufzuführen, das mag zur Anregung eigener Überlegungen vollauf genügen.

4. Unser finanzielles Umfeld

„Nichts den Menschen mehr empört, fühlt er sich pekuniär gestört" oder *„Geld regiert die Welt"*, sind bekannte Sprichwörter.

Wer jedoch hinterfragt schon einmal, warum das Geld regiert? Wer weiß schon, was Geld vom reinen Prinzip her ist.

Es wurde uns schon lange abgewöhnt, einfach und in Prinzipien zu denken, und damit lassen wir uns immer von X-Variationen, also den x-beliebigen äußeren Formen dieses Prinzips, die Sicht auf das Wesentliche verstellen.

Somit können wir kaum den Fehler beheben. Wir versuchen meist nur die Auswüchse zu beheben und ändern damit nur sehr wenig an der allgemeinen Fehlentwicklung.

Wir sind fast alle unfähig geworden, die wahre Ursache von diesen Fehlentwicklungen zu erkennen. Wir sehen den Wald vor lauter Bäumen nicht.

Beim Geld ist das genauso. Um die Formenvielfalt des modernen Geldwesens zu verstehen, brauchen wir heute Finanzexperten - und die sind sich oft nicht einig.

Da der normale Bürger vom Prinzip des Geldes und der Vielfalt des Geldwesens nur sehr wenig Ahnung hat, kann man ihm damit buchstäblich „das Fell über die Ohren ziehen", denn diese Geldexperten sind logischerweise zunächst einmal an ihrem eigenen Vorteil interessiert.

Richten wir unsere Aufmerksamkeit hingegen auf den zentralen Punkt des Geldes, so muß die Frage lauten:

Was ist Geld und wie wird es gewonnen?
Die Antwort ist:
ENERGIE und gewonnen wird es durch Arbeit!
Erinnern wir uns, es gibt nichts anderes als Energie und somit ist auch Geld Energie. Und noch eines, das ganze Leben ist eine Frage der Energiegewinnung.

Das beginnt bei der Pflanze über das Sonnenlicht, geht weiter über die Ernährung von Mensch und Tier und endet beim modernen Menschen im Kampf um Arbeitsenergie.

Solange es kein Geld gab und der Mensch so gut wie kaum Eigentum bildete, solange lebte er in Harmonie. Erst als er anfing, sich materielle Werte anzuhäufen, begann das Unheil. Es begann das Zeitalter der Schaffer und Raffer.

Da unser Finanzwesen über die Arbeitsleistung des Volkes abgesichert ist, ist Geld nichts anderes als eine Art „geronnener" Arbeitsenergie, welche über die Akzeptanz von Münzen, Geldscheinen, Aktien, Plastikkärtchen und den reinen Buchungen der Geldinstitute transportabel gemacht wird.

Im Börsengeschäft wird das Prinzip des Geldes sehr deutlich. Selbst Gerüchte um die Leistungsfähigkeit einer Firma reichen aus, um einen Kursverfall auszulösen.

Wir könnten damit auch ohne weiteres sagen, Geld ist eine Idee und damit geistige Energie.

Wie war es früher? Da herrschte das Tauschwesen und das hieß, wer tauschen wollte, mußte vorher etwas erarbeiten, um überhaupt tauschen zu können.

Mit einer Idee, wie es im Grunde heute das Geld darstellt, konnten damals keine Geschäfte getätigt werden.

Der Einzelne kam also ausschließlich selbst in den Genuß seiner Arbeitskraft, sieht man einmal davon ab, daß es vermutlich schon damals Wege gab, ihn um seine Arbeitsleistung zu betrügen. Darum geht es vom Prinzip her nicht.

Wie sieht es dagegen heute aus? Heute können mit Geld - ohne großen Arbeitsaufwand! - im Handumdrehen lukrative Geschäfte abgewickelt werden - und wer steht dafür gerade, bzw. wer bezahlt die Rechnung?

Wir, das unwissende Volk, welches über seine Arbeitsleistung dafür gerade steht, aber unter Wert bezahlt wird. Denken Sie nur an die gigantischen Devisenspekulationen. Wir sind bereits heute so weit, daß eine Minderheit damit ganze Völker in den Ruin treiben kann! Einfach so, - schnips!

Das ist keine Polemik oder Klassenkampf, das ist die nackte Realität, welche die Macht der Herrschenden begründet, denn Wissen ist Macht und unser Unwissen somit unsere Ohnmacht.

So einfach ist das Spiel des Lebens.

Nun wollen wir uns nur ein paar Fakten unseres Alltags näher betrachten.

(Wer mehr über alle Praktiken der Herrschenden wissen will, sei z.B. auf eine Auswahl von Büchern verwiesen.)

Johannes Rothkranz, „*Der Vertrag von Maastricht*" Band 1 und 2 Verlag Pro Fide Catholica

Des Griffin „*Wer regiert die Welt?*" Verlag Diagnosen

Jan van Helsing „*Geheimgesellschaften*" Band 1 + 2 Ewert Verlag

Falls diese Bücher „vergriffen" sein sollten, so fragen Sie in Ihrer Stadtbibliothek danach.

(Selbst wenn die Angaben in diesen Büchern nur zu 20 Prozent richtig sind und die Allgemeinheit wüßte diese Fakten, hätten wir über Nacht eine Revolution.).

Als bestes Beispiel mag der Bundeshaushalt unserer BRD dienen.

Wir sind mit rund zwei Billionen Mark verschuldet. (Bei wem eigentlich?) Das sind zweitausend Milliarden oder noch besser verständlich, zwei Millionen mal eine Million Mark. Das ist eine Summe, welche sich unserem Verständnis in seiner wahren Brisanz normalerweise entzieht.

Dafür ist Zins zu zahlen. Rechnen wir mit acht Prozent im Jahr. Das ergibt einen Gewinn von rund **einhundertsechzig Milliarden** im Jahr - ohne größere Arbeitsleistung seitens „der Geldgeber"!
Selbst bei einem Zinssatz von nur vier Prozent immerhin noch achtzig Milliarden (= achtzigtausend mal eine Million Mark) an Zinsgewinn.
Wohin geht dieser Betrag, wer streicht diesen Gewinn ohne Leistung, von immerhin derzeit rund dreißig Prozent des Bundeshaushaltes, ein?
Wir haben die absurde Situation, daß wir den Banken unser Geld geben, diese verleihen es an „den Staat", somit vom Kern her an uns weiter, dann kommt der Finanzminister und erhöht uns die Steuern, da er Zinsen für unser Geld zahlen muß!
So ist das Prinzip, denn keine Bank hat wirklich Geld!
Würden wir alle zur selben Zeit auf den Geldinstituten unsere Einlagen abholen, so wären diese zahlungsunfähig.
Die Geldinstitute selbst haben kein Geld. Sie können dagegen sogar mit „nichts als Luft" Geld machen. Sie haben richtig gelesen, aus nichts Geld machen. Das geht wie folgt:
In der BRD müssen die Geldinstitute von den eingehenden Geldern Rücklagen in Höhe von zwanzig Prozent anlegen. (International sind nur etwa fünf Prozent üblich.) Der Rest kann zinsbelastet in Umlauf gebracht werden.
Das heißt im Klartext: Die Bank hat in Wirklichkeit nur zwanzig Prozent auf der Hand, kann aber achtzig Prozent Luft zinsträchtig verleihen. Machen wir das Prinzip an einem Beispiel noch deutlicher:
Sie gehen auf die Bank und zahlen DM 1.000,- ein.
Die Bank bildet eine Rücklage von 20 Prozent, somit kann sie DM 800,- verleihen.
Diese holt sich Herr Mayer und kauft sich einen Fernseher bei der Firma Huber.

Firma Huber zahlt aus Sicherheitsgründen noch am gleichen Abend ihre Einnahmen ein. Somit stehen diese DM 800-, Mark für die Bank wieder zum Verleih zur Verfügung.

Diese legt wieder 20% als Rücklage an und kann jetzt 640-, Mark verleihen.

Diese holt sich Frau Schmidt, denn sie braucht ein Ballkleid. Spätestens ein paar Tage später verfügt die Bank wieder über diese DM 640-,. Und so weiter und so weiter.

Rechnen wir das auf Null, so kann die Bank mit einer Einlage von DM 1.000-, über diesen Modus Zinsen von rund DM 4.000-, verlangen.

Sie bekommen für ihre DM 1.000-, je nach Laufzeit drei bis maximal sechs Prozent, somit DM 30-, bis DM 60-,, die Bank bei einem Soll-Zinssatz von nur acht Prozent DM 320-,. Das sind Geschäfte ohne Risiko und größeren Arbeitsaufwand.

Im internationalen Geschäft mit einer Rücklagenbildung von nur fünf Prozent errechnet sich für die Geldinstitute bei 1.000 Dollar Einlage, ein verzinsbarer Betrag von rund 22.000 Dollar. Bei acht Prozent Zins immerhin ein Gewinn von 1.760 Dollar. Also bei weitem mehr, als die ursprüngliche Einzahlung ausmachte.

Dabei sollten wir nicht vergessen, daß sehr oft Tagesgeschäfte mit einem Prozent Zins, somit rund 360 Prozent im Jahr, durchaus üblich sind. Das ist der Goldesel aus dem Märchen.

Diese Art von Geldwirtschaft ist wahrhaftig märchenhaft - für die Betreiber - auf Kosten der arbeitenden Allgemeinheit.

(Wir lassen den beliebigen Druck von Geldscheinen, also reines Papier, oder wie erwähnt „Luft", über das Münzmonopol außer acht. Dazu kostet uns eine schleichende Inflation weitere Verluste unserer gesparten Arbeitsleistung.)

Deshalb regiert das Geld die Welt, weil wir schon lange die Kontrolle über unsere Arbeitskraft abgegeben haben. Deshalb kontrollieren „die Anderen" uns!

Kommen wir nochmals auf unseren Bundeshaushalt zurück.

Infolge der Zinslast kommen wir auch nicht mehr auf einen „grünen Zweig". Deshalb muß sich der Bund jedes Jahr neu verschulden, meist mit wachsenden Beträgen und den damit wachsenden Zinsen.

An einen Abbau der Altschulden ist im Moment gar nicht zu denken.

Um diesen Unsinn wirklich zu begreifen, nehmen wir einen Vergleich aus unserem Alltag.

Gehen wir davon aus, Sie holen sich bei der Bank DM 1.000,00 mit einem Zinssatz von acht Prozent, es wäre Ihnen jedoch nicht möglich (wie z.Zt. unserem Staat) etwas zurückzuzahlen, dann haben Sie in nur rund 12 Jahren, über die Zinsen, Ihre ursprünglichen eintausend Mark gezahlt, aber ihre alten Schulden stehen noch in voller Höhe zu Buch. Dafür muß die Bank keine Arbeitsleistung aufbringen, sieht man einmal von der Kontrolle, ihres Kontos ab.

Verschärfend kommt bei unserem Staat noch die Neuverschuldung hinzu. Das heißt, die Verschuldung und der Zins wächst, ohne daß wir von den Altschulden herunterkommen, aber dafür weiter Zins zahlen.

Ein herrliches Geschäft von rund zwei Billionen Mark in nur zwölf Jahren auf Kosten der arbeitenden Bevölkerung. Das heißt, **daß sich über den Zins + Zinseszins sowie der Neuverschuldung ein exponentiell angelegter Gewinn ergibt!**

Jetzt wird klar, warum kein Geld mehr für das Volk da ist? Jetzt wird auch deutlich, welche Politik in Wirklichkeit weltweit betrieben wird, denn diese Ausbeutung durch die Hochfinanz wird bei allen Nationen in diesem Großmaßstab durchgezogen.

Jetzt wird klar, über welche finanziellen Mittel die Ausbeuter verfügen und daß sie damit alle Medien (= Gehirnwaschanstalten) längst aufgekauft haben. Es wird auch klar, daß diese parasitäre Geldwirtschaft sich mit allen Mitteln gegen eine Änderung wehren wird?

In jeder Mark, welche Sie ausgeben, stecken derzeit rund fünfzig Pfennig an verstecktem Zins! (siehe Joh. Rothkranz „Der Vertrag von Maastricht" Seite 248 Nr. 5. Das ganze Kapitel „Der Zins" ab Seite 238 wäre eine Offenbarung für jede hart arbeitende Bundesbürger/in.)
Rechnen wir jetzt einmal nur folgende Fakten zusammen.
Von Januar bis Mitte Juni arbeiten wir für den Staat und die nötigen Abgaben für Sozialleistungen.
(Letztere entstehen zum großen Teil durch die Rationalisierungsmaßnahmen der Konzerne, welche mit Hilfe immer leistungsfähigerer Maschinen Arbeitsplätze vernichten. Weiterhin durch Aufkauf, Fusionierung und dem daraus resultierenden Stellenabbau, sowie der Zerstörung des Mittelstandes. Dieser Wahnsinn wird teils noch durch den Bau neuer, gigantischer Industrien über Steuergelder subventioniert, falls diese Konzerne überhaupt noch in der BRD investieren. Hinter all dieser Machtkonzentration stecken die „Geldgeber", die Hochfinanz!)
Das heißt fünfzig Prozent ihres Lohnes wird Ihnen schon einmal gar nicht ausgehändigt.
Rechnen wir noch den versteckten Zins in allen unseren Ausgaben, so erhält jeder arbeitende Bürger in Wirklichkeit lediglich fünfundzwanzig Prozent seines Lohnes, als wahre Kaufkraft.
Hinzu kommt noch die schleichende Inflation, eine weitere laufende Entwertung von Kaufkraft und angespartem Barvermögen.
Verstehen Sie jetzt, warum wir uns nur in Details von einem römischen Haussklaven unterscheiden? Auch mit unserer persönlichen Freiheit in Bezug auf eigene Kreativität ist es nicht mehr weit her, denn über eine steigende Vorschriften- und Verordnungsflut, wird zusätzlich Stück für Stück unseres persönlichen Freiraums beschnitten (In der BRD bestehen rund 70.000! Vorschriften und Verordnungen. Eine sehr merkwürdige „Demokratie" [=Volksherrschaft]).

Die Klagen über die zu hohen Lohnkosten klingen im Hinblick auf die wahre Realität geradezu wie Hohn.

Ziehen wir eine kleine Bilanz:

Jetzt setzen wir für das Wort Zins wieder den alten Begriff des Wuchers ein, was er ja auch ist (nicht ohne Grund, einst für Christen verboten).

Solange wir den Wucher und vor allem den Zinseszins aus diesem Wucher im Geldverkehr generell bestehen lassen, so lange ist diese unsoziale Geldwirtschaft auf Kosten der arbeitenden Bevölkerung möglich.

Erst wenn einmal die reine Arbeitsleistung als einziges Zahlungsmittel, in welcher Form auch immer, akzeptiert wird, erst dann wird ein gerechtes Staatswesen möglich sein.

Schon der Name *Geldgeschäfte* verrät den wahren Charakter. Wer mit Arbeitsenergie Geschäfte tätigt, ohne selbst größere Arbeitsleistungen zu bringen, kann das nur auf Kosten derjenigen, welche das gesamte Wirtschaftssystem mit ihrer Arbeitsenergie tragen. So einfach ist das.

Diejenigen, welche aus dieser Art von Geschäften Kapital schlagen, haben uns über Jahrhunderte stets vermittelt, wie seriös die ganze Angelegenheit wäre. Ein paar gewährte Prozentpunkte an Zins waren und sind der Köder, mit dem sie uns bei der Stange halten.

Selbst wenn der einzelne Sparer im Moment anderer Meinung ist, so sollte er sich einmal folgende Fakten vor Augen halten.

1. Erst über seinen Minimalverdienst von ein paar Prozenten an Zins, ermöglicht er diese Praktiken der Geldwirtschaft.

Lohnen sich für uns die paar Prozente Zinsgewinn auf unsere Einlagen wirklich, angesichts der Tatsache, daß bei den eigenen Ausgaben rund fünfzig Prozent des Betrages an verstecktem Zins zu zahlen sind? Für 1.000,- DM Einlage erhalten Sie nach einem Jahr ca. 35,- bis 60,- DM Zins. Bei DM 1.000,- an Ausgaben zahlen Sie hingegen rund DM 500-,(!) an Zins! Wie viel legen Sie pro Jahr „auf die hohe Kante" und wie viele Ausgaben haben Sie dagegen? Wer zahlt hier drauf? Wer will solch ein „Geschäft" weiterhin unterstützen?

Ganz abgesehen davon, denken Politiker jetzt (Ende 1997) bereits über eine Zinsertragssteuer nach!

Wären wir nicht weitaus besser bedient, wenn Steuern, Mieten und alle weiteren Ausgaben um die rund fünfzig Prozent des versteckten Zinses niedriger liegen würden, unser Gehalt dagegen auf dem gleichen Niveau bliebe und wir wieder freie Menschen werden könnten?

Wann werden wir unsere eigenen Interessenvertreter? Nach unserer Verfassung geht alle Macht vom Volke aus. Stimmt das eigentlich?

Fragen wir ganz einfach!

5. Unser politisches Umfeld

„Mit Hilfe der echten Weisheit kann man erkennen, was recht ist im öffentlichen Leben und im Leben des Einzelnen. Die Mißstände in der Gesellschaft werden erst dann aufhören, wenn entweder die Gruppe derer, die sich wirklich auf die wahre Philosophie versteht, die politischen Ämter übernimmt, oder die Gruppe der politisch Mächtigen - durch irgend eine göttliche Fügung - sich tatsächlich der Philosophie zuwendet. (Plato 7. Brief)

1. Frage: Wer glaubt an irgend eine göttliche Fügung in der Politik?

2. Frage: Wenn wir schon nicht an Wunder glauben, warum widmen wir uns nicht der Philosophie, um uns selbst einen gerechten Staat zu verdienen? Reichen uns rund 2400 Jahre Anschauungsunterricht seit Plato noch nicht? Glauben wir noch immer, daß die Politik

die Sache von irgendwelchen Institutionen ist, sei es Diktatur, Monarchie oder Demokratie?

Dabei hätten wir heute die günstigsten Aussichten überhaupt, denn wir hätten das Grundgesetz auf unserer Seite. Artikel 20, 2 lautet:

„Alle Staatsgewalt geht vom Volke aus."
Haben wir heute wirklich die Kontrolle über die Staatsorgane? Dem Volk geht höchstens die Staatsgewalt aus. Sie geht aus folgenden Überlegungen schon längst nicht mehr vom Volke aus (falls das Volk je etwas zu sagen hatte und damit haben wir im Grunde keine Demokratie mehr).

Ist es nicht bereits so, daß seit geraumer Zeit Volk und Staat eine Polarität bilden? Das Volk hat nur noch das Wahlrecht zwischen ein paar Parteien, aber was ändert sich am System selbst?

Doch nichts, denn keiner der Regierenden, gleich welcher Partei ist in die Verantwortung zu bringen. Im Gegenteil, haben sie sich nicht noch die Immunität zugelegt?

Wir sind ja nicht einmal fähig, selbst untergeordnete Staatsdiener zur Verantwortung zu bringen. Schon das Wort Staatsdiener ist bezeichnend, sie dienen dem Staatsapparat.

Der Bundesrechnungshof kann auflisten was er mag. Wer trägt die Verantwortung, wer haftet für diese Mißwirtschaft? Der Staat oder seine Diener? – Wir, das Volk und sonst niemand!

Wieso fühlen sich offensichtlich unsere Regierenden für das Fehlverhalten der Staatsdiener nicht sonderlich verantwortlich und legen diesem Treiben einen wirksamen Riegel vor?

Ganz einfach, ist dieser Regierungsapparat nicht überproportional mit Beamten besetzt?

Was hat das Volk eigentlich noch zu sagen, wenn die Regierung selbst fast nur noch aus Staatsdienern besteht, welche bestimmen, wie und wo es lang geht, noch dazu, ohne daß sie dafür in die Rechenschaft genommen werden können?

Wird nicht jeder „kleine"-Verein besser geführt als unser derzeitiges Staatswesen? Hier wird nach Ende der jeweiligen „Regierungszeit" vom Schatzmeister ein Bericht erstellt und dann erst wird der ganze Vorstand entlastet.

Was hingegen machen wir? Wir rennen alle vier Jahre zur Wahl, viele noch aus Furcht, daß ja „die Anderen nicht drankommen", obwohl sie mit ihren wahlfähigen Kandidaten alles andere als zufrieden sind.

Dann geben wir unsere Stimme ab und sind von da an im wahrsten Sinne des Wortes stimmlos, oder haben wir vielleicht bis zur nächsten Wahl noch etwas zu sagen?

Wie blöde sind wir eigentlich, daß wir glauben, so etwas wäre eine Demokratie?

Spielen wir mit unserer Stimmabgabe nicht nur eine Alibifunktion für eine neue Adelskaste, die der Parteifunktionäre?

Wir finanzieren das auch noch über unsere Steuergelder. Da lobe ich mir die Zustände im alten Rom. Da mußte der Kandidat Geld mitbringen, um gewählt zu werden.

Das ist zwar auch nicht das Gelbe vom Ei, denn damals hat bekanntlich der Wahlsieger alles versucht, diese Investitionen wieder mit Zins und Zinseszins zurückzubekommen und die Vettern- und Günstlingswirtschaft war weit verbreitet.

Betrachten wir heute diese Selbstversorgerpraxis unserer Regierenden, muß man sich dann nicht fragen, wo dafür die Leistung bleibt?

Also, geht wirklich alle Macht vom Volke aus, oder ist dem Volk nicht inzwischen bereits alle Macht ausgegangen?

Hinzu kommt, daß über die moderne Medienpraxis das uralte *„teile und herrsche"* bis zum Exzeß verwirklicht wurde. Unsere Gesellschaft wurde über den übermäßig geförderten Egoismus des Einzelnen praktisch auf Einzelindividuen aufgesplittert. Das hat mit

Selbstverwirklichung nichts zu tun. Das ist die Verwirklichung des Egos, nicht des Selbst.

„Selbstverwirklichung" und vor allem die Rechte des Einzelnen, sind heute wichtig, hingegen von Pflichten an der Gemeinschaft spricht niemand. Damit wurde die Einheit des Volkes zerstört.

Für alles gibt es bekanntlich noch eine Steigerung. Antiautoritäre Erziehung war und ist heute noch immer gebräuchlich. Wie soll ein Mensch, dem niemals Grenzen aufgezeigt werden, mit seinem gesellschaftlichen Umfeld oder noch spezifischer, mit seiner Familie in Harmonie leben?

Wer antiautoritär erzogen wird, wird zwangsläufig autoritär. Logisch, aber es gibt leider nichts, was durch mangelnde eigene Überlegung, von anderen übernommen wird. Wie schon gesagt, selbst denken, nicht denken lassen.

Durch diese gesellschaftlichen Fehlsteuerungen fehlt auch jegliches Solidaritätsverhalten und in Wirklichkeit wurde die scheinbar so eminent wichtige einzelne Persönlichkeit zum ohnmächtigen Winzling gegen die herrschende Oberschicht. Das ist der Preis für unseren überzogenen Egoismus.

Wir sind beliebig steuerbar und völlig hilflos geworden.

Selbst wenn wir erkennen würden, wie wir wieder zu mehr Freiheit kommen könnten, es würde eminent hart werden, wenn wir einmal wieder als Volk maßgebend an der Gestaltung eines harmonischen Umfeldes ein Wörtchen mitreden wollten.

***

Sehen wir uns den Schuldenberg von zwei Billionen an. Im Grunde sind wir Deutschen längst pleite, denn wir haben zumindest im Moment keine Möglichkeit die Altschulden abzutragen. Im Gegenteil, wir müssen uns Jahr für Jahr neu verschulden.

Das hält aber unsere Regierenden nicht im geringsten ab, weiterhin an Hinz und Kunz „Wirtschafts- und Entwicklungshilfen" zu geben, angeblich um die Arbeitsplätze zu gewährleisten.

Sind wir sicher, daß diese Gelder nicht in den Sand gesetzt sind? Bekanntlich haben wir eine ganze Menge an Außenständen, ohne Aussicht, daß diese Milliarden je wieder zurückgezahlt werden. Sehen wir uns nur Rußland an.

Wurden wir Deutschen in Bezug auf die Einführung des Euro, wie die Bürger aller maßgebenden europäischen Länder, befragt? Warum wurde der angeblich mündige deutsche Bürger nicht befragt? Wir, die bekanntlich einen Hauptanteil der anfallenden Kosten zu tragen haben?

Nach Schätzungen sind das allein 200 bis 250 Milliarden Geldschöpfungsgewinne der Bundesbank. Diese gehen für die Umstellungskosten an die EU Bank.

Über den Beschäftigungspakt kommen, laut Prof. Borchert, weitere unabsehbare Milliardenforderungen auf uns zu.

Ein weiteres Problem ist der Länderfinanzausgleich. Um die Stabilität des Euro zu sichern, werden wir dafür einen Großteil mit weiteren Milliarden zu tragen haben. Das ist beileibe noch nicht alle(sNürnberger Zeitung vom 3.7.97 Seite 18 „Euro: Enorme Kosten, aber nur geringer Nutzen.")

Hat man uns überhaupt darüber informiert und uns dann gefragt, ob wir das wollen?

Nein, das hat bekanntlich unser Kanzler für uns entschieden. Wieso lassen wir uns eigentlich derartig bevormunden, vor allem wenn es um solche Beträge geht? Ist das Demokratie?

Was ist von einem Kanzler zu halten, welcher angesichts der Arbeitslosen zunächst verkündet, die Zahlen bis zum Jahr 2000 zu halbieren, ein paar Monate später in Bezug auf neue Rekordwerte, „von diesem Ziel abrückt." Haben solche Politiker überhaupt noch einen einigermaßen realen Durchblick oder spielen sie, wie so oft auf Zeit und ein kurzes Gedächtnis der Wähler?

Wollen wir uns weiterhin für dumm ansehen lassen?

Ein noch viel gravierender Punkt kommt mit den Maastrichtverträgen auf die europäische Bevölkerung zu.

Was ist das für eine Regierungsform? Welche Möglichkeiten der Kontrolle haben wir dann überhaupt noch? So wie es im Moment aussieht, ist das eine Regierungsform ohne Parlament und das heißt, einmal installiert, entzieht sie sich jeglicher Kontrolle!!

Reicht uns nicht jetzt schon die Büro- und Technokratie der Europäischen Kommission mit ihren einsamen Beschlüssen?

Aber was machen alle europäischen Staatsbürger? Sie üben sich offensichtlich im Glauben, daß alles besser wird. Wir werden es bei dieser Einstellung in Kürze erleben.

Kommen wir auf unseren (derzeit noch existierenden) Staat zurück. Fragen wir ein wenig weiter.

Wer ist eigentlich der Staat und wer ist das Volk?

Wem dient ein Kanzler der, angesichts der Summen welche durch die Umstellung auf den EURO anfallen, für die sein Volk eintreten muß, selbstherrlich unseren Beitritt beschließt?

Wem dienen die Staatsdiener? Dem Staat oder dem Volk?

Nun mag der eine oder andere einwenden, solche Fragen wären staatsgefährdend.

Wer will den Staat abschaffen? Die Frage lautet: Ist der Staatsapparat dazu da, um als Plattform für die Machtspiele irgendwelcher Politiker bzw. der Hochfinanz zu dienen, oder soll ein Staat dem Volk dienen?

Sollten Fragen, welche lediglich die Effektivität von Politikern hinterfragen, nicht mehr erlaubt sein, haben wir keine Demokratie, sondern eine (Partei)Diktatur.

Ist das Volk nur für die angeblichen Volksvertreter und damit den Staat da oder sollten diese nicht vielmehr die Interessen des Volkes vertreten?

Woher haben diese ihre Eignung, daß sie für unser Gemeinwesen wirklich nur die beste Lösung sind? Reicht dafür allein das Parteibuch aus?

Wie kann z.b. der Wähler auch nur ansatzweise glauben, daß Kanzlerkandidaten, welche ihr Bundesland nicht aus der finanziellen Misere bringen, dies mit der Bundesrepublik zuwege bringen?

Und die alte Mannschaft? Hat die ein erfolgversprechendes Konzept und wenn ja, warum wendet sie es nicht schon heute an, warum ging es überhaupt so gravierend bergab?

Also nochmals, was haben unsere derzeitigen Politiker an fachlichem Wissen mitgebracht? Oft ein Jurastudium, die meisten sind obendrein Beamte. Es ist erwiesen, daß dieser Berufstand überproportional im Regierungsapparat vertreten sind.

Die sich daraus ergebende Frage können wir uns selbst beantworten.

Wieso hat der deutsche Bundestag mit 672 bzw. 675 Parlamentariern weitaus mehr als die Weltmacht USA? Brauchen wir wirklich diesen Aufwand, vor allem jetzt bei den leeren Kassen?

Warum wird dieser „Wasserkopf" nicht abgebaut.

Wieso kann man hochdotierte Minister nach Belieben austauschen? Wem dient diese Praxis? Dem Volk oder der Parteipolitik und damit dem reinen Machterhalt?

„Wir sind das Volk!"

So lautete die Devise in der ehemaligen DDR. Ihre Verantwortlichen wurden als unfähige Betonköpfe bezeichnet, welche an den Sesseln der Macht klebten.

Herrlich, wie das Gesetz der Resonanz seine Richtigkeit offenbart. Es kommt nie auf die Variation, sondern nur auf die Qualität der jeweiligen Ausführung an!

Inzwischen bahnt sich über den Strichcode die totale Überwachung des Bürgers an.

Es gibt kaum noch ein Produkt, welches nicht mit diesem Zeichen versehen ist. Parallel dazu wird mehr und mehr das Bargeld „abgeschafft". Kreditkarten, und aufladbare Scheckkarten kommen mehr und mehr zum tragen.

Kaum jemand denkt über die Konsequenzen nach. Selbst das ist nichts Neues. Wir müssen nur in der Offenbarung des Johannes nachblättern, um zu erkennen, daß unter dem Zeichen des Tieres nur dieser Strichcode gemeint sein kann (Offenb. 13, 15-18 . Es gibt hier noch andere Hinweise).

Lassen wir uns nicht von der symbolischen Sprache des Johannes verblüffen, sehen wir uns die Fakten an:

ISBN 3-8094-0312-1

9 783809 403128

1. Wir finden links und rechts außen, sowie in der Mitte jeweils zwei dünne, meist etwas längere Striche. Diese liest der Computer als 666. Das Zeichen des Tieres, s.o.

2. Im internationalen Bankverkehr erscheint mehr und mehr die Zahl 666.

Allein diese Fakten sollten genügen, um uns mehr als hellhörig zu machen.

Frage: Was machen Sie, wenn genügend Scanner-Kassen im Warenverkehr aufgestellt sind und uns die Banken erklären, daß über die Kreditkarten, gleich welcher Art, zuviel kriminelle Aktivitäten ausgeführt werden. Gleichzeitig zieht man das Bargeld ein, da jeglicher Geldverkehr viel einfacher über Computerbuchungen abgewickelt werden kann. Das ginge über die persönlichen Einkäufe, bis hin zu größeren finanziellen Transaktionen.

Einzige Bedingung, Sie benötigen noch Ihren unverwechselbaren und mit Hilfe der Lasertechnik unsichtbar eingebrannten Erkennungscode bzw. eingepflanzten Chip.

Sehen wir uns die Aktivitäten der letzten fünf Jahre an, deutet alles auf die Realisierung der Offenbarung des Johannes hin.

Nichts, aber auch nichts, was wir dann noch kaufen oder sonst finanziell abwickeln, bleibt verborgen. Orwell mit „1984" läßt grüßen!

Mag der eine oder andere glauben, daß es kaum so weit kommen wird. Frage: Haben die Menschen nicht stets das Machbare auch getan?

Nehmen wir die Steuergepflogenheiten unseres Staatswesens.

Steuern, ja Mehrfachsteuern wohin man schaut. Lohn- und Einkommen-, Mehrwert-, Grund-, Vermögenssteuer und zum Schluß noch die Erbschaftssteuer. Daneben noch die Versicherungs,- KFZ-, Benzinsteuer, um nur die wichtigsten zu nennen.

Hinzu kommt, daß die Mehrwertsteuer die unsozialste Steuer überhaupt ist und zwar aus dem Grund, da es die finanziell Schwächsten trifft.

Nehmen wir an, einer Familie mit zwei Kindern stehen netto 7.000,- Mark zu Verfügung, einer anderen hingegen nur netto 2.500,- Mark.

Rechnen wir nur den Lebensunterhalt und die wichtigsten allgemeinen Ausgaben, so trifft diese Steuer logischerweise die Familie mit den geringeren Einkommen stärker, als die besser verdienende, denn dieser allgemeine Grundbedarf ist annähernd gleich. Essen und bekleiden muß sich jeder.

Kommen wir nochmals zur Thematik der Verantwortung, hier über die Verantwortung als Regierungspartei.

Es ist die leidige Praxis, daß es möglich ist, Koalitionen zu bilden. Mit fünf bis acht Prozent der abgegebenen(!) Wählerstimmen „kann der Schwanz mit dem Hund wackeln" und am Ende ist keiner Schuld am Ergebnis. Jeder ruft dann „haltet den Dieb".

Ist das nicht ein herrliches Konzept, sich aus der (vorgegeben) politischen Verantwortung zu stehlen? Wie soll ein Kanzler die Richtlinien der Politik bestimmen (Artikel 65 Grundgesetz), wenn er schon bei den Koalitionsverhandlungen „vom wackelnden Schwanz" an die Kette gelegt wird und sein Kabinett damit überproportional befrachten muß?

Warum soll unabhängig von der Prozentzahl nicht die stärkste Partei regieren und die anderen haben zuzusehen?

Nach Ablauf der vier Jahre entscheidet das Volk, ob diese Regierung gut war und es wird sich in den Stimmen entsprechend niederschlagen. Dann entfallen die Werbungskosten, sprich Steuergelder von alleine.

War die Regierungsperiode hingegen mäßig, dann muß diese Mannschaft zurück ins zweite Glied.

Warum immer so kompliziert, wenn es einfacher und effektiver ginge? Allein daraus ergäbe sich eine wirksame Kontrolle.

Kontrollierten wir außerdem, über ein vom Volk zu wählendes Gremium, zusätzlich noch die Bezüge des „Hohen Hauses", hätten wir mit Sicherheit allein dadurch ein ganz gut funktionierendes Instrument, um „den Staat" wieder in den Griff zu bekommen. Bei den Länderparlamenten könnten wir genau so verfahren.

Wieso soll der Staatsdiener selbst zu bestimmen haben, was er an Steuergeldern verdienen soll? Wo gibt es so etwas in der freien Wirtschaft, daß z.B. die Metzger bestimmen, was alles in der Wurst verarbeitet werden darf?

Wer glaubt, daß er stets andere kontrollieren, mit Vorschriften überhäufen und bedenkenlos in die Tasche greifen darf, der sollte sich auch selbst einer gut funktionierenden Kontrolle unterwerfen.

Wieso soll dies, wie über Jahrhunderte praktiziert, stets nur einseitig von oben nach unten ablaufen?

Gleiches Recht für alle, zumindest in einer Demokratie - oder haben wir eben doch keine?

Man wird ja schließlich mal fragen dürfen, oder ist das eventuell wegen Staatsgefährdung oder gar Aufwiegelung des (schlafenden) Volkes verboten?

***

Müßten wir uns angesichts solcher Fakten nicht schon längst fragen?

Hat sich dieser Staat nicht zum bodenlosen Moloch entwickelt, welcher bedenkenlos in die Geld- und Vermögenswerte seiner Bürger greift, - ohne wie erwähnt, Rechenschaft über seinen Bedarf bzw. seine Ausgaben abzugeben?

Da Geld bekanntlich die Welt regiert, sollen wir, welche die eigentlichen Geldgeber sind, das alles weiterhin so lammfromm hinnehmen?

Wenn die überwiegende Anzahl der Bürger zu der Meinung kommt, das sollten wir ändern, warum ändern wir es nicht und vor allem wie?

Durch den Abzug unserer Energie, das am schnellsten wirkende und wirksamste Mittel überhaupt.

Nochmals - kein Kampf; lediglich Entzug! Aber wie? Ganz einfach, Entzug der Legitimation! Entzug durch die Wählerstimme!

Wieso sollen wir Politiker wählen, welche mit ihrem Latein am Ende sind?

Wieso wählen wir aus der <u>Angst!</u> heraus, daß „die anderen nicht hinkommen"?

Haben wir nur die Hoffnung auf eine Besserung oder gar die Gewähr, daß die andere Partei die Dinge wirklich von Grund auf neu strukturiert oder bleibt vom Kern her alles beim alten?

Wer glaubt daran, daß sich grundsätzlich etwas ändert, solange wir kein unabhängiges Kontrollorgan über das Staatswesen bekommen? Niemand? Warum ändern wir es dann nicht über unsere Verweigerung am Wahltag?

Das heißt nicht, daß wir Zuhause bleiben dürfen. Das signalisiert Gleichgültigkeit - also gleiche Gültigkeit wie eine Wahl.

Wir brauchen dazu aber ein „aktives" NEIN über einen ungültig gemachten Stimmzettel. Das heißt: „Ich war hier, fand aber keinen geeigneten Kandidaten."

Stellen wir es uns doch einmal vor. Bekanntlich gehen sowieso nur um die 70 Prozent zu Wahl. Warum? Sind die restlichen 30 Prozent unzufrieden oder nur gleichgültig?

Nehmen wir an, sie sind unzufrieden. Es dürfte nicht zu hoch gegriffen sein, wenn wir davon ausgehen, daß rund 40 bis vielleicht sogar 60 Prozent der Wähler mit der heutigen Politik nicht mehr zufrieden sind.

Das ergibt, mit den anfangs erwähnten rund 30 Prozent, ein Potential **von 70 bis 90 Prozent!**

Was geschieht wohl, wenn bei einer Wahl 70 bis 90 Prozent an ungültigen Stimmen auf dem Tisch liegen? Wer glaubt, daß auch dann noch alles beim Alten bleibt?

Ist es nicht schizophren, einerseits zu glauben, daß ich mit meiner Wenigkeit nichts machen kann, andererseits halte ich meine Stimme für so wichtig, daß ich diese abgebe, obwohl ich keinen geeigneten Kandidaten habe, womöglich nur „damit die andern nicht ans Ruder kommen"? Dies ist eine Polarität. Einerseits die eigene Ohnmacht um Dinge grundlegend zu ändern, andererseits die Vorstellung, die eigene Stimme ist so wichtig, daß „der Himmel einfällt", wenn ich sie nicht „meiner Partei" gebe. Wie soll sich unter diesen Vorstellungen etwas verändern? Also sind wir selbst an den Verhältnissen schuld.

Was für ein Aberwitz. Das ganze erinnert mich an die Wahl der Todesart zwischen köpfen und hängen, der Delinquent glaubt, daß er durch seine Wahl das Beste erreicht hat.

Wir hätten noch die Möglichkeit, diese beiden Methoden „des Hängens oder Köpfens" abzulehnen, aber was machen wir? Wir wählen, anstatt zu verzichten und wundern uns dann warum wir entsprechend behandelt werden.

Es ist schon erstaunlich, wie man den Verstand vernebeln kann.

Solange wir jedoch Angst haben oder aus Mangel an geeigneten Kandidaten trotzdem unsere Stimme abgeben, was soll sich dann ändern?

Es gibt außer der Verweigerung (Energientzug) noch einen zweiten Weg, um wieder die Kontrolle über unseren Staat zu bekommen. Den der politischen Aktivität (sowohl - als auch).

Dazu müßten wir alle! nur in eine Partei eintreten. Möglichst in eine der zwei Großen. Dann haben wir die Möglichkeit, innerhalb der Partei die Kandidaten zu wählen, welche uns am geeignetsten erscheinen. Wir müßten somit gar keine neue Partei gründen und mühselige Aufbauarbeit leisten. Wir übernehmen gewachsene Strukturen und erneuern sie nur da, wo Handlungsbedarf im Laufe der Jahre entstanden ist. Um einen gewissen Filz zu unterbinden, können die Kandidaten maximal zwei Legislaturperioden a` vier Jahre regieren. Nach jeweils vier Jahren ist ein Rechenschaftsbericht abzulegen, und sie müssen entlastet werden.

Wir sehen, im Grunde alles ganz einfach. Wir könnten schon etwas ändern, wenn wir wirklich wollten.

Natürlich könnten wir auch auf „die Straße" gehen und gewaltlos protestieren. Auch das funktioniert, wie es das Beispiel der Wende in der ehemaligen DDR gezeigt hat. Aber es sei nochmals betont, ohne jegliche Gewalt! Mahatma Ghandi hat es vorexerziert.

Er setzte damit die Staatsmacht ins Unrecht. Wenden wir selbst Gewalt an, so setzen wir uns ins Unrecht und die Staatsmacht ins Recht, das ist ein gewaltiger Unterschied.

Wir sehen immer wieder, WIR sind verantwortlich, niemand sonst. Wir haben stets das, was wir verdienen. Sind wir nicht zufrieden, so kann in einer Demokratie die Devise nur lauten:

Änderungen vorbehalten, wir sind das Volk!

6. Unser religiöses Umfeld

Die seit der Kindheit eingepflanzten Glaubensvorstellungen sind unsere seelische Substanz.

Viele glauben nur an diese eingetrichterten, selektiven Auszüge aus der Lehre Jesu. Wer hingegen hat die Evangelien (bewußt) nachgelesen? Wer weiß schon, was in den vier Evangelien geschrieben steht?

Viele glauben möglicherweise auch, daß sie selbst darin nach Belieben auswählen können.

Das, was ihnen gut dünkt, das wollen sie notfalls mit Gewalt durchsetzen. Andere Gebote, welche ihren Vorstellungen „vom richtigen Umgang" mit dem Mitmenschen zuwider laufen, lassen sie ganz einfach unter den Tisch fallen.

Das hat mit wahrem Christentum nichts gemein. Das ist allerhöchstens die „Religion" einer christlich angehauchten Sekte.

Aus diesen Gründen wurden und werden heute noch, wegen des „richtigen" Glaubens, alle möglichen Arten von Gewalt bis hin zum Mord begangen.

Bestes Beispiel ist Nordirland, ein reiner Glaubenskrieg von Irren, aber niemals im Namen Christi. Dieser sagte bekanntlich:

„Was ihr getan habt einem unter diesen meinen geringsten Brüdern, das habt ihr mir getan." (Matthäus 25,40)

und noch deutlicher:

„Liebet eure Feinde...." (Matthäus 5,44).

Falls ein etwas anders glaubender Christ, ja Mensch, überhaupt als Feind gelten könnte!
Über die rechte Erfüllung seiner Gesetze ist unter Matthäus 5,17 folgendes zu lesen:

„Ihr sollt nicht wähnen, daß ich gekommen bin, das Gesetz oder die Propheten aufzulösen, sondern zu erfüllen. Denn ich sage euch wahrlich: Bis daß Himmel und Erde zergehet, wird nicht zergehen der kleinste Buchstabe, noch ein Tüttel vom Gesetz, bis das alles geschehe.
*Wer nun **eines** von diesen kleinsten Geboten auflöst und lehrt die Leute also, der wird der Kleinste heißen im Himmelreich.*
Wer es aber tut und lehrt (die **Gebote** des Gesetzes), *der wird groß heißen im Himmelreich.*
Denn ich sage euch: Wenn eure Gerechtigkeit nicht besser ist als die der Schriftgelehrten und Pharisäer, so werdet ihr nicht in das Himmelreich kommen."

Das ist eindeutig, wir können das in verstärktem Maße nochmals ab Matthäus 10,34 hören. Jesus nimmt hier Bezug auf die Spannungen, welche auf Grund seiner Lehre bis in die Familie einziehen können.

„Wer Vater oder Mutter mehr liebt denn mich, der ist mein nicht wert; und wer Sohn oder Tochter mehr liebt denn mich, der ist mein nicht wert. Und wer nicht sein Kreuz auf sich nimmt und folgt mir nach, der ist mein nicht wert." (Matthäus 10,37)

Wo bleibt da Raum für irgendwelche Gewalt, eventuell gar *„Im Namen Gottes"*? oder für Differenzen in der Interpretation seiner Lehre?

Eine Religion und deren verschiedene Auslegungen, welche das Leid anderer Menschen mit sich bringt, kann nicht der Weg sein, welchen Jesus vorgegeben hat.

***

Wir müßten uns wie so oft der Frage stellen: wie kommen wir zu unserer Glaubenseinstellung?

Wer hat uns von Kindheit an gerade diese Art von Religion vermittelt, und worauf stützten sich unsere Lehrer?

Für einen christlichen Menschen müßte die Antwort ohne wenn und aber lauten: **Christus und seine Lehre ist mein Fundament.**

Wenn wir jedoch auch nur in einem Punkt von seinen Lehren abweichen (s.o.), sind wir dann noch Christen oder Anhänger einer mehr oder minder christlich eingefärbten Sekte?

(Vergleiche *„...Himmel und Erde werden vergehen, aber meine Worte werden nicht vergehen.* [Matthäus 24,35.] oder

„Denn es werden viele kommen unter meinem Namen und sagen „ich bin Christus" und werden viele verführen... bzw. *„Und es werden sich viele falsche Propheten erheben und werden viele verführen."* [Matthäus 24, 5 und 24,11])

Ja wo sind sie denn, diese falschen Propheten? Er gab uns auch dazu die Antwort:

An ihren Früchten sollt ihr sie erkennen. (Matth.7,16)

Im Folgenden werden wir uns nur ein paar Verse aus dem neuen Testament auswählen, da davon ausgegangen werden kann, daß die wenigsten es je mit Sorgfalt gelesen haben.

Vielleicht ist es zunächst etwas ermüdend, Vers für Vers zu lesen, da aber ein nicht unerheblicher Teil scheinbar christlicher Vorgaben heute unseren Alltag mitbestimmten, müßten wir uns doch einmal der Frage stellen, ob unsere allgemeinen (christlichen) <u>Vorstellungen</u> den Kern der Lehre treffen und damit ihre Berechtigung haben.

Können wir als wahre Christen nur **diejenigen Teile** aus seiner Lehre annehmen und verwirklichen, weil sie in unsere (angelernten) Vorstellungen passen, andere hingegen, welche uns unangenehm oder gar unbekannt sind, einfach außer acht lassen?

Damit wir uns richtig verstehen, niemand wird verurteilt. Wir wollen uns nur mit einigen Lehrsätzen Jesu' vertraut machen und wer will, kann sich dann seine eigenen Gedanken zu seiner momentanen Auffassung machen, denn jeder kann bekanntlich „nach seiner eigenen Fasson selig werden".

(Der freie Wille ist unser höchstes Gut, den uns der VATER mit auf den Weg gab.)

Es ist nur die Frage, ob unsere spezifischen „Vorstellungen" am Ende des Lebens auch so funktionieren wie mancher glaubt, wohlgemerkt glaubt.

Noch eines vorweg: **Denken Sie selbst** und lassen Sie nicht, wie möglicherweise bisher gewohnt, von anderen „vordenken" oder vorpredigen. Auch nicht von mir! Lesen Sie nur die Worte Jesu und finden Sie dadurch zu **Ihrer** Wahrheit. Um mehr geht es im Folgenden nicht.

Haben Sie Vertrauen in ihre eigene Urteilskraft, Ihren Verstand und Ihre innere Stimme, schließlich sind Sie ein Kind Gottes und das heißt, daß Sie selbst Verbindung mit unserem VATER aufnehmen können nach dem Motto:

„Bittet, so wird euch gegeben; suchet, so werdet ihr finden, klopfet an, so wird euch aufgetan." (Matthäus 7,7)

Das ist ein Versprechen, aber die Probe darauf muß jeder selbst machen, das kann niemand machen lassen!

Der nächste Punkt wäre:

Vergessen wir nicht, Jesus lehrte einfachen Menschen. Also muß seine Lehre einfach zu verstehen sein. Sie kann durch einfache Sinngebung verstanden werden. Niemand braucht dazu Schriftgelehrte oder Theologen, also „Experten", in Bezug auf die Auslegung der Worte Jesu.

Mit unseren heutigen Erkenntnissen der Physik können wir erfassen, daß Jesus in Wirklichkeit Gesetzmäßigkeiten der Elementarphysik vermittelte.

Kommen wir zum Evangelium.

***

Jesus hat weder Priester noch eine Institution Kirche mit ihrer Hierarchie eingesetzt!

Schauen wir ins Neue Testament und lesen die entsprechenden Sätze unter Matthäus 23.

(Vergleichen Sie dabei die damalige Feststellung Jesu zum Priestertum und sehen Sie auf die heutige Praxis des Klerus.)

Hier ist zu lesen: *„Da redete Jesus zu dem <u>Volk und zu seinen Jüngern</u> und sprach:*

Auf Moses Stuhl sitzen die Schriftgelehrten und Pharisäer. Alles nun, was sie euch sagen, daß ihr halten sollet, das haltet und tut's; aber nach ihren Werken sollt ihr nicht tun; sie sagen's wohl und tun's nicht.

Sie binden aber schwere und unerträgliche Bürden und legen sie den Menschen auf den Hals; aber sie selbst wollen dieselben nicht mit einem Finger regen.

Alle ihre Werke aber tun sie, daß sie von den Leuten gesehen werden. Sie machen ihre Denkzettel breit und die Säume an ihren Kleidern groß.

Sie sitzen gerne oben über Tisch und in den Schulen und haben's gern, daß sie gegrüßt werden auf dem Markt und von den Menschen Rabbi (= Lehrer) *genannt werden.*

Aber **ihr sollt euch nicht Rabbi** (= Seher/Lehrer der Schrift) **nennen lassen, denn einer ist euer Meister, Christus; ihr aber seid alle Brüder.**

Und sollt niemand Vater heißen auf Erden; denn einer **ist euer Vater, der im Himmel ist.**

Und ihr sollt euch nicht lassen Meister nennen; denn einer **ist euer Meister, Christus.**

Der Größte unter euch soll euer **Diener** *sein.*

Denn wer sich selbst erhöht, der wird erniedrigt; und wer sich selbst erniedrigt, der wird erhöht.

Weh euch Schriftgelehrte und Pharisäer, ihr Heuchler, die ihr das Himmelreich zuschließt vor den Menschen.... usw."

Sind nicht die Parallelen von damals zu heute fast deckungsgleich?

Die Schriftgelehrten von heute sind die Theologen (= griech./lat. Lehrer von den göttlichen Dingen), welche für uns die Lehre Jesu deuten und das nur in Auszügen. Wenn sich niemand Rabbi (Lehrer) nennen soll, so wird im Grunde die ganze Theologie untersagt! Allein das Wort Jesu gilt.

Wo sitzen die religiösen Führer heute? Welche Gewänder und Titel, bis hin zum Heiligen Vater, werden getragen, obwohl wir laut Jesus alle Brüder sind.

Wo bleibt hier die Berechtigung für eine Eminenz (= Hoheit) „Heiliger Vater"? Ganz zu schweigen von der verlangten Demut eines Gläubigen durch das Küssen eines Ringes.

Oder was berechtigt die Instanz der ROTA, des höchsten päpstlichen Gerichtshofes, im Verbund mit dem Gebot Jesu, daß wir nicht richten sollen? Matthäus 7, 1-5

Das wichtigste Wort steht gleich zu Beginn. Es ist das unscheinbare Wörtchen **und** im Satz *„Da redete Jesus zu dem Volk und zu seinen Jüngern..."* Das müssen wir logischerweise in Bezug zu den Feststellungen am Ende stellen. Damit bekommt der Satz *„...ihr aber seid alle Brüder"* erst seine wahre Bedeutung. Jünger und Volk sind ebenbürtig, gleichgestellt und wer sich darüber erhöht, der wird erniedrigt!

Wie absurd das Gegenteil wäre, wird aus einem Beispiel unseres Alltags deutlich.

Angenommen sie hätten, 14 Kinder. Kämen Sie auf die Idee, eines davon zu privilegieren und zu einer Art Vermittler oder gar zum Stellvertreter zu ernennen, um die Kontakte jedes ihrer Kinder zu Ihnen in die Wege zu leiten?

Dazu würden Sie ihm die Vollmacht geben die Vergehen seiner Brüder und Schwestern zu vergeben. Außerdem müßte er nur ein paar Worte über eine Oblate sprechen und Sie wären persönlich vor ihm in dieser Hostie.

Bitte Geduld, woher diese letzte Irrlehre kommt, darauf kommen wir noch zurück.

Hier wirkt eine solche Einrichtung geradezu lächerlich, denn jedes ihrer Kinder kann sich unmittelbar an Sie wenden.

Wieso soll es bei unserem Vater, der vollkommen ist, so kleinkariert zugehen? Wir finden dazu die Bestätigung bei Matthäus 5,6.

„Wenn aber du betest, so gehe in dein Kämmerlein und schließe die Türe zu und bete zu deinem Vater im Verborgenem; und dein Vater, der das Verborgene sieht, wird's dir vergelten öffentlich."

Bei Matthäus 7,7 ist des weiteren angegeben:

„Bittet, so wird euch gegeben; suchet, so werdet ihr finden, klopfet an, so wird euch aufgetan.....
Welcher ist unter euch Menschen, so ihn sein Sohn bittet ums Brot, der ihm einen Stein biete?
Oder, so er ihn bittet um einen Fisch, der ihm eine Schlange biete?
So denn ihr, die ihr doch arg seid, könnt dennoch euren Kindern gute Gaben geben, **wie viel mehr wird euer Vater im Himmel Gutes geben denen, die ihn bitten.**
(Jetzt kommt allerdings eine kleine Bedingung, daß dies auch gewährleistet wird!)
Alles nun, was ihr wollt, daß euch die Leute tun sollen, das tut ihnen auch. Das ist das Gesetz."

Hier steht klar und deutlich was wir zu tun hätten, um das zu bekommen, was wir wirklich benötigen. Wir brauchen dazu nicht einmal die Heiligen. Das ist ebenfalls eine Erhöhung. Wir müßten nur die Gebote halten, um uns zu unserer ureigensten Vollkommenheit hin zu entwickeln. Alles andere kommt dann von selbst.

Wir verwechseln heutzutage nur allzuschnell materiellen Reichtum mit dem wahren Reichtum der geistigen Entwicklung und dem daraus sich entwickelnden inneren Glück und Zufriedenheit.

Sehen wir uns doch um, je mehr die Menschen haben, um so unzufriedener und aggressiver werden sie. Das kann doch unmöglich der richtige Weg sein. (Vergl. ... *du kannst nicht Gott dienen und dem Mammon* Matthäus 6,24)

Der VATER selbst ist die Instanz, welche gibt, vorausgesetzt, wir halten seine Gebote. Wenn wir schon seine Ebenbilder, seine Kinder sind, so wird er uns bei den richtigen Wünschen und bei unserem

Gehorsam auch unsere Wege ebnen, oder würden Sie es bei Ihren Kindern anders handhaben?

Da wir seine Ebenbilder sein sollen, so kann es doch unmöglich angehen, daß einige davon Macht über uns haben und Sünden vergeben, Christus in der Wandlung auf den Altar in eine Hostie zwingen oder uns gar per Exkommunikation vor das „Haus Gottes" sperren können.

Allein das Wort Jesu, *„...denn wo zwei oder drei versammelt sind in meinem Namen, da bin ich mitten unter ihnen"* (Matthäus 18,20) spricht gegen die Macht der Ausübung der Transsubstantiation während der Wandlung.

Er ist ja laut eigener Angabe mitten unter den Gläubigen, was soll er da noch auf dem Altar in der Hostie?

Das konnte der Klerus einer ungebildeten, mittelalterlichen Gemeinde vermitteln, welche nicht lesen und deshalb auch keine Ahnung von den Evangelien haben konnte.

Gilt das hingegen heute noch für uns? Wir können lesen und somit wären wir fähig, ganz andere Denkprozesse in Gang zu setzen.

Können wir uns wirklich nur hinter unserer Glaubensfestigkeit an den Klerus verschanzen, oder sind wir als Ebenbilder Gottes nicht gefordert, uns unsere eigenen Gedanken über die Worte Jesu zu machen?

Wir tun uns heute, mit unseren Betrachtungen über das Gesetz von der Erhaltung der Energie, etwas leichter, um das alles zu verstehen.

Ein weiterer Punkt kommt hinzu: Als Ebenbilder oder Kinder Gottes kommen wir in eine Abhängigkeit von Mitmenschen, welche Macht über uns haben. Sie können nämlich entscheiden, ob sie unsere Sünden vergeben wollen, ob sie uns kommunizieren lassen, oder ob es ihnen beliebt uns gar zu exkommunizieren, da wir nicht bereit sind ihren Anweisungen zu folgen.

Das widerspricht eindeutig der Aussage Jesu, welche lautet:

"...ihr aber seid alle Brüder...... der Größte unter euch soll euer Diener sein.....wer sich selbst erhöht, der wird erniedrigt..."

Wo sollen wir beten? Jesus sagt, in unserem Kämmerlein sollen wir Zwiesprache mit unserem Vater nehmen. Also Zuhause und das heißt, dazu wäre kein prachtvoller Kirchenbau nötig, schließlich weiß unser Vater ja in die Abgeschiedenheit unserer Kammer zu sehen. Er ist schließlich allwissend!

Nun wird mir der ein oder andere vielleicht entgegnen, Jesus hat mit den Worten *„Du bist Petrus und auf diesen Felsen werde ich meine Kirche bauen* (Matthäus 16,18)" die Institution Kirche eingesetzt.

Wie kann er das? Damit würde er sich widersprechen. In älteren und neueren Übersetzungen findet sich auch nicht das Wort Kirche, sondern das Wort Gemeinde.

Es ist ein großer Unterschied, ob ich das griechische Wort Ecclesia mit Kirche und damit deren Hierarchie und dem sich daraus ergebenden Führungs- und Machtanspruch übersetze oder dafür das Wort Gemeinde verwende, somit eine ranglose Vereinigung Gleichgestellter darunter verstehe.

Räumen wir gleich mit einem weiteren Mißverständnis auf. Bei Johannes 20,23 steht:

„Welchen ihr die Sünden erlasset, denen sind sie erlassen; und welchen ihr sie behaltet, denen sind sie behalten."

Daraus wurde eine Vergebung der Sünden durch die Priesterschaft. Das kann aber nicht sein, sonst würde sich Christus erneut widersprechen.

Mal ganz abgesehen davon, daß die Vergebung von Sünden durch Einzelpersonen eine Erhöhung derselben darstellen würde.

Denken Sie wieder an das Beispiel mit den 14 Kindern und dem privilegierten Kind, welches an Ihrer Stelle den anderen die Verfehlungen vergeben könnte. Es steht im Widerspruch zu Matthäus 6,14, unmittelbar nach unserem gewohnten *Amen* des VATER UNSER's. Hier ist zu lesen:

„Denn so ihr den Menschen ihre Fehler vergebt, so wird euch euer himmlischer Vater auch vergeben. Wo ihr aber den Menschen ihre Fehler nicht vergebet, so wird euch euer himmlischer Vater eure Fehler auch nicht vergeben."

Es ist praktisch eine Zusatzerklärung zum *„wie auch wir vergeben unseren Schuldigern"* des VATER UNSER's, warum wir vergeben sollen.

Wer hat nun recht? Jesus oder die Priester, welche angeblich stellvertretend unsere Sünden vergeben können?

Fest steht laut Jesus, wenn ich denen, welche mir Unrecht angetan habe vergebe, vergibt mir unser VATER meine Verfehlungen. Tue ich das nicht, so bleiben auch meine Vergehen bestehen. Wozu brauche ich dann die Beichte und einen Priester?

Ein Punkt wird bei dieser Irrlehre vollkommen übersehen. Könnte ein Priester Sünden vergeben, so heißt das, GOTT selbst wird vom Kern der Sache überflüssig. Der Priester selbst hätte diese göttliche Macht und das hat er, wie bei Matthäus 6,14 und Markus 11,26 aufgeführt, eben nicht, denn er ist lediglich unser Bruder vor Gott.

Er kann sie gar nicht haben, denn sonst würde sich Jesus widersprechen (Matthäus 23, 8 und 12).

Er darf sie auch gar nicht haben, denn sonst könnte jeder Sünder, je nach Lust und Laune Gottes Gesetze brechen. Er müßte sich nur am Wochenende von Beichte zu Beichte „hangeln" ohne größere Konsequenzen befürchten zu müssen. Um nicht aufzufallen, müßte er nur darauf achten, daß er verschiedene Beichtstühle in Anspruch nimmt. Hat er einigermaßen Glück, so kommt er am Ende seines Lebens mit der letzten Ölung direkt auf einen guten Platz im Himmel - ohne daß ihn GOTT für ein Lotterleben noch zur Rechenschaft ziehen könnte.

Im Grunde ist das Betrug an der Lehre und an seinen Brüdern.

Machen wir dies an einem Beispiel deutlich:

Nehmen wir an, sie verlieren durch ein Betrugsmanöver viel Geld. Der Betrüger geht zu einem Dritten, welcher im Grunde mit der Sache nichts zu tun hat. Diesem offenbart er seine Schuld und jener spricht ihn nach ein paar Ermahnungen und der Auflage von ein paar Gebeten frei.

Die Sache wird bekannt, aber der Richter zuckt die Achseln, da der Betrüger bereits von einem selbsternannten Freisprecher reingewaschen wurde.

Was würden Sie dazu sagen, wenn in etwa solch ein Verfahren möglich wäre?

Bekanntlich glauben viele Katholiken, daß sie nach Beichte und Kommunion wieder im vollkommen weißen Kleid aus der Messe gehen.

Wir finden diesen Denkansatz sogar bei Shakespeare. Der Vater Hamlets (Geist) sagt in der fünften Szene:

„Ich bin deines Vaters Geist: Verdammt auf eine Zeitlang nachts zu wandern und tags gebannt, zu fasten in der Glut, bis die Verbrechen meiner Zeitlichkeit hinweggeläutert sind...."

Ein paar Zeilen später kann man lesen:

„In meiner Sünden Blüte hingerafft. Ohne Nachtmahl, ungebeichtet, ohne Ölung; Die Rechnung nicht geschlossen, ins Gericht mit aller Schuld auf meinem Haupt gesandt. Oh schaudervoll! Oh schaudervoll! Höchst schaudervoll!"

Hier ist dieser Trugschluß, daß Schuld durch Beichte und Ölung getilgt werden kann geradezu klassisch dokumentiert.

Dies ist laut den Evangelien mit Sicherheit ein gefährliche Irrtum in Bezug eines glatten Weges zu GOTT und somit Betrug am unbelesenen oder nicht nachdenkenden Gläubigen.

Die Parallelen zum Gesetz von der Erhaltung der Energie sind verblüffend.

Vergebe ich, wird vermutlich die negative Energie vom Vater umgewandelt. Vergebe ich nicht, so werde ich mit meiner ausgesandten negativen Energie irgendwann wieder konfrontiert.

Das konnte Jesus einfachen Menschen damals nicht vermitteln, aber wir haben heute ein ganz anderes Fundament. Wir brauchen nur physikalisch zu denken, nicht mehr nur zu glauben, wie die damaligen Menschen.

Da die Jünger und die Gemeinde alle Brüder waren und sind, so können wir davon ausgehen, daß dieser Satz, .. *welchen ihr die Sünden erlasset...* so zu verstehen ist, daß allen denen wir vergeben, die Vergehen erlassen sind und wie oben vermutet, negative Energie wird vom Vater umgewandelt oder aufgefangen wird. Behalten wir ihnen ihre Schuld, so ist sie ihnen behalten, - aber auch unsere.

Ersteres wäre der Weg, um das Umfeld langsam aber sicher positiv auszurichten.

Letzteres heißt: die negative Energie bleibt erhalten und ich werde mit dieser Aussaat wieder konfrontiert. Das ist absolute Gerechtigkeit!

Noch einmal, weil es uns so ungewohnt ist: Wenn wir unseren Schuldnern vergeben so sind ihnen ihre Sünden erlassen, wenn nicht dann nicht, - aber meine auch nicht.

Kommen wir zum nächsten Punkt von vermeintlichen Sondervollmachten des Priesters.

Der Priester kann angeblich in der Wandlung Wein und Brot wahrhaftig zu Jesu Leib und Blut verwandeln.

Damit hätten wir wieder eine Erhöhung über die gleichgestellten Brüder und Schwestern.

Karlheinz Deschner schreibt in seinem Buch *„Abermals krähte der Hahn"* (Seite 278), daß die Lehre von dieser Transsubstantiation in den ersten christlichen Jahrhunderten völlig unbekannt war. Diese Vorstellung soll in der Eucharistie der valentianischen Markosiern, einer gnostischen Sekte aufgekommen sein und wurde anfangs auch durch den heiligen Irenäus „verdammt". Erst auf dem 4. Lateranskonzil vom Jahre 1215 unter Papst Innozenz, wurde diese Lehre zum Dogma erhoben. Warum?

Mit welchem Satz hat Jesus irgend jemand ermächtigt, Dogmen aufzustellen?

Wo steht, daß jemand exkommuniziert, also aus der Gemeinschaft ausgestoßen werden kann, wenn er nicht an diese Dogmen glaubt?

Unter Matthäus 10 ist nachzulesen, mit welcher Macht Jesus seine Jünger wirklich ausgestattet hat.

Hier steht:

„Und er rief seine zwölf Jünger um sich und gab ihnen Macht über die unsauberen Geister, daß sie die austrieben und **heilten allerlei Seuche und allerlei Krankheit.....** *"*

ein paar Zeilen weiter steht:

„...macht die Kranken gesund, reinigt die Aussätzigen (= Lepra), weckt die Toten auf, treibt die Teufel aus.

Umsonst habt ihr's empfangen, umsonst gebt es auch.

Ihr sollt nicht Gold, noch Silber, noch Erz in euren Gürteln haben, auch keine Tasche zur Wegfahrt, auch nicht zwei Röcke, keine Schuhe, auch keinen Stecken..... "

Was hingegen finden wir im Gegensatz zu diesem Gebot Jesu? Schatzkammern, prunkvolle Gewänder bei kirchlichen Festen, Hirtenstab und wahrlich als Krönung des Ganzen, die Tiara, die dreifache Krone des „Heiligen Vaters". Das Symbol von Macht. *(vergl. "Wer sich erhöht.... und ...der größte unter euch soll euer Diener sein.")*

In dem Buch „Im Namen Gottes" von D. Yallop kann man nachlesen, welche Finanzpraktiken heute noch vom Klerus betrieben werden. Eine Offenbarung für jeden ehrlichen katholischen Christen. (Die Spekulation um einen eventuellen Mord an Johannes Paul I. lassen wir beiseite.)

Hinzu kommt die Logenzugehörigkeit von oberen Mitgliedern des Klerus.

Weshalb benötigt z.B. ein Papst eine Garde oder ein „Papamobil".

Wenn er der wirkliche Statthalter (Vergl. *...Denn es werden viele kommen unter meinem Namen und sagen: „Ich bin Christus" und werden viele verführen.)* unseres VATERS oder der Nachfolger des Apostel Petrus ist, so steht er doch unter dem vollen Schutz des HERRN und niemand soll sagen, daß dieser Schutz ungenügend ist. Wenn unser VATER nicht will, daß seinem Statthalter etwas zustößt, so wird auch nichts geschehen, wenn doch, so ist es der Wille des HERRN.

Jesus sagte in Gethsemane kurz vor seiner Kreuzigung:

„Mein Vater ist's möglich, so gehe dieser Kelch an mit vorüber; doch nicht wie ich will, sondern wie du willst." (Matthäus 26,39)

Wieso beten wir *Dein Wille geschehe*, nur der Papst, der Statthalter Christi will sich nicht dem Willen des HERRN unterwerfen, da das möglicherweise seinen Vorstellungen nicht entspricht.

Wovor hat er Angst, ihm steht doch ein Ehrenplatz „im Himmel" zu? Was hält ihn dann auf Erden, sterben muß bekanntlich jeder?

Spielen die in Rom lediglich ein wenig Christentum, oder was halten sie von den Worten Jesu? Was läuft dort wirklich ab?

Wieso ist die katholische Kirche so auf Paulus fixiert und nicht auf Jesus? Immerhin ein Apostel, welcher Jesus gar nicht gekannt hat. Lediglich eine Vision ist seine Legitimation. Das können wir glauben, aber inwieweit brachte Paulus seine eigenen Vorstellungen in die Lehrmeinung der Kirche ein? War hier wirklich allein der Heilige Geist am Werk? Wer kann das genau wissen?

Müßten wir uns nicht kritisch fragen, ob nicht bereits hier der Beginn zu einer Verwässerung der ursprünglichen Lehre liegt, von den Fälschungen ganz zu schweigen?

Jesus ging bekanntlich in einfacher Landestracht und er konnte Wunder bewirken. Seine angeblichen Statthalter setzen sich über seine Vorgaben hinweg und sind nicht einmal fähig, einfache Krankheiten zu heilen. Von der Heilung der Seuchen und der Erweckung, Toter, wollen wir gar nicht reden.

Also stimmt hier etwas nicht, entweder ist selbst Jesu mit seinen Wundern eine Fabel, dann könnten wir das ganze Christentum vergessen, oder es hat sich etwas ereignet, was verhindert, daß die angeblichen Nachfolger diese Wunder (= Legitimation der göttlichen Kraft) bewirken können.

Für mich persönlich haben sie sich selbst erhöht und wurden deshalb erniedrigt.

Daraus ergibt sich: Wir sind ihnen keine Gefolgschaft schuldig!

So mancher Christ wird sich jetzt fragen, ob wir dazu das Recht haben: Sehen wir nach bei Matthäus 18,15. Hier steht:

„Sündigt ein Bruder an dir, so gehe hin und weise ihn zwischen dir und ihm allein zurecht.

Hört er dich, so hast du einen Bruder gewonnen. Hört er dich nicht, so nimm noch einen oder zwei (aus der Gemeinde) *zu dir, auf daß aller Sache bestehe auf zweier oder dreier Zeugen Mund.*

Hört er die nicht, so sage es der Gemeinde. Hört er die Gemeinde nicht, so halte ihn als einen Heiden oder Zöllner."

Hier wird völlig eindeutig niedergelegt, daß die Gemeinde und die Lehre Jesu das Kriterium sind und kein Papst, Bischof, Theologe oder sonst wer, der sich selbst erhöht hat.

Wie sollte es auch anders sein im Zeichen von „...*ihr aber seid alle Brüder.*"

Was bleibt dann noch von der derzeitigen Praxis des Christentums übrig?

Ganz einfach, **WIR** sind gefordert, **WIR** müssen es zum Leben erwecken, indem wir Christentum **leben**! Das wäre ein lebendiger Gottesdienst!

Hören wir doch einmal auf die Stimme unseres Herzens. Gottesdienst kann doch nicht heißen, daß wir sonntags in eine Kirche gehen, dort ein paarmal niederknien, oft oberflächlich ein paar Gebete und Bitten oder gar einen Rosenkranz „herunterleiern". Dazu singen wir ein paar fromme Lieder, um dann wieder zu unserem gewohnt fehlerhaften Alltagsleben zurückzukehren. Manche womöglich noch mit der Vorstellung, am Wochenende mit einer Beichte wieder alles auszugleichen.

Übertragen wir das in unseren Alltag.

Wir haben eine kinderreiche Familie, darunter so einen „Wonneproppen, welcher seine Schwestern und Brüder mit allen erdenklichen menschlichen Verfehlungen behelligt und selbst deren Verfehlungen nicht vergibt.

Dieses Kind geht aber jedes Wochenende zu einem seiner „Brüder" (= Prister) beichten und kommunizieren und sonntags absolviert er in einem speziellen, prächtig geschmückten Raum ganz bestimmte Riten.

Damit glaubt er, sich das Wohlwollen der Eltern zu erringen. Was würden wir zu solchem Verhalten sagen?

Bei GOTT unserem vollkommenen Vater soll solch eine Praxis von Gottesdienst Früchte tragen?

Müssen wir uns nicht solche Fragen stellen, denn bekanntlich sagte Jesus, daß wir unser Kreuz auf uns nehmen sollen, da wir sonst seiner nicht wert seien?

Was könnte er mit unserem Kreuz gemeint haben? Fragen Sie selbst den Vater und er gibt Ihnen die Antwort. Vergessen Sie dabei nicht das Gesetz der Resonanz.

Jesus sagte dazu:

„Was siehst du aber den Splitter in deines Bruders Auge, und wirst nicht gewahr des Balkens in deinem Auge? Oder wie darfst du sagen zu deinem Bruder: Halt, ich will dir den Splitter aus deinem Auge ziehen, - und siehe, ein Balken ist in deinem Auge?

Du Heuchler, zieh am ersten den Balken aus Deinem Auge; danach siehe zu, wie du den Splitter aus deines Bruders Auge ziehest."

(Matthäus 7,3)

Wir müssen uns zwangsläufig selbst um den Weg zu Gott bemühen, was für den kritischen Leser des Neuen Testaments offensichtlich der ursprüngliche Plan war.

Genau so wenig wie jemand für uns schlafen kann, genau so wenig kann jemand für uns diesen Weg gehen bzw. die negativen Energien, welche wir säten, aus dem Weg räumen.

Nur wir sind für unser Leben verantwortlich und sonst niemand!
Das ist auch die einzig akzeptierbare Gerechtigkeit !
Sehen wir noch nach bei Matthäus 20,25. Hier steht:

„Ihr wisset, daß die weltlichen Fürsten herrschen und die Oberherrn haben Gewalt. **So soll es nicht sein unter euch. Sondern so will jemand unter euch gewaltig sein, der sei euer Diener; und wer da will der Vornehmste sein, der sei euer Knecht."**

(Vergl. auch Markus 10,35-45)

Was hingegen strebten die Nachfolger Petri immer an? Die weltliche Macht!

Das ging soweit, daß Papst Gregor VII., Kaiser Heinrich zum Gang nach Canossa zwang. Von der Inquisition und den Folgen dieser Art von Machtausübung einmal ganz abgesehen.

Ist das der Grund, daß die Kraft der Heilung von Kranken usw. verlorenging?

Zumindest der „Heilige Vater", der von sich aus angibt, daß er Stellvertreter Gottes auf Erden sei, müßte doch wenigstens diese Kraft haben. Wir können doch wohl erwarten, daß er als angeblicher Nachfolger des Apostel Petrus über dieses Erbe verfügt.

Wenn nicht, kann er logischerweise nicht der rechtmäßige Nachfolger sein und der ganze sich selbsterhöhte Klerus, welcher ihm Gefolgschaft leistet, ebenfalls nicht.

Hat sich diese Machtinstitution Kirche je an die Vorgaben von, „kein Gold, Silber und Erz im Gürtel, keine zwei Röcke" und des Dienens gehalten?

Jesus verlangte, wie hier klar und deutlich steht, ein einfaches demütiges Dienen von den Vertretern seiner Lehre. Er verlangte Vorbilder, keine Eminenzen, denn sein Reich ist bekanntlich nicht von dieser Welt.

Wer einmal in St. Peter in Rom stand, dem könnte durchaus bewußt werden, daß dieses Bauwerk eine Provokation zu dem oben erwähnten Demutsgebot in Matthäus 10 darstellt.

Das höchste und größte Gebot für einen Christen, welches uns Jesus nannte, finden wir bei Matthäus 22,37. Es lautet wie folgt:

„Du sollst lieben Gott deinen Herrn, von ganzem Herzen, von ganzer Seele und von ganzem Gemüte."
Dies ist das vornehmste und größte Gebot. Das andere aber ist ihm gleich:
„Du sollst deinen Nächsten lieben wie dich selbst".

In diesen zwei Geboten hanget das ganze Gesetz und die Propheten.
oder
"Alles nun, was ihr wollt, daß euch die Leute tun sollen, das tut ihr ihnen auch. Das ist das Gesetz und die Propheten."
(Matthäus 7,12)
Immanuel Kant sagte mit seinem kategorischen Imperativ praktisch das Gleiche:
„Handle so, daß der Beweggrund deines Willens jederzeit zugleich als Grundsatz einer allgemeinen Gesetzgebung gelten könnte!"
Der Volksmund drückt es noch einfacher aus:
„Was du nicht willst, das man dir tu, das füg' auch keinem andern zu."
Würden wir so handeln, so lebten wir in Gottes Gesetz, könnten unsere gesamten Gesetzbücher einstampfen, alle Gerichtsgebäude schließen und wir hätten bereits den Himmel auf Erden.

Die meisten werden sich jetzt denken, das ist eine Illusion, denn „**die andern**" sind so negativ? **Die** müßten sich zuerst ändern.

An dieser Stelle fällt mir eine alte Volksweisheit ein. Sie lautet:
„Tue zuerst das Notwendige, dann das Mögliche. Das Unmögliche erledigt sich dann von selbst ein."

Wir sehen immer wieder die gleiche Bedingung, welche vor einer besseren Welt steht. Um die Welt zu verändern, muß zuerst einmal **ich** mich ändern. Ich muß bei mir anfangen, erst dann ändert sich zwangsläufig mein Umfeld und damit ein Stück „der Welt".

Das ist unser Kreuz, das wir auf uns nehmen müssen, sonst sind wir nicht wert, eine bessere Welt und einen besseren „Platz im Himmel" zu erwerben.

Ich muß den anderen erst einmal verzeihen. **Ich** muß andere so behandeln, wie ich von Ihnen behandelt werden will.

Das ist Physik, es ist das Spiel mit der Qualität der Energie. Positiv- oder negativ.

Es ist zusätzlich die Energie meiner Gedanken. Wenn ich glaube, daß die anderen „böse" sind, wie sollen sich diese „Wahrscheinlichkeitswellen" anders entwickeln? Wenn ich zusätzlich, mit (steigender) negativer Energie, negativ in meinem Umfeld handle, wie soll dann daraus etwas Positives entstehen?

Nur wir Menschen haben es in der Hand, den Himmel auf Erden zu verwirklichen und wir haben bei diesem Bemühen die Allmacht Gottes hinter uns - und was tun wir? Wir glauben, „die anderen" sind schuld und wir erwarten, usw. usw.

Wenn wir uns da nicht täuschen und zwar aus folgendem Grund:

Wiederholen wir es: Kaum ein Christ weiß, daß in den ersten Jahrhunderten die Wiedergeburt, als Allgemeingut in der christlichen Lehre, enthalten war. Erst auf der Synode von Konstantinopel wurde diese Lehre, auf Druck des Kaisers Justinian, im Jahr 553 gestrichen. **Warum!?**

In den Schriften der ersten Kirchenväter ist laufend von der Wiedergeburt die Rede. Beispiele:

Justinus der Märtyrer, gestorben 165: Dialog mit Tryphon, Kapitel 17.

Clemens von Alexandrien 150-215: Stromateis 4, 160 §3
Gregor von Nyssa 334-394 :   Oratio Katechetica 10 §9
Philo von Alexandrein – 50 :   1. Buch der Träume
Origines 185-254:   Vier Bücher von Prinzipien III 6,3 bzw. die Übersetzungen nach Hieronymus

Bibelstellen aus dem Alten und Neuen Testament ergeben mit der Lehre der Wiedergeburt erst ihren Sinn. Beispiele:

Psalm 90,3 *„Der du die Menschen lässest sterben und sprichst: Kommt wieder, Menschenkinder."*

Jesaia 26,19 *„Aber deine Toten werden leben, meine Leichname werden auferstehen."*

Matthäus 11,13-15 *„Denn alle Propheten und das Gesetz haben geweissagt bis auf Johannes. Und wenn ihr's annehmen wollt: Er ist Elia, der da soll zukünftig sein. Wer Ohren hat zu hören, der höre."*
Matthäus 16,13-16 *„Da kam Jesus in die Gegend der Stadt Cäsarea Philippi und fragte seine Jünger und sprach:*
Wer sagen die Leute, daß des Menschensohn sei? Sie sprachen:
Etliche sagen, du seist Johannes der Täufer; die anderen, du seist Elia; etliche, du seist Jeremia oder der Propheten einer."
Johannes 1,19-21 *„Wer bist du? Und er bekannte und leugnete nicht; und er bekannte: Ich bin nicht Christus. Und sie fragten ihn: Was denn? Bist du Elia? Er sprach: Ich bin's nicht?*
Bist du der Prophet? Und er antwortete: Nein!"
Johannes 3,3-7 *„Laß Dich's nicht wundern, daß ich dir gesagt habe: Ihr müsset von neuem geboren werden."*
Lukas 9,7-8 *„Es kam aber vor Herodes, den Vierfürsten, alles, was durch ihn (Jesus) geschah; und er ward betreten; dieweil von etlichen gesagt ward: Johannes ist von den Toten*
von etlichen aber: Elia ist erschienen; von etlichen aber: Es ist der alten Propheten einer auferstanden."

Wie sollten sich auch Jesu Worte, *„was du säst wirst du ernten"* anders realisieren?

Da lebt einer in Saus und Braus, übervorteilt seine Mitmenschen, womöglich mißbraucht er seine Macht und läßt Menschen aus politischer Motivation oder religiösem Wahn hinrichten.

Dann fühlt er sein letztes Stündlein schlagen, ruft einen Priester, beichtet, wird von seinen Sünden losgesprochen, erhält die „Letzte Ölung" und fährt schnurstracks ins Himmelreich.

So soll göttliche Gerechtigkeit aussehen? Erinnern wir uns hingegen der Worte Jesu', daß seines Vaters Haus viele Wohnungen hat, so könnte dieser Mensch durchaus vorübergehend im Keller ankommen, „geparkt werden", um dann in einem neuen Leben für seine Taten einzustehen.

Aus einer höheren Dimension heraus gesehen, vermutlich kaum ein Problem, denn was soll der Himmel anders sein, als eine höhere unsichtbare Welt.

Damit wären wir gleich bei der Frage, wieso gibt unser Vater, Sinnbild der Vollkommenheit, Gerechtigkeit und Liebe, wieso gibt er dem einen einen gesunden Körper, dem anderen bleibt nur ein Leben als Krüppel oder eine geistig behinderte Existenz?

Einesteils sind wir seine Ebenbilder, können unser materielles Umfeld gestalten und andererseits gibt es Menschen, welche Behinderungen in ihr Leben einbringen. Sollen diese in ihrer Unvollkommenheit auch das Ebenbild unseres Schöpfers sein?

Mit der Wiedergeburt wird im Grunde alles erklärbar und selbst das größte Leid bekommt seinen Sinn.

Eine Religion, welche darauf besteht, daß jede Seele nur ein Leben hat, wird mit den Erkenntnissen der Elementarphysik, mit der Zeit als vierten Dimension, sowieso absurd.

Es gäbe noch vieles zu der Lehre Jesu und zur derzeitigen Praxis des Klerus zu sagen. Jeder kann das neue Testament selbst lesen und den Vater um Erkenntnis bitten. Er wird sie erhalten. Wäre es anders, so hätte Jesus die Unwahrheit gesprochen und wir könnten seine Lehre vergessen.

Jeder muß sich nach seiner jeweiligen Erkenntnis fragen, will er weiterhin Energie/Geld in eine Institution fließen lassen, welche die Lehre nur noch in Ansätzen vertritt und sich selbst nicht daran hält.

Wie heißt es bei Jesus?

„An ihren Früchten sollt ihr sie erkennen." (Matthäus 7,16)

„Und wer nicht sein Kreuz nimmt und folgt mir nach, der ist mein nicht wert." (Matthäus 10, 38)

„Wer nun mich bekennet vor den Menschen, den will ich bekennen vor meinem himmlischen Vater.
Wer mich aber verleugnet vor den Menschen, den will ich auch verleugnen vor meinem himmlischen Vater." (Matthäus 10,32)

Bekanntlich hält er von lauen Christen nicht allzuviel. Er will auch keine Moralapostel, keine Richter über die Fehler anderer.

Er will Menschen, welche das (unbequeme) Kreuz auf sich nehmen, denn sein Reich ist nicht von dieser Welt. Unsere eigentliche Heimat ist eine unsichtbare höhere Dimension, aus welcher wir kommen und zu der wir nach „ein paar Jahren" wieder zurückkehren.

Wir sehen, Christentum wie es uns Jesus gelehrt hat, verlangt von uns drastisch umzudenken. Die Masse der Anhänger eines Glaubens, hat noch nie mit der Qualität der jeweiligen Lehre Bezug gehabt.

Wahres Christentum muß gelebt werden. Ein Streit um christliche Symbole, wie wir es derzeit in Bayern, wegen des Kruzifix' in Schulen erleben, dient offensichtlich nur dazu, Zwietracht zu säen, mehr nicht.

Also lesen Sie in Ruhe das Neue Testament und Sie werden auf eine ganze Reihe weiterer Gebotsverletzungen durch den sich selbst erhöhten, herrschenden Klerus stoßen.

Unser VATER sorgte trotz aller „Verbesserungen" dafür, daß noch genügend Licht in der Botschaft Jesu verblieb, um uns den direkten Weg zu zeigen.

Also bitten wir den VATER um Erkenntnis und er wird sie uns, wie versprochen, geben.

Jesus sagte:

„Denn wo zwei oder drei versammelt sind in meinem Namen, da bin ich mitten unter Ihnen." (Matthäus 18,20)

Das ist ein Versprechen, also fragen Sie ihn jetzt, denn es spielt keine Rolle, ob wir im persönlichen Gespräch oder im Geiste seiner Worte „zusammen" sind, wie Sie seine Worte zu verstehen haben, er wird Ihnen die Erkenntnis geben.

Legen Sie vor allem die Angst vor einem übermächtigen, rächenden GOTT ab. Unser VATER ist DIE LIEBE.

Nur wir in unserem Unverstand mißbrauchen unsere Möglichkeiten und machen ihn dann für die Folgen verantwortlich nach dem Motto: Wie kann Gott so etwas zulassen?

Er kann, denn wir sterben nicht. Wir haben nur einen Körper auf Zeit und die Möglichkeit über viele, viele Leben unsere Hausaufgaben zu machen. Irgendwann lernt, über die Anzahl der Wiedergeburten, jeder Mensch, wie und warum er sich die Finger verbrennt. Jeder wird einmal als verlorener Sohn ins Haus unseres VATERS kommen, denn wir sind alle Brüder und Schwestern, auch wenn dies manchmal nicht so aussieht.

Diese Welt scheint ein Lernplanet zu sein. Der Tod sind die Ferien und wer genug Erfahrung mit den materiellen Gesetzen hat, bleibt dann in der oder den höheren Dimension(en), um sich dort dann weiter zu seiner wahren Gotteskindschaft auszubilden.

VIII. Nachwort zu Kapitel I

Wir sehen, es gibt nur eine Handvoll Regeln, welche wir beachten sollten, wollen wir in Zukunft ein Leben mit mehr Harmonie.

Es gibt keine Schuldigen an unseren derzeitigen Lebensumständen. Es gibt keinen Gott des Zufalls.

Dieser ist der Popanz der Ignoranz und damit werden unsere Kräfte in die falsche Richtung gelenkt.

Wer gegen sein Umfeld und den Zufall kämpft, wird stets das ernten was er sät, meist mit steigender Aggression.

Natürlich ist es schwierig, die Verantwortung für seine vergangenen und derzeitigen Lebensumstände zu übernehmen. Aber lohnt es sich nicht, bei solchen Aussichten einen Neuanfang zu starten?

Handeln Sie ab sofort so, wie Sie von anderen behandelt werden möchten. Natürlich gehört Mut dazu. – Sind Sie gut<u>mütig.</u>

Zunächst müssen alte negative Energien abgebaut werden, das kann eine Weile dauern. Es erfordert Mut, um diese Ausdauer aufzubringen, - deshalb heißt es lang<u>mütig</u>.

Wollen wir wirklich in immer größere Abhängigkeiten geraten? Wollen wir wirklich nur noch zu einem Heer von abhängigen Angestellten und Arbeitern verkommen oder haben wir wieder Mut, frei zu werden und die dafür nötige Verantwortung für unser Leben zu übernehmen? Wollen wir wieder frei<u>mütig</u> im Leben stehen?

Wollen wir <u>gleichberechtigt</u> in einer allgemeinen harmonischen Gemeinschaft leben, so müssen wir logischerweise unser EGO an die Kandare nehmen. Auch das erfordert Mut, deshalb heißt es ja auch de<u>mütig.</u>

Niemand muß bei aller angebrachten Skepsis mit einer vollen Kehrtwendung beginnen. Jeder kann dies Schritt für Schritt in seinem Umfeld umsetzen. Der Rest kommt dann mit den Erfolgen ganz automatisch.

Wie heißt es so schön? Es ist nicht nötig, daß man sein Ideal erreicht, viel wichtiger ist, daß man auf der Suche dorthin die Wahrheit erkennt.

Erkennen wir die Wahrheit, so ist noch lange nicht sicher, ob wir bei unserer ursprünglichen Idealvorstellung bleiben!

Also machen wir uns die „Erde" untertan. Die Erde steht hier für das eine der vier „alten" Elemente Wasser, Feuer, Luft und Erde.

Wer allein von seinen irdischen/materiellen Vorstellungen beherrscht wird, wird kaum die Beherrschung der restlichen Elemente zuwege bringen, und damit verliert er die Harmonie des Ganzen.

Also überdenken wir unsere Vorstellungen. Versuchen wir nur das zu erreichen, was wir aus tiefster Seele wirklich wollen und nicht all den Firlefanz, welche uns andere einreden.

Lösen wir uns von den Vorgaben anderer. Es ist vollkommen belanglos, ob wir jeweils „In" oder „Out" sind. Wichtig ist, daß WIR zufrieden sind und wie das aussieht, wen hat das zu interessieren?

Sollte der ein oder andere derzeit in einem seelischen Loch sitzen, so gelten noch immer die alten Volksweisheiten:

Die dunkelste Stunde kommt vor der Dämmerung!
Hilf dir selbst, so hilft dir Gott!

Es kommt für jeden nur auf den Versuch an!
Worauf warten wir eigentlich noch?
Die Zukunft beginnt -
　!!Jetzt !!

Kapitel II

Der Mensch bekennt Farbe

I. Einleitung

Wir haben erfahren, daß alles was wir innerhalb unseres Universums sehen, über die Bausteine der Elementarteilchen aus reiner Energie besteht.
Alles was wir sehen sind nur unzählige Energiemuster.
Diese Energiemuster wiederum unterstehen einer kosmischen Ordnung, sie unterstehen einem kosmischen Bewußtsein.
Es gibt in unserem Universum keinen Zufall, genausowenig wie in einem Computer keine zufälligen Aktionen ablaufen.
Farben sind Lichtwellen. Wir Menschen können nur ein ganz bestimmtes Spektrum erfassen, Insekten wiederum ein anderes. Das heißt, das Licht braucht um sichtbar zu werden, einen materiellen Hintergrund oder Spiegel.
Bekanntlich ist der Weltraum schwarz, obwohl er an Lichtenergie geradezu übervoll ist.
Der Spiegel für dieses Licht ist einerseits der Gegenstand, auf den das Licht auftrifft und andererseits unserer Sehorgane mit dem Gehirn als Vermittler des Licht- bzw. Energie-Impulses.
(Da unsere Augen Licht an sich nicht sehen können, ist es uns auch unmöglich die eigentliche Welt, die Welt der reinen Energie zu sehen.
Wir haben, wie durch die Physik erwiesen, in Wirklichkeit einen Lichtkörper, aber wir nehmen ihn nur materiell, d.h. als Reflexion von Lichtwellen wahr. Seine eigentliche Leuchtkraft können wir nicht sehen, da unsere Augen dazu ungeeignet sind. Sie müssen so sein, sonst wären wir blind vor Licht, zumal die Augen selbst aus reiner Energie bestehen.)

Wir können nur die Reflexion der Farben sehen. Wir sehen bekanntlich nur den Wellenbereich, welchen der entsprechende Gegenstand reflektiert.

Das heißt, eine rote Rose reflektiert die Farbe rot und schluckt den anderen Wellenbereich weg. Somit ist die rote Rose in Wirklichkeit grün und alles was wir als grün ansehen ist eigentlich rot.

Wir können nie die Wirklichkeit sehen, unsere Sinne vermitteln uns meist das Gegenteil von dem, was die eigentliche Realität angeht. Das haben wir in Kapitel 1 ausführlich besprochen.

Farben sind ein Teil des Lichtes und damit ebenfalls eine Form von Energie.

Genau wie die Schallwellen uns über Musik einstimmen können, so geschieht das ebenfalls über die Farben.

Wir benötigen die Farben zu unserer seelischen Harmonie. Denken wir dabei auch an die Therapie mit Farben, um kranke Menschen wieder zu harmonisieren.

Wir müßten uns nur vorstellen, alles wäre in Weiß- und verschiedenen Grautönen zu sehen, wie einst in den Anfängen die Fernsehbilder. Wir würden über kurz oder lang trübsinnig.

Dr. John N. Ott, ein führender Lichtforscher der USA hat entdeckt, daß unser Auge zwei grundverschiedene Funktionen hat.

Eine davon ist unser allgemeines Sehen. Die zweite Aufgabe besteht darin, daß das einfallende Licht von einer bestimmten Zellenschicht, der Retina, über elektrische Impulse an das Gehirn weiter geleitet wird.

Das bedeutet z.B., daß wir uns genau überlegen sollten, wie lange wir eine Sonnenbrille tragen.

Somit sollte klar sein, daß es für uns sehr wichtig wäre, mit welchen Farben wir uns umgeben, was wir an Kleidern tragen, welche Farben unsere Wände haben, welche Bilder wir aufhängen usw. (Genau wie bei der Musik).

An Hand der Farben, welche ein Mensch trägt, können wir sehr genau ablesen, in welcher Stimmung er sich befindet, bzw. welche Stimmlage er ganz allgemein bevorzugt. Das ist dem Einzelnen meist gar nicht bewußt.

Solange jedoch der Einzelne dieser Farbe verhaftet bleibt, solange tendiert er zu dieser Stimmung, da diese Farbe in letzter Konsequenz auch Energie abgibt, bzw. wie das Schwarz, Licht abzieht.

Zugegeben, die Energiewellen der Farben sind gering, aber alles was für den Mensch wirklich lebenswichtig ist, läuft bekanntlich mit geringsten Energiemengen ab. Denken wir dabei nur an die Energiemengen mit denen unser Gehirn und die Nerven arbeiten.

Es kommt bekanntlich nie auf die Quantität, nur auf die Qualität an, ein Fakt, welchen wir nur allzu leicht vergessen.

II. Die Farbendreiecke

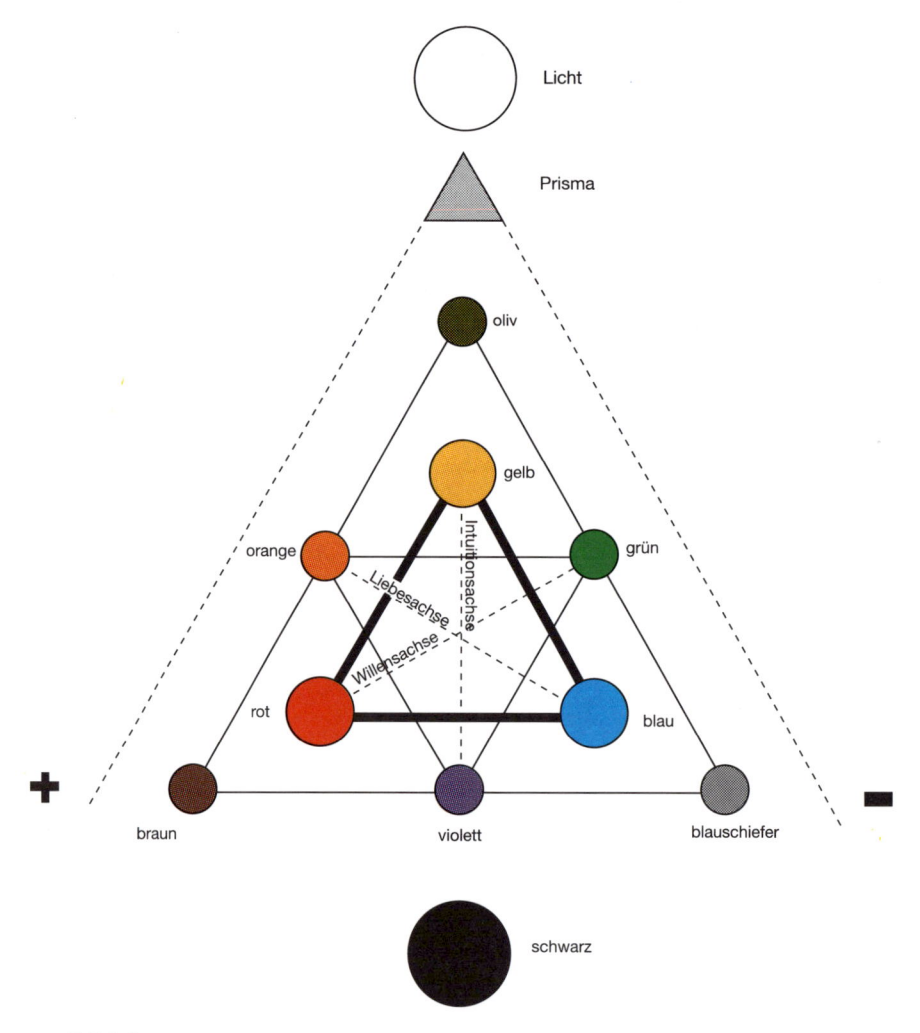

Bild 1

An der Spitze steht das „farblose" Licht, symbolisiert durch den weißen Kreis.

Darunter das dreieckige Prisma, welches Licht in die Regenbogenfarben aufspaltet und somit sichtbar macht. Zum besseren Verständnis bringen wir jetzt die Farben in ein System.

Im Zentrum sehen wir die drei Grundfarben von gelb, rot und blau.

Mischen wir zwei Grundfarben miteinander, so ergibt sich daraus jeweils eine der drei Mischfarben von grün, orange und violett. Ihr Farbgrad hängt vom Mischungsverhältnis der Grundfarben ab.

Diese Mischfarben stehen in jeweiliger Opposition zu einer Grundfarbe, welche nicht in dieser Mischfarbe enthalten ist. Wir sprechen deshalb von Komplementärfarben.

Aus diesem „Mangel" der Mischfarbe entsteht so etwas wie eine Spannung zu der jeweiligen Grundfarbe. Diese drei Spannungsachsen werden Willens-, Liebes- und Intuitionsachse genannt.

Zum Schluß haben wir noch die Tertiärfarben von braun, schiefer und oliv.

Wir erhalten sie durch Mischung der jeweiligen Mischfarben. Ihr Farbe selbst hängt wiederum vom Mischungsverhältnis ab.

Der unterste Punkt ist schwarz. Schwarz ist genau wie Weiß keine Farbe. Schwarz schluckt alle Lichtwellen weg und ist im Grunde „Nichtfarbe", Finsternis.

Kommen wir zunächst zum Weiß.

Weiß

Das Weiß steht für die göttliche Einheit. Dies ist auch in unserer Sprache mit den Wörtern weiß/wissen und Weisheit/weise aufgezeigt. Wahres Wissen und Weisheit kommt wie bei der Physik besprochen, per Intuition aus einer höheren (göttlichen) Dimension. Bekanntlich ist alles was wir er-finden, ent-decken, durch die höhere

Ordnung vorgegeben, d.h. wir können nur er-<u>kennen</u>, was wir im Grunde bereits wissen könnten, also kennen!

Es gibt nie etwas Neues!

Eigentlich logisch bei unserem falschen Verständnis von Zeit. Wir ent-wickeln nur vorgegebene Werte, - positiv und negativ. Einfach zu verstehen.

Im Weiß ist noch alles enthalten und jede (farbliche)Entwicklung möglich. Deshalb symbolisiert Weiß auch die göttliche Einheit.

Das ist ebenfalls sprachlich fixiert. Eingebung (Intuition), die EINS gibt - der Mensch nimmt.

Weiß ist die Farbe des Lichtes.

Parlamentäre greifen zur weißen Flagge, auch derjenige, welcher sich ergibt. Parlamentäre sind neutral und der sich ergibt, gibt alle Aktivität auf und ergibt sich auf Gnade und Verderb in die Hände seine Widersachers, - alles ist möglich.

Die „Farbe" des Schnees ist weiß. Alle Farben werden im Frühling wieder möglich.

Das Weiß der Unschuld steht für den noch nicht ausgeprägten Charakter oder der Auf-gabe der „Unschuld" und der Möglichkeit der Mutterschaft.

Blau

Blau ist die dunkelste der drei Grundfarben. In den dunkleren Tönen vermittelt es uns eine gewisse Erdenschwere. Im preußischblau können wir es fast an das Schwarz bringen.

Blau vermittelt uns ein Gefühl der Ruhe. Blau ist die Farbe der inneren Einkehr und Erdverbundenheit. Blau ist die stofflichste der Grundfarben und erinnert uns an die <u>Materie</u> (lat. <u>mater</u> = Mutter), den Urgrund des Lebens.

Deshalb steht das Blau für das weibliche, aufnehmende Prinzip. Erst wenn die Materie/Erde/Körper Samen aufgenommen hat, kann neues Leben entstehen.

Materie/Körper ist der Stoff, auf dem sich die Ideen über die eingebrachte Energie entwickeln können.

Erst wenn wir etwas aufgenommen haben wie Nahrung, Ideen oder Samen, kann sich Neues entwickeln.

Da unsere Welt bekanntlich gegensätzlich ausgelegt ist, unterliegen auch die Farben dieser Polarität.

Für die „negativen" Eigenschaften des Blaus steht zum Beispiel ein extrem ausgebildeter Materialismus.

Wir vergiften uns buchstäblich mit unserem Wirtschaftssystem. Wir haben offensichtlich den richtigen Bezug zu materiellen Dingen verloren. Wir dienen mit unserer Gier nach möglichst vielen und „wertvollen" materiellen Dingen der Materie, anstelle daß Materie uns zu einem erfüllten Leben dient. Es heißt aber; „Mach dir die Erde (= Materie/Stoff) untertan".

Wir wollen zu viel aufnehmen und werden dadurch zu erdenschwer, teils so schwer, daß wir ins schwarz absinken. Die Raffgier ohne Maß und Ziel hat Besitz von uns genommen.

Viele Industrienationen mit Ausnahme von Japan haben die Farben Blau meist überproportional in ihren Flaggen.

Gasflaschen gefüllt mit Sauerstoff sind blau markiert. Er ist das Element des Lebens, der Träger der Verbrennung. Unser ganzer Stoffwechsel beruht darauf. Er ist das stofflichste der Gase und sehr aktiv, wie uns die Oxydation lehrt.

Ist Wasserstoff das Element des Universums, so ist Sauerstoff das Element der Erde (Blauer Planet).

Vermischen wir Wasserstoff (rot) und Sauerstoff (blau), so erhalten wir Knallgas (blau + rot = violett). Fügen wir als drittes das Gelb in Form eines Funkens hinzu, ist der Kreislauf der Grundfarben geschlossen. Unter einer Explosion löst sich die Spannung und als Abfallprodukt fällt ungiftiges Wasser an.

Mit Sonnenenergie (in Elektrizität) könnten wir das Wasser wiederum in die zwei Elemente Wasser- und Sauerstoff aufspalten und das Spielchen könnte mit der über die Sonne gespeicherten Energie von vorne beginnen.

Wir können an diesem Beispiel sehr schön erkennen, daß selbst die einfachen Elemente Energie speichern können, um sie dann explosionsartig abzugeben.

Wie hingegen erzeugen wir heute noch weitgehendst Energie?

Wir nehmen Kohle oder Erdöl (schwarz) bringen das Gelb des Funkens ein und bekommen als Abfallprodukte: Stickoxide, Kohlenmon- und -dioxid, Schwefeldioxid, sowie Ruß und Teer (schwarz).

Mit dieser Methode verbrauchen wir die natürlichen Rohstoffe und erzeugen Umweltgifte.

Diese Art der Energiegewinnung liegt auf der unteren, der schwarzen Ebene.

Rot

Rot ist das Gegenteil von Blau, deshalb wurde es im Farbendreieck gegenüber gestellt.

War Blau das ruhende, aufnehmend weibliche Prinzip, so symbolisiert das Rot die aktive, männliche, nach außen gerichtete Kraft.

Schiller stellt diesen Gegensatz in seinem Lied von der Glocke gut dar:

„...Der Mann muß hinaus ins feindliche Leben, muß wirken und streben, und pflanzen und schaffen..." hingegegen

„... und drinnen waltet die züchtige Hausfrau, die Mutter der Kinder, und herrschet weise im häuslichen Kreise..."

Emanzipierte Frauen mögen darüber lachen, aber was haben wir, zumindest im Moment, mit dieser angestrebten „Selbstverwirklichung" der Frau erreicht?

Bis jetzt doch nur eine zusätzliche Ausbeutung der Arbeitskraft der Frau, zum Wohle der Herrschenden.

Wir haben in Kapitel I ersehen können, daß jedem Arbeitenden über die Abzüge und den versteckten Zins nur rund 25 Prozent seiner Arbeitsleistung verbleiben, falls sie überhaupt gerecht vergütet wird. Was haben wir aber zusätzlich gewonnen? Intakte Familien? Nein, alleinerziehende Mütter und verunsicherte Männer. In vielen Familien steht oft die ganze Harmonie auf dem Spiel.

Daran wird dieser aus dem Prinzip fallende Extremismus letzten Endes scheitern.

Eine Gesellschaft ohne intakte Familie, bzw. ohne eine, über eine männlich abgesicherte Mutter-Kind Beziehung, hat auf Dauer keine Chance.

Der Vater ist für die Beschaffung der materiellen Belange zuständig, die Mutter für das Seelenleben. So lange sind wir noch nicht aus der Höhle, um dieses Programm von heute auf morgen kippen zu können. Die Natur war und ist noch allemal klüger als der vermeintlich schlauere Mensch. Zurück zum Rot.

Rot ist die Lieblingsfarbe der Kinder. Damit geben sie ihrer Lebensfreude und ihrer Lernaktivität Ausdruck. Rot steht für Kühnheit und Unternehmungslust.

Die negativen Eigenschaften des Rot sind:

Rot ist die Farbe der Wut. Bekanntlich sagen wir, daß wir vor Wut rot sehen. Es ist es die Farbe der Aggression. Was haben z.B. viele Industrienationen, vor allem die ehemaligen Kolonialmächte in ihren Fahnen? Ganze Kulturen haben sie mit ihrer aggressiven Expansionspolitik vernichtet.

Erinnern wir uns an die roten Fahnen der kommunistischen Ideologie und den daraus resultierenden Blutzoll.

Ein Paradebeispiel für Farbsymbolik ist die Hakenkreuzfahne. Die Basis ist rot. Dann der weiße Punkt. (Wir müssen hier etwas im Thema vorgreifen).

Der Punkt ist das göttliche Symbol der allumfassenden Einheit. Weiß steht für das Licht.

Dann das Swastika, das Hakenkreuz, ein uraltes Symbol für das Heil, jedoch in schwarz, also Unheil. Deutlicher kann sich Unheil symbolisch gar nicht darstellen.

Rot steht für die sinnliche Liebe, den reinen Sex. Denken Sie an die roten Lampen des „Rotlichtbezirks"

Rot ist aber auch die Farbe der Feigheit. Typisch ist das für aggressive Gruppen. Der einzelne selbst, isoliert von seiner Horde, wird meist sehr schnell zum Hasenfuß - und verlangt dann nach (aggressiver) Rache.

Wir erleben es auch bei grausamen Diktatoren. Ohne Leibwache werden sie geradezu „menschlich" in ihrem Verhalten. Manche sogar zu einem heulenden Elend.

Das sehen wir noch spezieller bei den „linken" (= roten) aggressiven Besserwissern, welche heute über Menschen richten, welche vor 1945 nicht den Mund gegen das Regime der Nazis aufmachten, oder gar aktiv dagegen vorgingen, obwohl sie diese Zeit nur vom Hörensagen kennen.

Wie wäre es für diese „Helden", ihren Kampf für Menschlichkeit, z.B. einmal in China gegen die ständigen Menschenrechtsverletzungen öffentlich auf dem Platz des Himmlischen Friedens zu eröffnen oder in Pale, der Hochburg der Serben, für die Sache der Moslems/Albaner einzustehen? Es kann auch ein anderes totalitäres Regime sein. -

Da es ihr ganz persönliches Anliegen ist, so sollte sich auch kein deutscher Botschafter in diesen Protest einmischen, vollkommen gleichgültig was mit ihnen geschieht, denn bekanntlich hatten die Deutschen damals gegen die Gestapo ebenfalls keine Fürsprecher.

Die paar Mark Reisekosten und die Hotelkosten (Neckermann macht's möglich) für eine Nacht! müßte ihnen der Beweis ihres Mutes schon wert sein. Vielleicht findet sich auch ein seriöser Spender für diese Art von Überzeugungskampf.

Das gilt im übrigen für jeden, welcher den damaligen Deutschen mangelnden Widerstandswillen vorwirft. Unrecht ist stets Unrecht. Unabhängig von Zeit sowie der Zugehörigkeit zu einem Volk oder einer Rasse! (Oder wollen sie nur ihre Resonanz zur gleichen „Feigheit" öffentlich demonstrieren?)

Es wäre für alle noch lebenden Deutschen interessant zu erfahren, ob unsere Eltern und Großeltern wirklich die mutlosen Versager waren, dessen sie sich heute schelten lassen müssen.

Also auf ihr Mannen einer mutigeren Generation, kämpft endlich einmal an der Front oder gilt auch bei dieser Verurteilung nur das Gesetz der Resonanz?

Fehlt dem Menschen das Rot, so ist er ohne Feuer. Wir sagen dazu, „der Typ ist blutleer". Blut, das Symbol für unseren Lebensfluß ist rot.

Wir können sicher sein, daß Menschen, welche die Farbe Rot bevorzugen, „Feuer im Blut haben", also dynamisch sind, bis hin zur Aggressivität.

Frauen signalisieren mit der Farbe ihrer Kleider ihre (Ab)-Stimmung. Die femme fatale trägt gerne Rot oder Schwarz, oft sogar in Kombination. Ein „Mauerblümchen" und „Heimchen" wagt sich so gut wie nie an diese Farben.

Kommen wir auf die Flagge Japans, die der aufgehenden Sonne. Der rote Punkt im Zentrum.

Herzstück ist das Rot, Aktivität bis zur Aggressivität. Als Punkt könnte es heißen, sie haben ihr Handeln zur Göttlichkeit erhoben. Jeder weiß, daß Japaner sehr darauf bedacht sind, ihr Gesicht nicht zu verlieren. Der weiße Grund heißt: Alles ist (noch) möglich, man kann auf alles gefaßt sein.

Bei den Schweizern ist es umgekehrt. Sie haben das weiße Kreuz im Zentrum auf rotem Grund. Das Kreuz ist wie das Viereck, das Zeichen der Materie, der Vier. (Wir kommen später zu den Zahlen). Sie gehen mit jeglicher Materie sehr dynamisch um.

Wir markieren die Gasflaschen, welche Wasserstoff enthalten, mit Rot, Wasserstoff, der Urbaustein und das Element des Universums. Aus Wasserstoff bilden sich die Sonnen, die Energie schlechthin.

Gelb

Gelb ist die lichtvollste Grundfarbe und deshalb steht es an der Spitze der drei Grundfarben. Es steht dem Weiß noch sehr nahe und gilt deshalb im Bereich der Farben für das geistige Prinzip und für Erkenntnis. Auch für geistvolle Handlungen und geistige Werte in der Welt.

Es steht für das Licht, das Wachsein und das Feingefühl. Im Alltag verwenden wir es deshalb meist als Hintergrundfarbe für Warntafeln.

Bei unseren Kleidern tragen es derzeit höchstens die Damen, Herren aus gesellschaftlichen Zwängen kaum, außer bei Sporttrikots.

Gelb ist ein bereits „materiell eingefärbtes" Weiß. Eine gewisse Stofflichkeit ist bereits vorhanden. Es hat schon seinen eigenen Charakter.

Mischen wir z.B. Blau oder Rot mit weiß, so erhalten wir Hellblau oder Hellrot. Mischen wir jedoch Blau und Rot mit Gelb, so erhalten wir Grün und Orange. Damit ist etwas Neues entstanden. Die Starre und Kälte des Rot und Blau wurde überwunden. Die reine Handlung wurde durchgeistigt und der reine Stoff belebt.

Nun untersteht auch das Gelb der Gegensätzlichkeit.

Deshalb ist Gelb die Farbe der Eifersucht, Egozentrik, bis hin zum überzogenen Egoismus wie Neid und Geiz, wo alle Erkenntnisse nur dem Eigennutz und dem Machtgewinn dienen. All dies fällt darunter. Deshalb ist Gelb in seiner Gegenpolarität die Farbe des reinen Verstandes, ohne die Mitwirkung der Intuition.

Im Extrem des reinen Gelbs ohne die Bindung an das Blau und Rot neigen wir zur Exzentrik. Die Abkehr von der Welt fällt darunter, also die Abwendung in rein geistige Wertigkeiten ohne Bindung an das materielle Umfeld.

Bekanntlich ist die Aufgabe des Menschen, Brückenbauer (Pontifex) zwischen Himmel und Erde zu sein. *„Macht euch die Erde untertan"* oder *„laßt euch nicht von materiellen Werten die Einsicht verstellen, handelt mit Verstand auf eurer Erde und nicht mit Unvernunft."*

Verzicht auf irdische Belange ist nicht gefordert, eher das Gegenteil, alles Materielle zu vergeistigen.

Im Kloster kann sich diese Kraft der Erkenntnis kaum im Umfeld entfalten und geht der Gemeinschaft verloren.

***

Damit wären die Grundfarben farbsymbolisch betrachtet. Wie stark sie unser Leben beeinflussen bzw. wie intuitiv wir die entsprechende Farbe jeweils auswählen, das werden wir uns noch genauer ansehen.

Im Grunde gibt es nur diese drei Farben. Alle anderen Farben sind lediglich Mischungen aus diesen drei Farbtönen. Selbst unser Fernseher arbeitet nur mit diesen drei Grundfarben.

Kommen wir jetzt zu den drei Mischfarben.

Orange = Gelb + Rot

Fließt das Gelb der Erkenntnis in das aktive, aggressive Rot ein, so wird dieses reine Handeln durchgeistigt.

Deshalb steht Orange für das Prinzip der Nächstenliebe. Wir bekommen ein Gefühl für die Bedürfnisse unseres Nächsten, denn ohne sie wäre jeder von uns eine Null. Eine Tatsache, welcher sich kaum jemand voll bewußt ist.

Stellen wir uns das ruhig einmal vor. Irgendwo in der Mojave Wüste steht der amerikanische Präsident und verkündet lauthals, daß er der „mächtigste Mann der Welt sei", da er an der Spitze der Supermacht Amerika steht. Das könnte er dort jahrelang veranstalten - wen interessiert das? Niemand, es fehlen die Menschen, welche daran glauben und seine Position durch ihre Anerkennung erst ermöglichen.

Diese notwendige Akzeptanz „der Unteren" wird von den Mächtigen kaum richtig eingestuft.

Der Umgang mit der Macht ist das Kernproblem des Menschen überhaupt. Es ist immer eine Frage, wie die Aktionen gesetzt werden, im reinen Rot, oder im Orange.

Macht der Macht (Rot) wegen, bzw. Macht zum Erwerb von materiellen Gütern (Blau) oder Macht zum Allgemeinwohl (Orange).

Im Orange entfällt diese überzogene, egoistische Weltanschauung.

Wir verlassen mit Orange die Ebene Rot – Blau, also die reine Aktion mit der Materie ohne Erkenntnis (und die Folgen).

Im Gegensatz zu der Mischfarbe grün, in welcher man die Grundfarbe Blau nicht mehr erkennen kann, bleibt im Orange der Charakter des Rot noch gut sichtbar erhalten. Das heißt im übertragenem Sinne:

In der Welt der Formen (=Materie Energiemuster) ist der Geist nicht mehr erkennbar, aber wir erkennen einen Menschen sofort an der Art wie er handelt, wessen Geistes Kind er ist.

Genau wie die Erbanlagen in den Kindern, so hat das Orange ebenfalls wahrnehmbar diese beiden Charaktere der Grundfarben in sich vereinigt; die Tatkraft des rot, das Feingefühl und das Wissen des Gelb.

Dem Orange fehlt zur Gesamtheit das Blau. Da es keine Grundfarbe ist, baut sich hier eine Spannung auf. Diese Spannungsachse ist die Liebesachse.

Mit dieser Spannungsachse wird die leidenschaftliche/leidenschaffende Ebene zwischen Rot und Blau angehoben bzw. überwunden.

Wir veredeln sozusagen den Stoff, oder das Metier mit unseren liebevollen Handlungen. Es ist die Ebene der Kunst und der Handarbeit. Denken wir dabei an die prächtigen Dome und Kirchen. Fast alles wurde aus Liebe zur Ehre Gottes geschaffen.

Was haben wir im Gegensatz dazu heute? Wir produzieren ohne Erkenntnis. Masse statt Klasse oder auch Quantität an Stelle von Qualität ist heute die Devise des Zeitalters unseres Wachstumswahns.

Heute zählen Produktionszahlen und damit die leistungsfähige Maschine. Der Mensch selbst ist zur Nebensache verkommen und landet mehr und mehr auf der Straße.

Das ist die untere Ebene von Aktion (Rot) und Materie (Blau). Rot und Blau ergibt Violett, die Farbe der Leidenschaft.

Es ist das überzogene, männliche Machtspiel mit materiellen Werten und das schafft Leiden. Ein Spiel, was wir alle mit Leidenschaft betreiben. Auf das Violett kommen wir gleich.

Der negative Wert des Orange steht für überzogene „Nächstenliebe".

Es gibt Menschen, welche sich mit unverlangten Gefälligkeiten und Geschenken buchstäblich aufdrängen. Sie „erkaufen" sich unser Wohlwollen und wir fühlen uns, ohne daß wir das wollen, verpflichtet.

Es ist der „untere Weg", um Macht über andere auszuüben. (Krankheit gehört oft ebenfalls zum „unteren Weg" des Machtgewinns. Vor allem alte Menschen setzen das Mittel ihrer Bedürftigkeit häufig sehr massiv gegen ihre Kinder ein.)

Grün = Gelb + Blau

Grün ist die Farbe des Lebens schlechthin. Fließt Geist/Erkenntnis in den Stoff, so kann Leben entstehen. Es ist die Farbe der Natur. Wo es grünt, ist Leben möglich. Ohne das grüne Chlorophyll wäre die Erde kahl und leer.

Im Grün finden wir unseren Urgrund und deshalb hat Grün eine beruhigende Wirkung. Hier wirkt der Anteil des Blau noch sehr stark ein.

Es ist Symbol für die Verbindung von Geist mit Materie, allerdings ohne jede Aktion. Der Geist hat sich mit dem Stoff verbunden und ruht (harrt der Dinge die da kommen).

Grün ist die Farbe des Ausgleichs zwischen Geist und Stoff. Die Materie wird vom Geist beherrscht und lebt.

Im Regenbogen steht es in der Mitte, ein deutlicher Hinweis auf diesen Charakter des Ausgleichs.

Der negative Wert steht für Widersprüchliches, für das Paradoxon. Einfachstes Beispiel:

„Der Heilige Krieg" der Moslems und dazu ihre grüne Fahne. Wie schwach wäre wohl der Schöpfer unseres Universums, bräuchte er auch nur einen einzigen menschlichen Krieger, oder gar ausgesandte Killerkommandos um Beleidigungen zu rächen, wie im Falle von Salam Ruschdie.

Im flaschengrünen Licht verlieren wir sehr schnell unseren Bezug zum materiellen Umfeld. Es ist die Farbe des Mystischen, das was, wie durch die Physik gesehen, die eigentliche Realität ist.

Das Grün des Dschungels, scheinbar ruhige und üppige Vegetation in Harmonie, in Wirklichkeit ein gnadenloser Kampf um Licht.
Dem Grün fehlt das Rot. Es ist seine Komplementärfarbe. Deshalb baut sich hier eine gewisse Spannung auf. Diese Spannungsachse nennen wir die Willensachse.

Fehlt dem Grün das Rot, so fehlt ihm Aktivität und umgekehrt, fehlt dem Rot das Grün, so läßt dies auf mangelnden Ausgleich und Bezug zur Natur schließen.

Die Partei der Grünen könnten wir als Beispiel für die Wahl dieser Farbe ansehen. Im Moment scheinen sie im Sog der (roten) Parteipolitik (= Machtanspruch) ihre grüne Ausgangsbasis mehr und mehr aus den Augen zu verlieren.

Wer die Materie, wir können auch sagen sein Metier, mit Geist „befruchtet" hat und sie beherrscht, sowie daraus Erkenntnisse zieht, der will damit natürlich etwas bewirken (auch Geld verdienen). Diese Spannung (= Willensachse) ist die Motivation jedes erlernten Berufes.

Das Gas Stickstoff, das Lebenselement der Pflanzen, markieren wir grün.

Violett = Rot und Blau

Das Violett ist die dunkelste der Mischfarben.

Mit Violett drücken wir Leidenschaft, Passion und den totalen Machtanspruch aus. So trugen z.b. die absoluten Herrscher des Altertums den Purpur, ein eigenartiges Violett. Auch der höhere Klerus der katholischen Kirche liebt dieses blau eingefärbte Karmesinrot.

Hören wir in die Sprache, in die Doppelbedeutung des Wortes Passion. Einmal Leidenschaft, wie z. B. „er ist ein passionierter Angler" und dann in der Bedeutung der Opferbereitschaft wie z.B. Jesus in der Karfreitagspassion.

Violett ist die Farbe der leidenschaffenden Aktion, welche durch den lieblosen Umgang mit der Materie entsteht. Hier fehlt das Gelb der Erkenntnis. Wer sich ohne tieferen Sinn mit Materie beschäftigt, erntet nur Leiden.

Wir können es auch unter dem Aspekt - wer die materiellen Werte überbewertet, wird keine Zufriedenheit ernten - ansiedeln.

Wir sehen das heute im Alltag überdeutlich. Je mehr jemand bereits besitzt, um so mehr will er noch haben. Ein Faß ohne Boden, meist gekoppelt mit einer inneren Verzweiflung, welche dann die einzige Triebfeder zu diesem Teufelskreis ist.

Das geht über alle Bereiche, ob im reinen Sex, wo Körper auf Körper folgt, ohne daß der Suchende zur Ruhe kommt, oder im Raffen von Reichtümern.

Violett steht für die Art von Habgier, welche sich über reine Aktion für ausschließlich materielle Werte äußert. Darunter fällt heutzutage das blanke Profitdenken (mischen wir die Flaggenfarben der Industrienation von meist rot und blau, so ergibt sich violett).

Dieses Wirtschaftsleben mit seiner auf Profit ausgerichteten Motivation ist geradezu ein Paradebeispiel.

Sehen wir uns ein mittelalterliches Städtchen und eine moderne Satellitenstadt an. Hatten die Menschen im Mittelalter mehr Geld? Auf Kaufkraft übertragen wohl kaum, aber sie dachten nicht an die schnelle Mark, sie dachten in Orange und damit an die Menschen, welche sich über lange Jahre in solchen Häusern und Städten trotz der Enge der Stadtmauern wohl fühlen sollten.

Diese Städte hatten noch einen Eigencharakter - und heute? Haben wir nicht uniforme Kaninchenställe im Hoch- und Querformat? Jeder Charakterzug fehlt. Ob in Berlin, Hamburg oder München, diese Schlafställe sind überall gleich. Wirklich Zuhause ist hier kaum einer. Das dürfte auch die Reisewut der Deutschen erklären.

Im letzten Krieg wurde das Herz unserer Städte zerstört und durch die Wohnungsnot und Geldknappheit, im Wiederaufbau so manche Bausünde begangen. Aber warum heute noch?

Sehen wir uns das Farbendreieck an, es ist diese untere Ebene von Blau - Rot, die reine Aktion mit dem Stoff und die Habgier nach dem Profit, welche uns heute so zu schaffen macht. Uns fehlt das Gelb der Erkenntnis zum harmonischen Ausgleich der drei Grundfarben. Wir sind rotblau-lastig.

Solange wir ohne Verstand handeln, ernten wir die bitteren Früchte der *Leidenschaft!*.

Die Spannungsachse des Violett zu seiner Komplementärfarbe Gelb ist die Intuitionsachse.

Intuition, zu deutsch Einsehung (= Eingebung, ahnendes Erfassen, einsehen, daß es so nicht richtig ist). Das wäre der Ausweg aus dem violetten Dilemma.

So manchem Zeitgenossen wünscht man den *„Nürnberger Trichter"*, mit dem angeblich die Weisheit eingetrichtert werden kann.

Denken, - nicht nur verdienen und konsumieren, das wäre der einzige Weg aus der Leidenschaft.

Der „negative" Wert des Violett ist hier besonders deutlich. Es ist der Verzicht, die Passion.

Auf dieser Spannungsachse können wir das uralte Problem des Menschen erkennen.

Einerseits der Hang zu den Leidenschaften, andererseits der Verzicht, das Opfer, um den Weg zu gehen, der aus all diesen Leiden führt. Der Weg ins Licht der Erkenntnis, ins Gelb.

Intuitiv weiß jeder von uns, daß Handlungen, welche nur der Erfüllung unserer Leidenschaften dienen, auf Dauer viel Kraft kosten und uns seelisch auslaugen.

Hinzu kommt, daß wir keine Erfüllung finden, im Gegenteil, wir brauchen immer „höhere Dosen" für unsere vermeintliche „Lebensqualität".

Das Tragische dabei ist, die meisten wissen es, finden aber nicht die Kraft zur Einsicht und Umkehr, oft aus Angst vor einem vermeintlichen Gesichtsverlust. Sie müßten ja indirekt zugeben, bislang einen Irrweg gegangen zu sein, auch wenn dieser im Moment erfolgreich zu sein scheint.

Erfolgreich kann jedoch jederzeit folgenreich werden. Dies alles mit der physikalisch abgesicherten Wahrscheinlichkeit, daß es eine höhere Dimension gibt und niemand etwas an irdischen Gütern mitnehmen kann.

Der Weg zum wahren Erfolg ist der Weg der Erkenntnis. Die Spannungsachse im Farbendreieck zeigt diese Thematik deutlich auf. Besser kann der Weg zum Heil gar nicht symbolisiert werden. Skizzieren wir jetzt die Hüll- oder Tertiärfarben.

Braun

Entsteht durch mischen von Violett und Orange. Der Farbanteil an Grundfarben ist über die Mischfarben zweimal Rot sowie einmal Gelb und Blau.

(Orange = Rot + Gelb dann Violett = Rot + Blau, das ergibt 2x Rot, Gelb + Blau)

Wir finden Braun in der Natur bei den Erdfarben, in der Rinde der Bäume und im Rost bei Eisen.

Es ist Überzug, Schutz und Maske.

In seiner Gegenpolarität gilt Braun auch als Farbe der Unerfahren- und Dummheit.

Diese Farbe ist genau wie Oliv und Schiefer eine Tarnfarbe. Braun ist verhülltes Rot. Im Braun wird das Rot versteckt.

Treffendes Beispiel der Nationalsozialismus, die „Braune Bewegung" wie sie sich selbst nannte. In den Uniformen der SA, diesem eigenartigen Currybraun, schimmerte das Rot deutlich durch. Die

Saalschlachten der SA, der *S*turm-*A*bteilung zu Beginn der Braunen Bewegung sind Geschichte.

Braun ist auch Farbe des Militärs. Militaristen sind meist Machtmenschen. Ihre Sprache ist der Befehl, die härteste Beziehungsform zum Mitmenschen. Im Extrem das Kommando, welches den Tod für den Soldaten bedeuten kann.

Oliv

Es entsteht durch mischen von Grün und Orange. Der Farbanteil ist dadurch zweimal Gelb sowie einmal Rot und Blau.

Olive ist verschmutztes Gelb. Der hohe geistige Anteil des Gelb wird zum Eigennutz manipuliert. Es ist die Farbe des Fanatismus, meist in Form vermeintlich edler Gesinnung.

Bekanntlich sagt Mephisto in Goethes Faust: *„Ich bin die Kraft die Böses will und Gutes schafft."*

Der Gegenpol würde somit für das Oliv lauten: *„Ich bin die Kraft die Gutes will und Böses schafft."*

Das Oliv täuscht uns durch einen Anschein an Grün, Ruhe und Ausgeglichenheit vor. Dem ist aber nicht so.

Erinnern wir uns an die „Friedenskämpfer". Viele davon trugen die olivfarbenen Militäruniformen.

Niemand kann für den Frieden kämpfen. Schon in den Begriffen Frieden und kämpfen wird die Gegenpolarität deutlich, denn der Krieg war stets der Offenbarungseid des menschlichen Geistes.

Mahatma Ghandi zeigte den richtigen Weg, den des Entzuges der Energie, des Verzichtes auf eigene Mitarbeit im System.

Haben wir dafür keine Mehrheit, so ist die Zeit ganz einfach noch nicht reif für den Umschwung. So einfach ist das.

Der Kampf schafft nur neue Mißstände, denn das allgemeine Bewußtsein ist wegen mangelnder Erkenntnis noch viel zu leicht in neue Variationen des alten Spiels zu bringen. Das müßte eigentlich selbst den eifrigsten Kämpfern einleuchten. Oder glauben jene, daß die Herrschenden so leicht ihre Pfründe aufgeben?

Oder glauben sie sogar, daß irgend etwas noch ohne finanzielle Interessen auf dieser Welt abläuft?

Oliv ist auch die Farbe der Manipulation über „den unteren Weg", - den aufgedrängten Wohltaten, ohne daß wir darum baten, uns aber dann irgendwie verpflichtet fühlen.

(Blau)Schiefer

Diese Farbe entsteht durch mischen von Violett und Grün. Das ergibt zweimal Blau, sowie je einmal Rot und Gelb.

Blauschiefer ist verschmutztes Blau. Diese Farbe ist fremdartig, kühl und starr. Ihr fehlt eine gewisse Aufgeschlossenheit und Wärme.

In unserem Alltag wird sie kaum verwendet. Wir verhalten uns im Moment zu wenig konform und deshalb fehlen Beispiele. Lediglich einige Uniformen (Luftwaffe) und Herrenanzüge sind sehr ähnlich gefärbt.

***

Beenden wir vorerst die Symbolik der Farben und kommen zum Schwarz. Der „Farbe", welches jegliches Licht aufsaugt. Salopp gesprochen, jetzt wird es „zappenduster".

Schwarz

ist die Farbe der Finsternis, des Dämonischen. Es ist die Farbe der menschlichen Schattenseite.

Schwarze Schafe, finstere Gesellen, „schwarz sehen" usw. weisen deutlich auf diesen negativen Aspekt hin.

Da Schwarz der Gegenpol des Lichtes ist, ist es die „Farbe" des Negativen in seiner ganzen Bandbreite, sowie der Unkenntnis.

Im unserem derzeit rein materialistisch ausgelegten Zeitalter, mit dem meist völligen Fehlen des Wissens um die wahren (geistigen) Kräfte, tragen wir sehr häufig die Farbe schwarz.

Es ist unsere Gesellschaftsfarbe bei festlichen Anlässen. Cut, Smoking, Talar, der schwarze Anzug mit dem Nadelstreifen stellen bei festlichen Anlässen den Zeitgeist deutlich zur Schau.

Wir sprechen gerne vom finsteren Mittelalter, das kann jedoch so nicht stimmen, sieht man sich die Farben an, welche die Menschen damals trugen.

Mögen sie arm und per Kirchenpolitik zur Unwissenheit gedemütigt worden sein, eines waren sie bestimmt, lebensfroh.

Zum Ende des Mittelalters wurde in der spanischen Hoftracht das Schwarz modern. Die Grausamkeiten in Verbindung mit der Inquisition, welche vor allem sehr schnell im bigotten Spanien Fuß faßten, sprechen für sich.

Das Mittelalter muß analog seiner Farbenfreude lebensfroh gewesen sein. Wir hingegen haben praktisch Angst auf ganzer Linie. Das Versicherungswesen spricht eine deutliche Sprache.

Wir haben Angst vor der Zukunft, vor einem Unfall, vor Krankheit, Arbeitslosigkeit, daß uns das Geld nicht reicht und was sonst noch. Deshalb ist Schwarz auch die Farbe der Angst.

Angst ist das Resultat eines eingeengten Bewußtseins. Zum besseren Verständnis ein Beispiel:

Würden wir auf eine einsame Insel in den Tropen verschlagen, hätten wir zunächst Angst vor Schlangen, unbekannten „wilden" Tieren, früher sogar vor wilden Eingeborenen.

Erst wenn die Insel erkundet wäre (= das bewußte Sein erweitert wurde) und es feststände, daß keine Lebensgefahr besteht, wäre die Angst weg.

Erst wenn der heutige Mensch wieder Zugang zu den geistigen Gesetzen findet, wird er wieder seine allgemeinen Ängste verlieren.

Zurück zum Schwarz. Im Film trägt der Bösewicht fast immer schwarz.

Die Hell Angels, übersetzt die Höllen Engel (= Teufel) tragen schwarz.

Was trägt der Klerus, der angebliche Repräsentant des geistigen Pols dieser Welt? - Schwarz! (*"An ihren Früchten sollt ihr sie erkennen."*)

Was tragen die orthodoxen Prister, Juden, sowie Mullahs? - Schwarz!

Was tragen Richter, Staats- und Rechtsanwälte? Eine Berufsgruppe, welche mit dem berüchtigten Satz „Recht und Gerechtigkeit sind zwei Paar Stiefel" leben muß? - Den schwarzen Talar.

Bezeichnend ist das Symbol dieser Berufsgruppe, die Justitia oder die Gerechtigkeit, mit ihren verbundenen Augen. Wir könnten diese Symbolik auch so interpretieren, daß sie gar nicht mehr hinsehen will, zu welcher Seite die Waage, bei all diesen Spitzfindigkeiten ausschlagen wird.

Schwarz ist die Trauerkleidung des westlichen Kulturkreises. Wer das Geistige ablehnt, für den hat der Tod etwas Endgültiges und Erschreckendes. Diese Stimmung drückt das Schwarze auch aus.

Im Mittelalter trug der Henker das Schwarz, aber auch das Blutrot oder eine Kombination dieser beiden Farben.

Schwarz und Weiß sind die Farben Preußens. Die Polarität ist unübersehbar. Einerseits die preußischen Tugenden, anderseits die teils unmenschliche Starre eines reinen Verwaltungsstaates, sowie der Militarismus.

Seit der Federführung Preußens haben wir Deutschen Schwarz als Führungsfarbe. Einst Schwarz, Weiß, Rot und heute Schwarz Rot Gold. Seitdem gibt es wenig zu Lachen für unser Volk.

Gold wäre jetzt eine gute Basis, solange wir das Schwarz als Leitfarbe führen, wird sich kaum unser wahres Potential entfalten können.

Zum Schluß noch ein Attribut, welches die Halbwelt gerne trägt, die dunkle Sonnenbrille. Sie scheut das Licht.

Wir sehen, der Mensch bekennt intuitiv die Farbe, welche seiner Stimmungslage entspricht. Das kann kurzzeitig sein oder sich über lange Zeiträume abspielen, wie es z.b. Uniformen oder andere gesellschaftlich- und berufsbedingte Farben ausweisen.

Wie gesetzmäßig die Wahl der Farbe des weiteren in unserem Leben mitspielt, wollen wir uns jetzt an ein paar Beispielen ansehen. Jeder kann mit etwas Aufgeschlossenheit für sich noch viele weitere eindeutige Zusammenhänge erkennen. Es erfordert kaum Übung.

III. Farbensymbolik einmal etwas anders

Zum besseren Verständnis wählen wir als Symbol ein Dreieck. Spezifischer wird es noch, wenn wir die sogenannte Maslow - Pyramide verwenden.
Prof. Maslow nahm das Dreieck als Symbol für den Menschen. Er unterteilte das Dreieck in fünf Felder und setzte hier die Grundbedürfnisse jedes Menschen ein.
Das ergibt Folgendes:

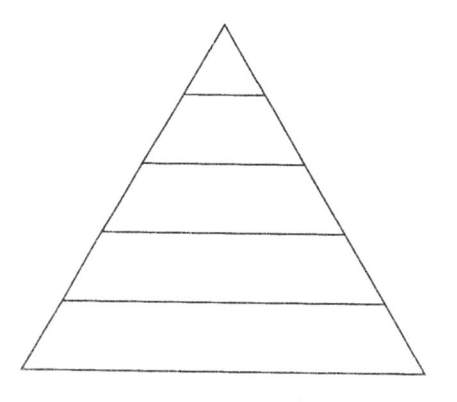

5. Selbstverwirklichung, höhere Ziele, Persönlichkeitsentfaltung
4. Macht, Anerkennung, Status
3. Soziale Bedürfnisse: geliebt und anerkannt werden
2. Schutz, Sicherheits- und Daseinsvorsorge
1. Existentielle Grundbedürfnisse

Bild 2

In diese Pyramide tragen wir die entsprechenden Grundfarben ein. Das ergibt folgendes Bild:

Bild 3

In Feld 1 und 2 geht es um unsere elementarsten Belange wie Wohnung, Essen und eine gesicherte Lebensbasis. Das gehört ins materielle Spannungsfeld, wir geben dazu die Farbe Blau.

Feld 3 und 4 erhält Rot. Bekanntlich tun wir sehr viel, um geliebt und anerkannt zu werden. Noch mehr, um Macht und Ansehen zu erlangen. Diese Aktivitäten unterstehen eindeutig dem Rot.

Bleibt Feld 5 für das Gelb. Selbstverwirklichung, höhere Ziele stehen in diesem Feld. Daß wir (Er)Kenntnisse oft mißbrauchen, ist nicht von Belang.

In der Spitze des Dreiecks, dem der höchsten Erkenntnis vereinigt sich die starke Polarität der materiellen Basis. Hier ist die Spannung des Plus und Minus aufgehoben. Der Mensch ist eins mit sich und der Welt.

Gelb ist die heiterste der Grundfarben. Haben wir genügend Gelb, verschwindet die Starre und Kälte des Blaus und die reine Aktivität des Rots. Wir werden lockerer.

Wir sehen wieder, jeder Mensch braucht zur Harmonie die richtige Ab-Stimmung der Farben, bzw. es kommt auf die richtige Mischung an.

Zu viel Gelb ist genau so disharmonisch wie zu viel Rot oder Blau.

Nun erfährt sich jeder Mensch stets nur als eine Seite der Gegensätze von Mann - Frau. Zur Harmonie fehlt uns der Gegenpol, auch wenn die moderne Emanzipationsbewegung gern über das Ziel hinaus strebt und alles männliche am liebsten abschaffen will.

Die Naturgesetze bestehen nicht aus überzogenen Vorstellungen, verschrobene Charaktere sind nicht der gültige Maßstab.

Diese Welt kann nur aus dem Rhythmus von Plus und minus bestehen. Kein Motor läuft ohne Hub und Schub. Kein Elektromotor ohne Plus- und Minuspol. Niemand kann nur einatmen oder nur essen. Das Leben besteht aus geben und nehmen. Stören wir diesen Rhythmus, zerstören wir das Lebendige.

Zerstören wir das Verhältnis Mann - Frau, zerstören wir die Harmonie zwischen den Menschen. Diese einfache Beziehungsabhängigkeit müßte eigentlich jedem einleuchten.

Wie sieht das symbolisch aus, wenn wir das rein männliche und weibliche Prinzip mischen? Fügen wir das Symbol-Dreieck von Mann und Frau zusammen

Wir erhalten das Hexagramm und ein Sechseck, in die Sechs. Denken wir dabei ruhig an Sex, die männlich weibliche Vereinigung unter dem Aspekt des reinen „Habenwollens". Deshalb auch das Violett, die Leidenschaft im Zentrum.

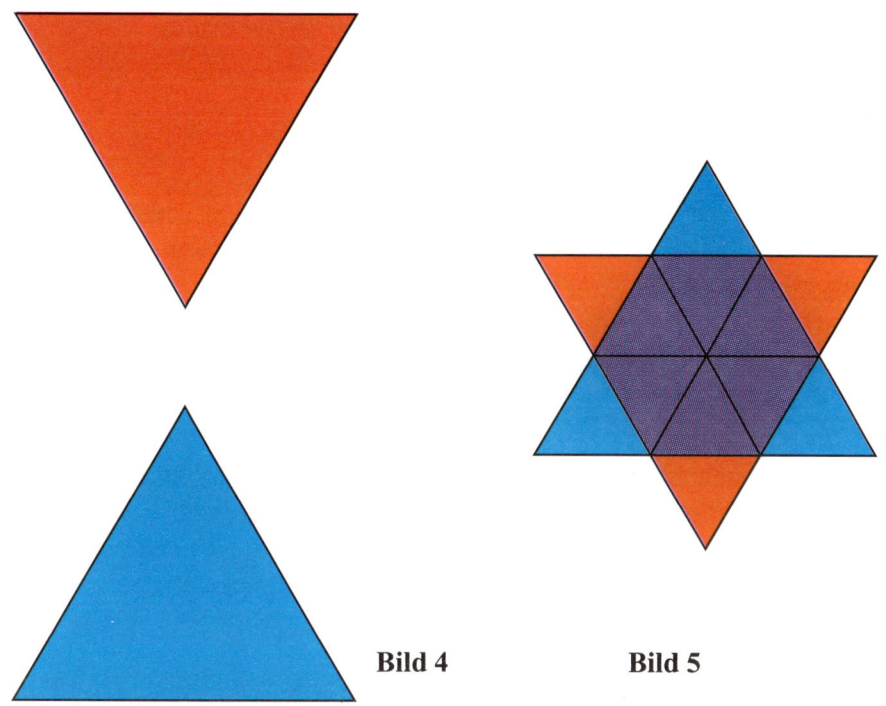

Bild 4   **Bild 5**

Sehen wir noch genauer hin, erkennen wir in diesem Zentrum wieder Dreiecke, Kinder. Bekanntlich führt (einst) der reine Sex ohne Vorsorge meist zu Kindern.

Wir können es jedoch auch auf beliebig andere Ebenen übertragen.

So muß ich z.B. um Aufträge zu erhalten etwas tun (rotes Dreieck). Derjenige, welcher Aufträge erteilt (blaues Dreieck), muß von meiner Argumentation überzeugt (befruchtet) werden. Die Aufträge sind dann sozusagen die Früchte dieser Art von Gemeinsamkeit.

Aus dieser reinen Blau - Rot Beziehung erhalten wir - solange beide Partner nur aus einer rein egoistischen Motivation handeln -

immer Violett. Sie benötigen stets neue Energie, um diese Verbindung aufrecht zu erhalten.

Im Wirtschaftsleben fällt unter diesen permanenten Energieaufwand um Aufträge/(Konsum)Käufe zu erhalten, die Werbung, Sonderangebote, Rabatte, Rückvergütungen usw.

Dies alles wird nötig, da im Grunde das geistige Element (Gelb) bzw. das Orange fehlt.

Es ist das Ergebnis der lieblosen Maschinenproduktion. Der Mensch, und damit die Liebe zum Stoff bleiben durch die Massenproduktion auf der Strecke.

Je mehr Masse (Blau), je mehr Druck (Rot) muß ich ausüben um diese Masse zu verkaufen. Da der Wettbewerb ebenfalls so handelt, wächst das Violett und damit <u>schaffen</u> wir uns mehr <u>Leiden</u> und Umweltprobleme.

So einfach ist das Spiel der Kräfte farblich zu symbolisieren.

Wie müßte ein Mensch farblich aussehen, welcher von oben bis unten, allein von Erkenntnis durchdrungen wird?

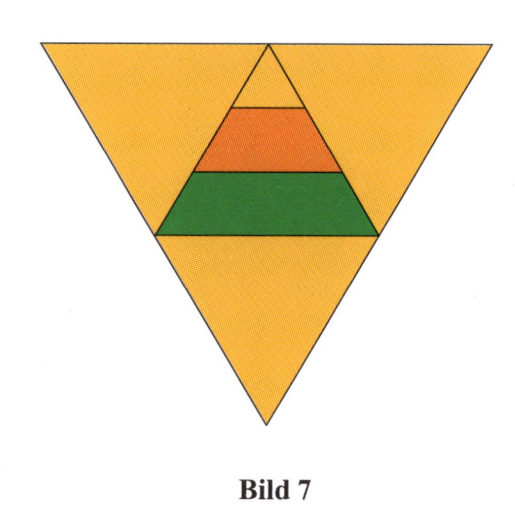

Bild 6   **Bild 7**

Dieser Mensch hat eine lebendige Basis, seine Aktionen führt er liebevoll aus und er hat erkannt, daß er nur in Harmonie leben kann, wenn er selbst bereit ist, Harmonie zu säen.
Mehr wäre nicht zu sagen.
Zum Schluß betrachten wir noch als Krönung der Farbsymbolik ein Unheilszeichen, welches genau wie die nationalsozialistische Fahne, einen eindeutigen Hinweis auf seinen wahren Charakter abgibt.
Es ist das Warnzeichen der Radioaktivität.

Bild 8

Um es aufzuschlüsseln müssen wir einen kleinen Schritt vorgreifen. Wir benötigen den qualitativen Wert der Zahl drei. Später mehr davon.
Nehmen wir zunächst wieder das Dreieck von Prof. Maslow und setzen unsere drei Grundfarben in die einzelnen Felder. Daneben stellen wir einen Flügel und den zentralen Punkt des Zeichens der Radioaktivität.

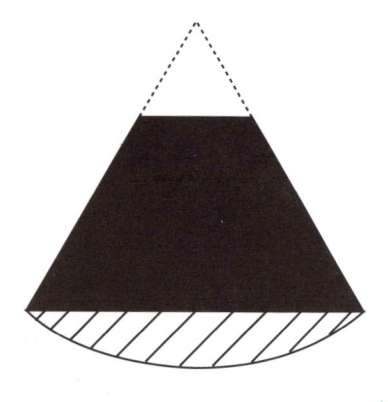

Bild 9   **Bild 10**

Beginnen wir mit dem schwarzen Zentrum.

Der Punkt (in weiß) ist das Symbol für das allumfassende GÖTTLICHE LICHT / ENERGIE.

Hier jedoch ist der Punkt in Schwarz ausgeführt. Es ist das Zeichen des Unheils, des Dämonischen, oder wenn sie wollen, das Zeichen des Antichristen oder des Satans. (Vergl. Das schwarze Hakenkreuz)

Im Bild Nr. 9 finden wir an der Spitze das Gelb der Erkenntnis.

Bei Bild Nr. 10 fehlt es vollkommen. Es ist praktisch in die negative Basis abgesackt. Anders formuliert, diese Basis ist rabenschwarz, überproportional und geistlos.

Hinzu kommt, daß die Aktionen der Energiegewinnung mit einer überproportional geistlosen Materie ebenfalls ins Schwarze abgeglitten sind.

Da wir heute über die Elementarphysik wissen, das jegliche Materie Bewußtsein benötigt, könnten wir vielleicht ahnen, daß wir bei solcher Art von Energiegewinnung buchstäblich mit dämonischer Energie und entsprechendem Bewußtsein operieren und dieses möglicherweise auch freisetzen.

Da wir noch nicht über Meßinstrumente für die wahren Kräfte des Universums, die des geistigen Bewußtseins, verfügen, bleibt dies zwar Spekulation, aber mit realem Hintergrund.

Wir haben drei schwarze Flügel in diesem Warnzeichen der Radioaktivität.

Sie stehen für die materielle, seelische und geistige Ebene (Über diese Ebenen mehr bei den Zahlen).

Freie Übersetzung des gesamten Warnzeichens: Erkenntnisloses Handeln mit schwarzer Materie auf allen drei Ebenen, ausgerichtet auf das satanische Prinzip.

Interessant ist noch, daß die eifrigsten Verfechter dieser Art von Energiegewinnung bei der Partei der „Schwarzen" zu finden sind.

Sollte nur ein Meiler bei uns hochgehen und die Beinahekatastrophe von Biblis zeigte, daß es jederzeit möglich ist, dann wird es hier im wahrsten Sinne des Wortes rabenschwarz.

Ganz abgesehen davon, welch ein Wagnis gehen wir beim wahren Wesen von Materie ein?

Wie können wir sicher sein, daß diese Energiefelder stets so funktionieren, wie wir in unserer Unwissenheit glauben. Allein ein erklecklich Maß über die geistige Kraft des Zweifels nagt an diesen Fundamenten.

Mit dieser Feststellung schließen wir die Symbolik der Farben ab.

Kapitel III

Was uns die Zahlen er-zähl-en

Bei den Farben können wir die Qualität oder Stimmung noch intuitiv erfühlen. Bei den Zahlen sieht das etwas anders aus.
Die Farben sprechen die rechte, intuitive und emotionale Gehirnhälfte an, die Zahlen hingegen können wir nur über die linke, die des Verstandes ergründen.
Das wäre die eine Polarität.
Der andere Gegensatz besteht wiederum in den Polen von Quantität und Qualität.
Es ist stets das gleiche Dilemma. Es entsteht durch unsere einseitig betriebene Schulung der linken Gehirnhälfte. Dadurch müssen wir, um das gesamte Spektrum zu erfassen, stets diese Polarität von Quantität - Qualität neu erarbeiten.
Uns fehlt im Moment einfach das alles erfassende Ganzheitsdenken und deshalb finden nur sehr wenige „des Pudels Kern".
Wir bleiben bei unseren Denkansätzen meist in den Mustern hängen und übersehen das jeweilige Prinzip.
Es sind jedoch gerade diese wenigen Prinzipien, Urkräfte oder wie wir sie auch nennen mögen, welche die gesamte materielle Welt beherrschen und uns zum eigentlichen Ziel des Lebens führen.
Nun wird sich so mancher fragen, was soll eine Qualität bei den Zahlen eigentlich bedeuten? Zwei Mark sind zwei Mark und für zwei Mark kann ich mir logischerweise mehr kaufen als für eine Mark.
Stimmt, für die logische, linke Gehirnhälfte, aber was sagt uns dazu die rechte?
Nichts? - ist das nicht ein bißchen wenig?
Mit der linken Seite, der des Verstandes, der Logik sind wir vertraut und benützen sie praktisch in jeder Minute.

Die rechte Seite ist uns vollkommen unbewußt, obwohl sie der linken um Längen überlegen ist. Nur ein Beispiel mag das verdeutlichen:

Nehmen wir an, irgend jemand kommt mit seinem PKW in eine lebensbedrohende Verkehrssituation. Was geschieht dann? Zweierlei, entweder er kommt glimpflich davon, oder er verabschiedet sich von dieser dritten Dimension.

Kommt er davon, wie auch immer, so weiß er meist gar nicht, welche Abfolge an Bewegungen er absolvierte, um dieser Situation einigermaßen Herr zu werden.

Mit anderen Worten, er handelte intuitiv. Die rechte Gehirnhälfte handelt praktisch zeitlos. Sie hat vom ersten Moment an den totalen Überblick und muß nicht erst alle Möglichkeiten logisch durchdenken. Die rechte Gehirnhälfte arbeitet ganzheitlich oder instinktiv, wie wir es meist ausdrücken.

Wären wir in solchen Situationen lediglich auf unsere linke und logische Hälfte angewiesen, so hätte das in etwa so ausgesehen:

Da ist es zu eng, jetzt muß ich dahin lenken. Verfl... ich muß ja auch bremsen, u.s.w.

Bis wir mit unserer Logik alles auf die Reihe gebracht hätten, wäre es längst zu spät gewesen.

Deshalb noch einmal, die ungeschulte rechte Gehirnhälfte, welche intuitiv richtig handelt, wird von uns in Bezug auf Ausbildung sträflich vernachlässigt.

Versuchen wir deshalb einen Einstieg in ein ganzheitliches Denken.

Die Sprache hat ebenfalls noch den Zugang zu anderen Gesetzmäßigkeiten.

Zahlen, zählen, erzählen, nur zufällig oder zufallend? Finden Sie Ihre Wahrheit, hören Sie selbst auf Ihre innere Stimme, während ich Ihnen meine Wahrheit aufzeige.

Die Null

Die Null hat bei den Zahlen den gleichen Stellenwert wie das Weiß bei den Farben. Das Weiß symbolisiert die allumfassende göttliche Energie, das Licht, bei den Zahlen steht dafür die Null.

Sie bedeutet ALLES und Nichts. Die unfaßbare, unsichtbare göttliche Energie, welche alles durchdringt und nicht begriffen werden kann.

Erinnern wir uns hier an den schwarzen Weltraum, welcher voll von Lichtenergie ist. Diese Energie benötigt eine materielle Basis, um dann als Reflexion gesehen zu werden.

Der Buddhismus nennt es das Nirwana. Es wird meist als das Nichts (Null) übersetzt. So ergibt das natürlich keinen Sinn. Vielleicht wäre dafür die Übersetzung „Das Unfaßbare" für den westlichen Menschen verständlicher?

Die Null versinnbildlicht GOTT, welcher weder vermehrt noch vermindert, für uns Menschen jedoch verzehnt, verhundertfacht, ja bis ins Unendliche potenziert.

Die Null ist geometrisch betrachtet der Punkt ohne Dimension. Für unser menschliches Bewußtsein nicht vorstellbar. Es ist dieses absolute göttliche Bewußtsein ohne Zeit und Raum.

Wir Menschen haben ein polares Bewußtsein. Wir können nur Gegensätze erfassen und deshalb nicht diese absolute Einheit des Schöpfers.

An Hand eines Bildes können wir besser verstehen, was es mit dem Prinzip des Geistes auf sich hat.

Eines Tages beschließt jemand, sich ein Haus zu bauen. Es ist dieser Impuls *„Ich baue mir ein Haus."*

Allein dieser rein geistige Impuls (ohne Dimension, ohne jegliche Vorstellung) löst alle weiteren Aktivitäten aus.

In dieser reinen Idee *„ich baue mir ein Haus"* ist noch nichts manifestiert. Weder wie groß es ist oder wie es aussehen soll, ob es in der Stadt oder auf dem Land gebaut werden soll usw.

Mit anderen Worten NULL-Konkretes, aber der entscheidende, schöpferische Impuls, der sich dann Schritt für Schritt über weitere Stufen entwickeln wird.

Dazu brauchen wir einen weiteren Schritt, unser seelisches Potential oder Resonanz, damit sind wir bei der Eins.

Die Eins

Sie ist die erste Manifestation GOTTES. Mit ihr tritt GOTT heraus aus der absolut geistigen NULL-Dimension und es beginnt die Schöpfung.

Um auf das Bild zurückzukommen, aus dem *„ich baue mir ein Haus"*, folgt der nächste Schritt. Die seelischen Kräfte kommen zum Zug.

Im GÖTTLICHEN ist dies die Ebene der Liebe. Alles was mit Liebe zu tun hat, ver<u>ein</u>igt uns. In unserer Sprache ist dieses Wissen zu finden.

Aber auch andere indogermanische Idiome haben dieses Wissen in sich. Latinisiert finden wir es in unserer Sprache meist als *uni* bzw. *in*.

Nehmen wir das Wort Inspiration, was wortwörtlich übersetzt <u>Ein</u>geistung, also soviel wie das Einfließen des Geistes bedeutet.

Bei Universität setzt sich das Wort aus *unus* und *versus* zusammen. Das bedeutet, auf den EINEN gerichtet. Im Deutschen haben wir ein ähnliches Wort, die <u>Ein</u>weihung. Sich und sein Leben diesem göttlichen Prinzip, der Eins zu weihen.

Die Gründer von Universitäten versuchten offensichtlich durch das Studium, GOTT in allen Dingen besser zu erkennen. Vielleicht auch mehr Gerechtigkeit in das Wesen aller Dinge zu bringen.

Noch bei Goethe ist dieser Geist zu spüren. Wie sagt Faust:

"Habe nun, ach! Philosophie (griech. Philosoph = *Freund der Weisheit*),
Juristerei und Medizin
Und leider auch Theologie
Durchaus studiert, mit heißem Bemühn.
Da steh ich nun, ich armer Tor,
Und bin so klug als wie zuvor.
Heiße Magister, heiße Doktor gar......

Hier ist die moderne Problematik des Menschen geradezu klassisch zitiert.

Sehen wir genauer in die Studienfächer des Dr. Faust, so fällt auf, daß drei Fächer praktisch weltliche Fächer sind, denn was wir von der Theologie zu halten haben, darauf sind wir bereits eingegangen. Bleibt die Philosophie und damit die Frage, wie wurde sie gelehrt.

Faust suchte im materiellen Umfeld, hier konnte er zu seiner Zeit die göttlichen Kräfte noch nicht erkennen. Ihm fehlten die Erkenntnisse moderner Elementarphysik.

GOTT ist überall. Er ist in allem, Er e<u>ini</u>gt über seine Energie ALLES!

Dies ist für uns Menschen, auf Grund seiner gigantischen Dimension nicht so leicht zu erfassen.

Heute sind unsere Universitäten Fachhochschulen mit einzelnen Spezialfächern.

Universelles Wissen wird nicht mehr gelehrt und viele Absolventen lachen vielleicht über GOTT.

Wir haben heute Rücksicht auf die Eins verloren und deshalb verlieren wir uns in der Welt der Formen. Wir sind nicht mehr *unus versus* ausgerichtet, bzw. geschult.

Deshalb sehen wir in dieser Mannigfaltigkeit der äußeren Formen den ver<u>ein</u>igenden Urgrund, das jeweilige Prinzip nicht mehr.

Nehmen wir ein Bild zum besseren Verständnis.

Ich kann eine Multiplikation mit D-Mark, Äpfeln, Birnen, Nüssen, Teppichen, Gläsern usw. durchführen. Solange ich nur auf die Gegenstände starre, werde ich nie das Prinzip der Multiplikation erfassen.

Habe ich jedoch das Prinzip des kleinen Einmaleins erlernt, kann mich niemand mehr hinters Licht führen.

Es geht im Leben immer nur um eine Handvoll (göttlich vorgegebener) Prinzipien. Beherrschen wir diese und halten uns daran, dann wird alles einfach.

Gott ist einfach. ER ist die große EINS. Einfach zu verstehen und einfach zu erkennen. Mit ihm ist einfach zu leben und zu sterben.

Wenn wir alle die vorgegebenen Gesetze der EINS richtig verstehen würden und unseren Standpunkt darauf abstimmen, so wären wir alle einer Meinung. Dann wären wir mit all unseren Handlungen einverstanden (= wir haben die EINS verstanden). Es gäbe keine Zwietracht mehr unter den Menschen.

Damit hätten wir alle einen Standpunkt innerhalb der göttlichen Gesetzmäßigkeit und wären alle einig oder eins. Es wäre bereits der Himmel auf Erden.

Da aber die Menschen im Moment noch im diabolischen Denken agieren, so ist die Erde das viel beklagte Jammertal. Der Mensch glaubt nun mal dickköpfig, daß er schlauer ist als der Schöpfer (s. Genmanipulation). Irgendwann auf dem Weg zu seiner kosmischen Entwicklung kommt aber jeder zur Einsicht.

Würden wir uns nur an sein Gebot, *Liebe Deinen Nächsten wie dich selbst* halten, so könnten wir, wie schon früher erwähnt, alle Gesetzbücher ins Altpapier werfen und alle Gerichte auflösen.

Wie sollte es anders sein, wenn wir unseren Mitmenschen stets so gegenübertreten würden, wie wir von ihnen behandelt werden möchten? Wenn wir ihnen die Rechte einräumt, welche wir gerne hätten?

Wir bräuchten keine Waffen und könnten alle Kräfte auf eine umweltverträgliches Wirtschaftssystem ausrichten. Wir könnten unsere Politiker, Diplomaten und Manager in die Wüste schicken, um diese fruchtbar und bewohnbar zu machen.

Hier könnten sie doch am besten lernen, wie sich eine umweltzerstörende Wirtschaftspolitik für nachfolgende Generationen auswirkt und wie schwer so etwas zu beheben ist.

Das wäre alles in allem doch einiges, finden Sie nicht auch?

In der Eins ist alles Wissen und alle Weisheit enthalten, genau wie im Licht (oder symbolisch im Weiß) alle Farben enthalten sind. (Weiß als Farbe und Weisheit und Wissen zeigen diesen Zusammenhang sprachlich auf)

Genau wie im Licht alle Farben vertreten sind, so sind in der Eins alle Zahlen vorhanden.

Es ist jetzt wiederum die Frage, auf welche Art wir denken, qualitativ oder quantitativ. In diesem Fall esoterisch/universell oder exoterisch/analytisch, also gliedernd oder trennend.

gliedernd.   analytisch

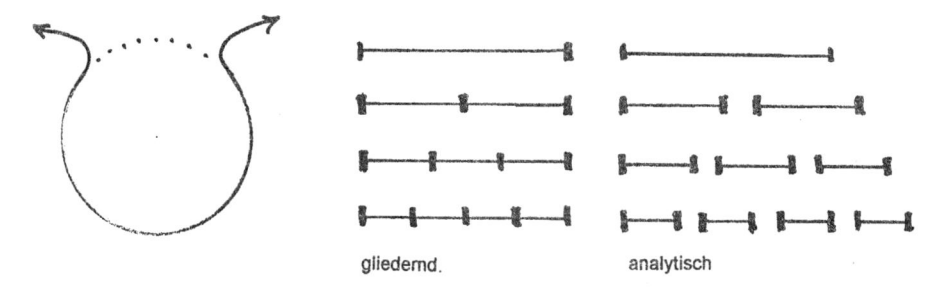

Bild 11

Brechen wir das göttliche Symbol des Kreises auf und strecken wir ihn zu einer Linie, so können wir die Zahlen auf dieser Linie entweder zusammen als Unterteilung dieser Linie aufführen, oder wir analysieren (= zerschneiden) sie und betrachten sie getrennt.

Einmal hat die Linie wie auf einem Metermaß 100 zusammenhängende Zentimeter, oder wir haben andererseits 100 einzelne Zentimeterstücke. Der Zahl selbst tut das keinen Abbruch, aber dem, welcher sein Umfeld ausmessen will.

Wir merken, daß es durchaus nicht belanglos ist, wie wir mit den Dingen umgehen.

Bevor wir uns mit der Zwei befassen, sollten wir uns wieder ein gewisses Verständnis zur Qualität der Zahl verschaffen.

Zahlen in ihrer Qualität sind Grundmuster, Ursymbole der Schöpfung.

Pythagoras, mit Sicherheit ein Eingeweihter, lehrte, daß die Zahl, der letzte Baustein, die Wurzel der Welt sei. Er lehrte, daß alles was sich erkennen läßt, auf eine Zahl zurückzuführen sei.

Das mußte er damals offensichtlich mit Beispielen begründet haben, sonst wäre er unglaubwürdig gewesen. Also, wo ist dieses Wissen, außer seinem berühmten pythagoräischen Lehrsatz?

In der Esoterik gibt es zwei Arten von Rechenoperationen.

Die theosophische Reduktion (Theosophie = Gottesweisheit) und die theosophische Addition.

Bei der theosophischen Reduktion bildet man so lange eine Quersumme, bis nur noch eine Zahl verbleibt. Beispiel:

$$10 = 1 + 0 = 1$$
$$11 = 1 + 1 = 2$$
$$34 = 3 + 4 = 7$$
$$3579 = 3 + 5 + 7 + 9 = 24 \, ; \quad 24 = 2 + 4 = 6$$

Daraus ergibt sich: alle Zahlen sind nur verschiedene Werte (Quantität) der ersten neun Ziffern (Qualität). Im Moment ist das noch etwas verwirrend, aber wenn wir die Qualitätsaspekte von 1 bis 9 besprochen haben, ist das vollkommen klar.

Bei der theosophischen Addition geht man wie folgt vor:

Die Zahl 1 $= 1$
Die Zahl 4 ergibt: $1 + 2 + 3 + 4 = 10;\ 1 + 0 = 1$
Die Zahl 7 ergibt: $1 + 2 + 3 + 4 + 5 + 6 + 7 = 28,$
$28 = 2 + 8 = 10;\ 1 + 0 = 1$

Daraus ergibt sich aus qualitativer Sicht:

1 = 1
4 = 1
7 = 1
10 = 1

Somit ergibt sich weiter:
(qualitativ betrachtet) $1 = 4 = 7 = 10$ usw.

Bei systematischer Anwendung ergibt sich innerhalb des Zahlenaufbaus eine innere Struktur.

Diese läßt sich in Dreierschritte zerlegen.

Anders ausgedrückt, die Vier repräsentiert die Eins. Sie hat die gleiche Charakteristik, allerdings auf der nächsten Ebene.

Diese Erkenntnis über die jeweilige Qualität einer Zahl wäre für das Verständnis um die Symbolik der Zahlen von Bedeutung. Wir werden noch sehen, daß dieses Wissen auch in unserer Sprache verankert ist.

Wie gesehen hat die 4, 7 und 10 den Qualitätswert 1. Somit können wir strukturiert schreiben:

1 2 3
4 5 6
7 8 9 usw.

In der Schöpfung haben wir stets den (qualitativen) Dreierschritt. Der vierte Schritt eröffnet uns die nächste Ebene.

Dieser zusätzliche Impuls repräsentiert die Eins auf dieser neuen Triade (Dreizahl). Das ergibt für diese Zahl eine Art Neutralität oder Wertfreiheit. Beispiel:

Ein Beil ist wertfrei. Es ist reine Materie (bei den Grundfarben hat es die Farbe blau).

Erst der nächste Schritt, die Handlung (rot) bestimmt, ob ich damit Holz hacke oder es als Waffe einsetze (= positiv oder negativ).

Darüber steht wiederum das Gelb, in Form meiner geistigen Vorstellung.

Daraus ergibt sich, daß die Zahlen 2, 5 und 8 jeweils die zentrale Thematik innerhalb der jeweiligen Dreiergruppe sind, denn es ist die Qualität der Handlung, welche die jeweilige Triade prägt. Die mittlere Zahl jeder Triade hat somit eine Polarität in sich. Wir werden bei der Zwei, Fünf und Acht diesen Qualitäts-Aspekt deutlich erkennen.

Die Endzahlen von 3, 6 und 9 sind der übergeordnete Bewußtseinsstand (= gelb), die Synthese, unter welchem diese Dreiergruppe steht.

Die erste Triade besteht aus den Zahlen
1 2 3
Dies ist die geistige Ebene. Hier findet alles noch im Kopf statt. Es ist die Phase der Planung.

Hier entscheidet sich wie wir planen, positiv oder negativ und damit wären wir bei der Zwei.

Die Zwei

Ist in der Eins noch alles in der Einheit, stehen wir mit der Zwei im Zeichen der Polarität. Wir können sagen, die Zwei ist die Zahl des menschlichen Bewußtseins.

Wir können nur in Gegensätzen denken. Wir erleben alles nur im Plus und Minus und die Meisten von uns akzeptieren jeweils nur das Entweder - Oder.

Ständig müssen wir Entscheidungen treffen, ob wir so oder so handeln. Wir sind über das Stammhirn von Urzeiten her auf GEFAHR! programmiert und sehen deshalb fast immer nur den Nachteil des Negativen, obwohl z.B. im Leid der größte Lerneffekt liegt.

Unsere Politik und die täglichen Nachrichten sind geradezu Paradebeispiele. Vor allem die Politik bringt uns derzeit über die negative Überbewertung die meisten Nachteile.

Alle Energie wird darauf ausgerichtet, in diese negative Kerbe zu schlagen. Mit dem Erfolg, daß die Gegenseite nichts eiligeres zu tun hat, den Spieß umzudrehen und in die negativen Punkte der Gegenpartei zu hacken.

Oft findet eine gewisse Verteufelung des politischen Gegners statt und im schlimmsten Fall wird unter den Völkern ein Feindbild aufgebaut. Der Blutzoll ist nur eine Frage der Anzahl der Kontrahenten.

Welcher heutige Politiker ist weise genug, auf der Basis positiver Gemeinsamkeiten für uns alle eine tragfähige Politik aufzubauen?

Ein hoher Preis, welchen wir durch diese sinnlose Energievergeudung zu tragen haben, denn alle positiven Aspekte fallen bei diesen Manövern meist unbeachtet unter den Tisch.

Im Grunde ist das einfach zu verstehen, aber sehr schwer in den politischen Alltag umzusetzen, denn „die Geister die ich rief" finden naturgemäß im Volk Resonanz und wollen dann entsprechend umgesetzt werden.

Wir sehen erneut, **wir** selbst sind stets für unser gesamtes Umfeld verantwortlich. Es ist die alte Wahrheit, daß unsere Vorstellung die eigentliche Realität erzeugt, welche uns so zu schaffen macht.

Dahinter steckt unser ganz persönlicher Machtanspruch, welchen wir über unsere Volksvertreter indirekt ausleben wollen.

Solange wir unsere Energie stets auf Negatives lenken, geht diese Energie in diese Richtung und verstärkt sich zwangsläufig - und das Ergebnis - wachsende negative „Erfolge".

In letzter Konsequenz kämpft jeder Mensch nur gegen sich, - seinen Schatten.

Sehen wir jetzt wieder in unsere Sprache. Dieses Wissen ist auch hier verankert.

Nehmen wir zunächst das (griechische) Wort Symbol. Es bedeutet soviel wie Zusammenwurf, also Zusammenschluß.

Wer symbolisch denkt, ist auf die Eins ausgerichtet. Er denkt universell bzw. ganzheitlich, er hat „die Rücksicht" auf die Eins mit ihrer Gesetzmäßigkeit. Er handelt einsichtig.

Der Gegenpol zur Symbolik ist die Diabolik, die Trennung von der EINS.

Das ergibt, daß jegliches Denken, welches nicht universell ausgerichtet ist, zwangsläufig diabolisch ist und in letzter Konsequenz in die Zwei, besser gesagt, in die Verzweiflung führt.

Wir haben nur diese zwei Möglichkeiten des Denkens. Universell bzw. rücksichtsvoll oder diabolisch bzw. zweifelhaft. - Entweder - oder.

Dieser bestürzenden Tatsache müßte sich jeder von uns in seiner ganzen Tragweite bewußt werden.

Vor allem in unserem westlichen Kulturkreis, welcher bekanntlich fortschrittlich (= fort von der Eins = diabolisch) denkt, zeigen sich die negativen Folgen in allen Bereichen jetzt überdeutlich.

Bild 12

Unser polar ausgelegtes Bewußtsein kann Gegensätze nur nacheinander, selten gleichzeitig erfassen.

Im Bild 12 gelingt es nur mit großer Konzentration, sowohl den Kelch, als auch die beiden Gesichtsprofile gleichzeitig zu sehen.

So böse sich diese zwei Schatten-Gesichter ansehen, sie bemerken nicht, daß sich der weiße „Gralskelch" buchstäblich vor ihrer Nase befindet.

Je besser es uns gelingt, im täglichen Leben nicht sofort mit aller Energie auf das (vordergründig) negative Geschehen einzusteigen, um so größer die Chance, daß wir den positiven Aspekt dieses Ereignisses früher oder später erkennen und nützen können.

Dieser positive Pol ist mit absoluter Sicherheit da, nur verschwenden wir meist unsere Energie im Negativen.

Gewiß, diese Gelassenheit muß sich zunächst jeder selbst antrainieren und das kann zu einer Lebens<u>aufgabe</u> werden. Beginnen wir erst einmal, das Ruder auf diese Weise in die Hand zu nehmen, werden wir sehr schnell feststellen, wie sich die positiven <u>Erfolge</u> spürbar mehren.

Bekanntlich ist in der dritten Dimension stets diese Polarität vorhanden.

Es ist die klassische Sinuskurve, der Rhythmus von Plus und Minus. Es ist die Lebensdynamik schlechthin.

Der Mensch beginnt sich erst anhand seiner negativen Erfahrungen zu entwickeln. Erst wenn er gefordert wird, beginnt er sein wahres Potential zu entfalten. Aber Vorsicht, daß kann durchaus auch negativ geschehen.

Wir benötigen im Grunde diesen negativen (dunklen) Hintergrund, um das Positive zu erkennen.

Deshalb heißt der Teufel auch Luzifer, was Träger der Lichtes bedeutet.

Mephisto sagt in Goethes Faust:

„Ich bin die Kraft die Böses will und Gutes schafft."

Wir hingegen „kämpfen" oft verbissen um das Gute in der Form, daß wir glauben, andere müßten sich nach unseren Vorstellungen ausrichten. Im Kern der Sache behindern wir sie in ihrem Lernprozess.

Wer sich nie die Finger „am Bösen" verbrennt, weiß nicht was „Böses" ist.

Natürlich wäre für keinen von uns dieser harte Weg des Lernens nötig, aber wie viele kommen nur mit den Lehrbeispielen (durch andere) aus? Die meisten müssen sich erst selbst „die Finger verbrennen" bis sie zur EINsicht kommen.

Was würden z.B. die Christen beider Konfessionen in Nordirland tun, wenn wir ihnen das Fundament ihres Glaubens, das Neue Testament vorhalten? Wer glaubt daran, daß sich diese Fanatiker reumütig zu einem gewaltlosen Miteinander bekehren?

Dieses angebliche Christentum ist hier doch nur der Vorwand, um den eigenen Schatten ausleben zu können.

Also lassen wir ihnen diesen harten Lernprozess: Lassen wir sie ihre Aussaat ernten, welche laut Jesus heißt:

„......denn wer das Schwert nimmt, der soll durch das Schwert umkommen." (Matth. 26,52)

Wer nicht hören will, muß in dieser, unserer dritten Dimension eben fühlen.

Unser Leben besteht stets aus Rhythmus. Einatmen - ausatmen, geben - nehmen, Tag - Nacht usw.

Um möglichst weit zu springen, müssen wir zunächst zurück in den Anlauf.

Unser Wirtschaftssystem krankt vor allen daran, daß wir möglichst viel haben wollen, jedoch nicht mehr bereit sind, dafür auch zu geben (zu zahlen). Die Schnäppchenjagd, der billige Einkauf wird zum Zusammenbruch führen, denn wer nicht bereit ist zu geben, dem wird genommen.

Wir sehen, wer an diesem Rhythmus bastelt, zerstört Harmonie.

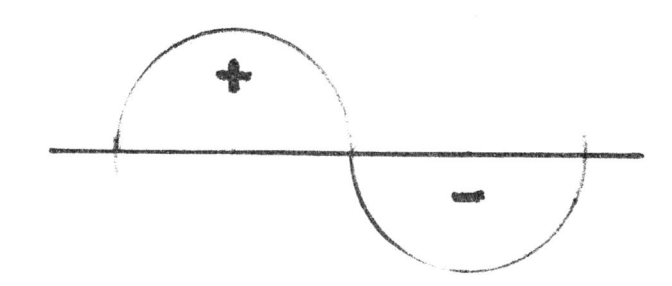

Bild 13

Dieser Rhythmus beginnt mit der Wellenbewegung des Lichtes, wir finden ihn bei den Wellen des Meeres und bei Berg und Tal auf dem Land.

Wir brauchen, vermutlich auf Grund unserer Bewußtseinsstruktur, diese Höhen und Tiefen.

Ein Leben ohne Tiefen ist Illusion. Die Rückschläge sind in Wirklichkeit ein Segen in Form von - ACHTUNG! - Denkpause! - Neubeginn.

Das sagt auch das griechische Wort Katastrophe aus. Dafür haben wir das deutsche Wort Notwendigkeit, die Wende in der Not. Auch Schicksal kann mit geschicktem Heil übersetzt werden.

Ohne diese meist tiefgreifenden Richtungsänderungen wären wir um entscheidende Erfahrungen ärmer, kurz unbewußter, unerfahrener

Heute wird mit Hilfe der Werbung dieses „Sonnenseiten-Denken" geradezu pervertiert. Man ist jung, dynamisch und so erfolgreich.

Die Erfahrung des Alters ist nichts mehr wert. Warum wohl? Diese jungen dynamischen „Allesfresser" können in jedes „In" und „Out" gelenkt werden. Im Grunde sind sie willenlos jeder Strömung, welche den Oberen gerade ins Konzept paßt, ausgeliefert.

Aber auch in den Chefetagen wird allzuviel auf jugendliche Dynamik gesetzt. Oft mit dem Hintergrund niedrigerer Löhne. Das kann jedoch sehr viel Geld kosten, denn diese unerfahrenen Heißsporne müssen ja auch erst ihre Erfahrungen machen und das erfolgt nur über Fehlentscheidungen.

Wir sehen, alles hat seinen Preis. Hier den Preis etwas höherer Gehälter oder den der Fehler unerfahrener Jugend.

Wir kennen alle das Sprichwort: *Wo viel Licht, da ist viel Schatten.*

Die Frage ist nur, was wir aktivieren. Es wäre alles so einfach, wenn wir die nötige Rücksicht (auf die EINS) an den Tag legen würden.

Wir haben noch ein Wort in unserer Sprache, welchem man den Zusammenhang mit der Zwei kaum noch ansieht. Es ist der Teufel.

Wenn wir genau hinhören, so können wir aus dem mittelhochdeutschen *tiuvel* für Teufel noch die Zwei heraushören. Deshalb statten wir den Teufel auch mit zwei Füßen, zwei Hörnern und richtigerweise mit einer zweizinkigen Gabel aus.

Im Griechischen ist er der *diabolos,* was wir mit Entzweier übersetzen können.

Jedes Denken, das diabolisch angelegt ist, führt über kurz oder lang, in die Verzweiflung. Wir haben stets die Entscheidung zu treffen, wie es laufen soll, diabolisch oder universell.

Das eine führt in die Einheit, das andere in die Verzweiflung. Es ist nur eine Frage der Zeit.

Da der freie Wille unser höchstes mitgebrachtes Gut ist, darf sich jeder für den Weg entscheiden, den er glaubt gehen zu müssen.

Wir stehen stets in diesem Spannungsfeld der Zwei.

Den des Weges der Vernunft und der Einsicht, darin stecken die Wörter *vernehmen* und Sicht auf die Eins, oder den des harten Lernprozesses, über die Verzweiflung.

Wie heißt es? *"...was du säst wirst du ernten"* und *"...den wer das Schwert nimmt, soll durch das Schwert umkommen."*

Die Drei

Die Zwei war die zentrale Thematik der ersten drei Zahlen. Die Drei ist der Schritt zurück zur Einheit der EINS.

Beziehen wir es auf den Menschen, so könnten wir das ganze wie folgt auslegen:

Der Mensch wird von der EINS kommend, in die Polarität hineingeboren. Dort macht er seine Erfahrungen und kehrt dann mit diesen zurück zum Ausgangspunkt der höheren Dimension.

Es ist die Geschichte des verlorenen Sohnes, welcher zurückkommt zum Vaterhaus.

Die ganze Schöpfung beruht auf diesem Dreier-Rhythmus. Beispiele:

Vater, Mutter, Kind
These, Antithese, Synthese
Geist, Seele, Körper
Atom, Molekül, Materie
Fest, flüssig, gasförmig (Eis-Wasser-Dampf)
Blau, rot, gelb,
Proton, Elektron, Neutron
Mikrokosmos, Sterne/Planeten, Spiralnebel
Mineral-, Pflanzen-, Tierreich/Mensch
Vergangenheit, Gegenwart, Zukunft
Länge, Breite, Höhe usw. usw.

Nicht zuletzt das dreiseitige Prisma, welches das Licht in für uns sichtbare Farben aufspaltet.

In der Drei offenbart sich GOTT mit seinen Urprinzipien von Geist, Liebe und Willen. Erinnern wir uns an die drei Spannungsachsen im Farbendreieck.

Die Drei steht über der Polarität der Zwei. In der Spitze wird dieser Gegensatz wieder ver<u>ein</u>igt.

Die Drei symbolisiert über das Dreieck die Erlösung aus den Spannungen der Zwei, bereichert durch die Erfahrung.

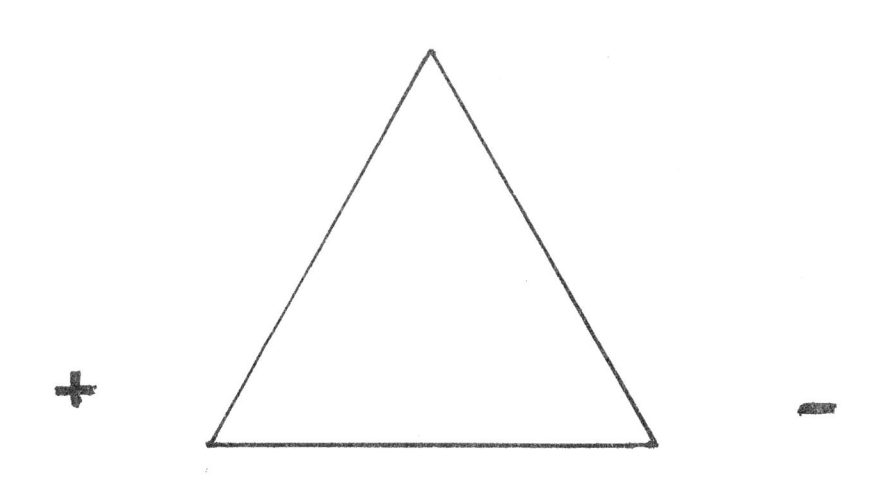

Bild 14

Sie ist die Zahl der (geistigen) Reife und des Abschlusses, denn bekanntlich heißt es:

Aller guten Dinge sind drei

Zunächst strebt der Mensch ins exoterische, in weltliche Wertvorstellungen. Ständig muß er sich entscheiden und verliert er die EINS aus den Augen (Rücksicht), dann verwickelt er sich in diesen Ideen so lange, bis er sich eines Tages ver<u>zwei</u>felt fragt, ob das wirklich alles ist, was ihm diese Aus<u>ein</u>andersetzungen (= diabolische Erfolge) einbringen.

Im Grunde ist er jetzt reif für den Umschwung, für die Synthese der Polarität. Dieser Mensch könnte wieder einsichtig werden. Leider wollen jedoch viele, aus welchen Gründen auch immer, von ihren bisherigen Verhaltensmustern und Vorstellungen nicht abrücken.

Im Gegenteil, der Kampf „um's Glück" wird immer verbissener und rücksichtsloser. Die materiellen Werte immer wichtiger. Das Ganze artet zur Sucht nach immer schnelleren und größeren „Kicks" aus.

Wir müssen unsere heutige, unzufriedene Gesellschaft nur einmal genau betrachten. Sie ist das Ergebnis der diabolischen Gedankenmuster.

Die Welt ist perfekt eingerichtet. Es gibt daran nichts zu verändern. **Wir** müssen uns ändern, soll in unserem gesamten Umfeld wieder Harmonie einziehen.

Kommen wir auf die drei Grundfarben in Bezug auf unsere Lebensgestaltung zurück.

In unserer Jugend sollte das aufnehmende Blau, die Lernphase dominieren.

Sobald wir „ausgelernt" haben, wollen wir natürlich agieren. Jetzt stehen wir im Rot und gleichzeitig im Spannungsfeld der Zwei.

Wie soll das ablaufen, positiv oder negativ? Rücksichtsvoll oder rücksichtslos? Erinnern wir uns noch an die Spannungsachse zwischen dem Violett und dem Gelb.

Wer bei diesen Aktionen mit seinem materiellen Umfeld stets das Gelb im Auge behält, der kippt nicht in die Ebene von Blau-Rot, die der Leidenschaft. Er wird mit weitaus weniger Problemen zu kämpfen haben, als ein rücksichtsloser Materialist. So sieht das einfache Prinzip aus. Die jeweiligen Formen können in Abertausende von Möglichkeiten gehen.

Das sollte leicht ein-zu-sehen sein. (= die EINS ist zu sehen)

Die Mehrzahl der Menschen ist zunächst nicht so einsichtsvoll. Irgendwann kommt jedoch jeder in eine Art Lebenskrise. Jetzt zumindest sollte er sich der dritten Grundfarbe, dem Gelb zuwenden.

Jetzt wäre es an der Zeit, seine Erfahrungen auszuspielen.

Solch erfahrene Menschen sind im Zeichen des rein diabolisch ausgerichteten Wachstumswahns nicht gefragt. Nur mit hungrigen und im Sinne der inneren Einstellung noch rücksichtslosen und jungen Managern und Politkern ist dieser umweltvernichtende Irrsinn noch aufrecht zu erhalten.

Damit wollen wir die erste Triade von der EINS, ZWEI und DREI beenden, diese steht noch immer auf einer geistigen Ebene. Da alle daraus resultierenden Aktionen noch im Bereich von Vorstellungen liegen, wie wir handeln, so sind Gefühle mit im Spiel.

Was uns für sichtbare Handlungen fehlt, ist der Stoff, die Materie. Es kann auch ganz allgemein unser Metier sein, mit dem wir über Angestellte im materiellen Umfeld handeln.

Damit kommen wir zur Vier.

Die Vier

Erinnern wir uns daran, die erste Zahl einer Triade verkörpert die EINS auf der nächsten Stufe.

Wir haben gehört, GOTT/Bewußtsein ist in jeglicher Materie.

Materie ist laut Physik Energie, welche vom Bewußtsein beherrscht wird. Im übertragenen Sinne könnten wir sagen, Materie ist erstarrtes Bewußtsein. Ähnlich wie Eis erstarrtes Wasser ist. Auf jeden Fall ist es eine geistige Form und untersteht somit wieder der EINS.

Die Vier ist die Zahl des reinen wertfreien Stoffes. Die EINS auf der nächsten Triade.

Das Beispiel des Beiles hatten wir. Es selbst ist neutral.

Mit der Vier treten wir heraus aus der Idee und treten ein in die Welt von Zeit und Raum.

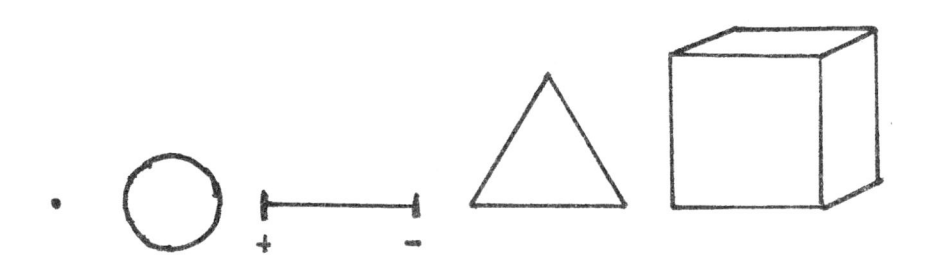

Bild 15

Bild 15 zeigt den Werdegang schematisch auf:
Zunächst die NULL, der Punkt ohne Dimension, der absolute Geist.

Dann die EINS, der alles einigende GOTT, die Vereinigung der Polarität.

Mit der Zwei spalten wir auf in Plus und Minus. Die Linie oder die erste Dimension entsteht.

Mit der Drei erhalten wir die Fläche, die zweite Dimension ist erreicht. Für unser Bewußtsein oft etwas abstrakt. Viele haben z.B. Probleme mit zweidimensional aufgezeichneten Bauplänen.

Mit der Vier betreten wir unsere gewohnte Welt.

Mit der Vier entsteht über Länge, Breite und Höhe die dritte Dimension. Deshalb ist der Würfel, das Symbol für die Vier, für die Materie. Manchmal wird dies auch auf ein einfaches Viereck reduziert.

Da der Mensch an Raum und Zeit „angenagelt" ist, steht auch das Kreuz für die Vier.
Kombinieren wir diese zwei Symbole, ergibt sich folgende Figur:

Bild 16

Diese vier Dreiecke sind nicht gleichseitig wie es das gepunktet gezeichnete Dreieck aufzeigt.

Raum und Zeit sind gleichsam in die Vier hineingepresst, der Mensch ist noch sehr stark durch Raum und Zeit begrenzt.

Vergrößern wir hingegen diese vier Dreiecke jeweils auf ihre Gleichseitigkeit, so treten sie heraus aus der Fläche und eine Pyramide entsteht.

Schneiden wir von zwei gegenüberliegenden Ecken des Würfels ein Stück, welches alle Dimensionen in sich hat, ab, so ergibt sich folgendes Bild:

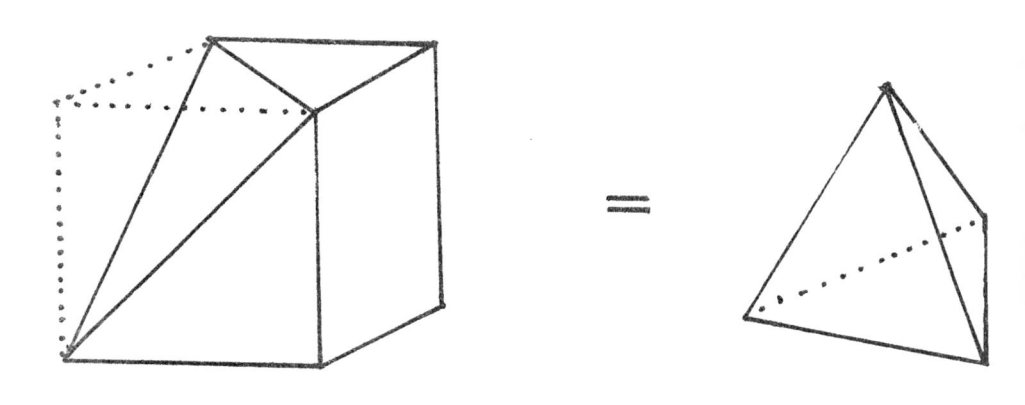

Bild 17

Führen wir das über alle vier Ecken aus, so erhalten wir den danebenstehenden Tetraeder, also vier gleichseitige Dreiecke.

Klappen wir diesen Tetraeder wiederum auf, so entsteht wiederum ein Dreieck.

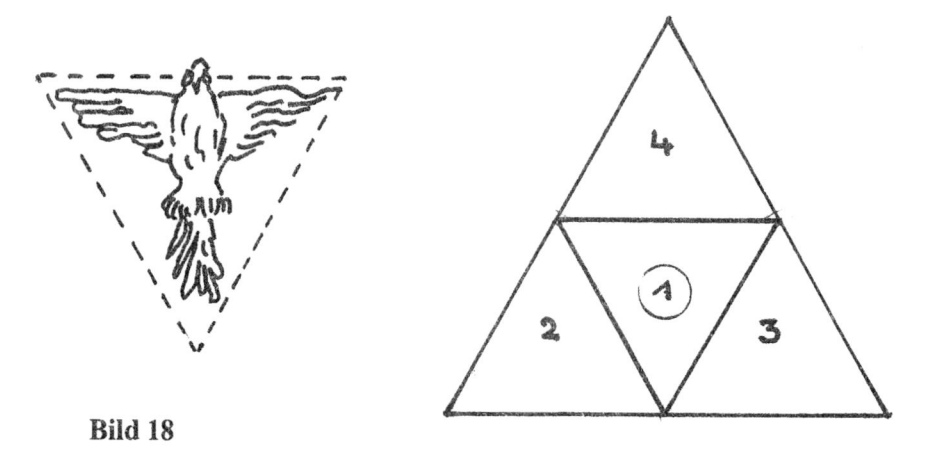

Bild 18

Deshalb ist auch das Dreieck ein Symbol GOTTES, besser gesagt des göttlichen GEISTES.
Einmal nach dem Grundsatz, GOTT ist in allem enthalten. (Alles hat göttliches BEWUSSTSEIN),
aber auch mit dem Bildnis der Taube, als Symbol für den HEILIGEN GEIST.
Unsere gesamte sichtbare Welt gruppiert sich um die EINS. Ohne EINS ergibt sich keine Zwei, Drei oder Vier.
Diese Welt steht im Zeichen der Vier. Beispiele:

Die vier Himmelsrichtungen.
Die vier Jahreszeiten.
Die Vier Elemente der Alchimie: Feuer Wasser Luft und Erde.
(Ohne eines davon ist kein Leben möglich)

Nicht zuletzt die vier Dimensionen von Länge, Breite, Höhe und Zeit.
Wir können „das Kreuz des Menschen" auch wie folgt aufzeigen:

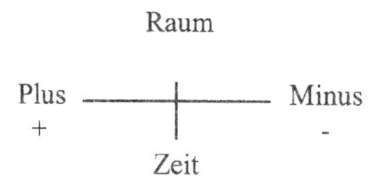

```
              Raum
    Plus ———————|——————— Minus
     +          |          -
              Zeit
```

Er ist eingebunden in die Polarität sowie in Raum und Zeit.
Veredeln wir die Vier, den Stoff, veredeln wir uns selbst. Lassen wir uns hingegen von materiellen Dingen beherrschen, hat das Auswirkung auf unsere seelische Struktur.
Wer nicht bereit ist, das Kreuz der Vier auf sich zu nehmen, nämlich die richtige Wertung der materiellen Belange, unter dem Gesichtspunkt der Raumzeit, durchzuführen, der bleibt dem Stoff verhaftet. Die Wiedergeburt steht an.

Sehen wir uns zum Schluß noch zwei schöne Figuren der Vier an.

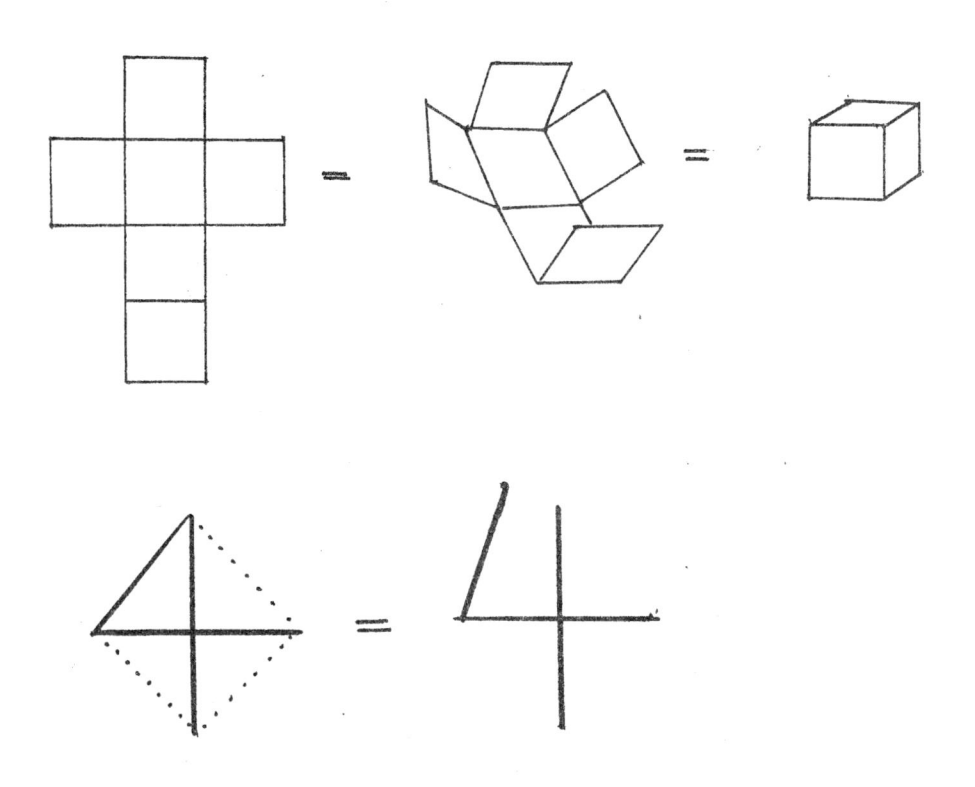

Bild 19

Die Fünf

Ihre zentrale Lage innerhalb der Zahlen 1 bis 9 bringt ihre Sonderstellung klar zum Ausdruck.

$$\begin{array}{ccc} 1 & 2 & 3 \\ 4 & \mathbf{5} & 6 \\ 7 & 8 & 9 \end{array}$$

War die Zwei noch im geistigen Bereich, also in der Phase der Überlegung, ob wir positiv oder negativ handeln, so wird es mit der Fünf jetzt konkret. Jetzt wird sichtbar, wie wir den Stoff einsetzen.
Jetzt hacken wir z.b. mit dem Beil Holz oder schlagen damit zu.
Mit der Fünf steht der Mensch endgültig am Scheideweg, jetzt kann er nichts mehr zurücknehmen.
Sehen wir uns diese Triade unter Einordnung der Grundfarben an, so ergibt das:
Die Vier untersteht dem Blau, der Materie,
die Fünf dem des Rot, der Aktion. Außerdem ist es die Zwei auf der nächst höheren Ebene und demzufolge auch Polarität, wie wir gerade erwähnt haben.
Die Sechs wird vom Gelb beherrscht.
Hier haben wir wieder den Weg aufgezeigt, wie wir Harmonie in unser Leben einbringen können. - Mit durchgeistigten Handlungen.
Das Symbol der Fünf ist das Pentagramm, der Drudenfuß und das Fünfeck.

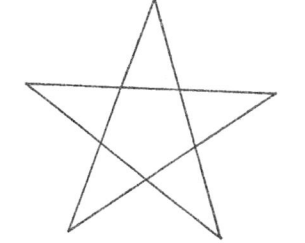

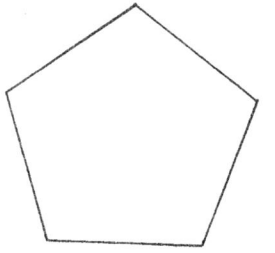

Bild 20

Die USA und die ehemalige UdSSR (Kapitalismus <-> Kommunismus) haben und hatten den Drudenfuß als Hoheitszeichen. Einmal in weiß einmal in rot.

Daß Fünfeck ist die letzte Flächenfigur, der Dodekaeder. Fußbälle wurden einst aus Fünfecken zusammengenäht.

Der Mensch selbst paßt sich in ein Fünfeck ein.

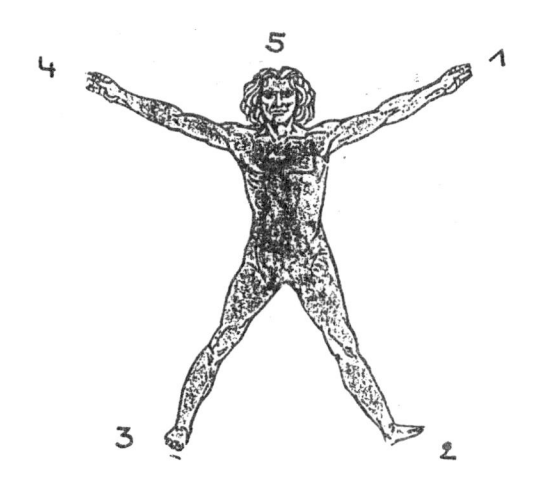

Bild 21

Hände und Füße haben jeweils fünf Finger bzw. Zehen.

Ist etwas richtig, so sagen wir oft, das habe Hand und Fuß. Mit anderen Worten, hier wurde richtig gehandelt. Oder es fußt auf dem richtigen Fundament.

Wir haben fünf Sinne. Alles darüber hinaus geht in die Sechs (Der sechste Sinn). Dieser ist wieder die Synthese oder die Rückkehr zum Geistigen, hier in der zweiten Triade, in die Sechs.

Die Fünf ist der Scheideweg des Menschen. Mit den fünf Sinnen können wir die materielle Welt erfassen, aber das können Tiere auch und meist weitaus besser.

Der Mensch hingegen hat seinen Verstand. Dieser ermöglicht es, Überlegungen anzustellen und vor allem zu überprüfen, ob diese stimmen. Das können Tiere nicht.

Es ist jedoch jedem selbst überlassen, ob er lediglich seinen bescheidenen Sinnen traut oder ob er mit Hilfe seines Denkens in neue Gebiete vorstößt.

Die höheren Werte, wie Philosophie, Ethik, ja alle geistigen Denkprozesse, welche uns vom Tier unterscheiden und wahre Menschlichkeit ausmachen, verlangen geistige Aktivitäten.

Die Fünf ist der Punkt, wo der Mensch sich entscheiden muß.

Geistig - oder materiell, universell - oder diabolisch. Verwicklung in materielle Begebenheiten und Sinnlichkeit - oder geistige Entwicklung und damit Ausstieg aus materiellen Zwängen.

Das ist die Essenz der Fünf, die Quintessenz.

Zum Abschluß sei noch erwähnt, daß unsere westliche Gesellschaft ebenfalls von fünf Institutionen beherrscht wird, welche maßgeblich in das Weltgeschehen eingreifen. Es sind:
1. Die Religion, 2. Die Gewerkschaften, 3. Das Management, 4. Die Banken und 5. Der Staat. Wie handeln sie? Universell oder diabolisch?

Die Sechs

Auf der ersten Triade führte die Drei aus der Verstrickung der Polarität, der Verzweiflung.

Auf der zweiten Ebene übernimmt diese Aufgabe die Sechs. Anders gesagt, wer mit Rücksicht auf die EINS, also mit Einsicht mit der Materie umgeht, findet seine Harmonie.

Das Symbol der Sechs ist das Hexagramm.

Zeichnen wir schematisch auf, wie es sich darstellt, wenn der Mensch auf seine Inspiration (wortwörtlich Eingeistung), hören würde.

Bild 22

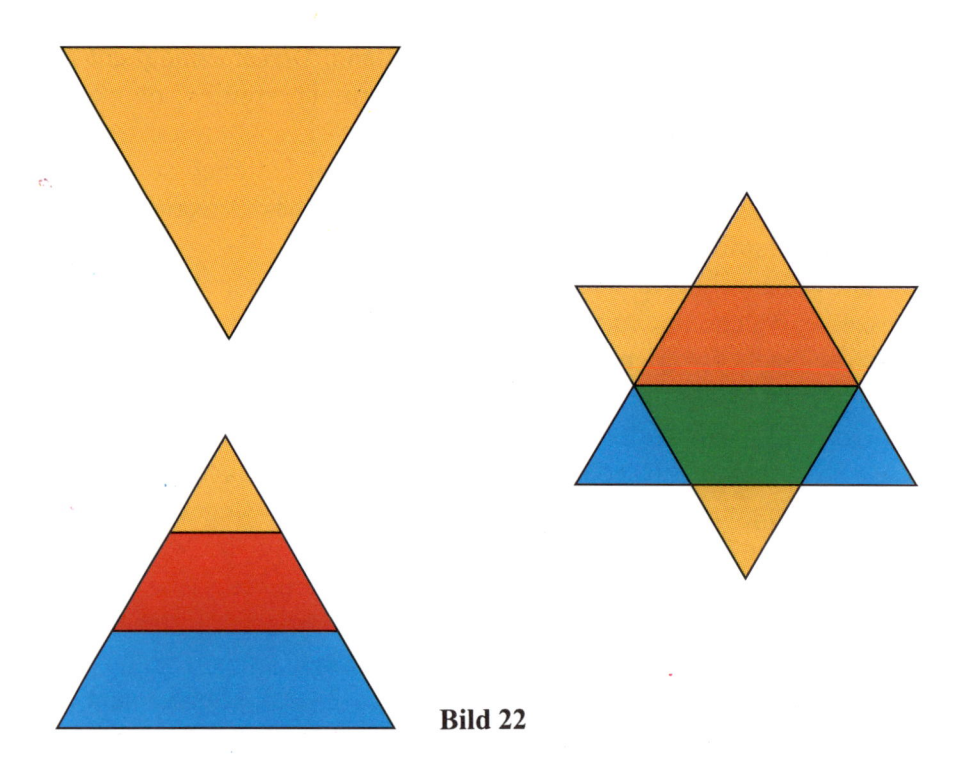

Der Mensch mit seinen (noch animalisch angelegten) Urtrieben wird auf allen drei Ebenen veredelt. Auf der materiellen Ebene verbleiben zwar „noch ein paar Ecken" in Blau, diese gilt es aus eigener (geistiger) Kraft zu veredeln. Die Aktionen hingegen sind alle im Orange.

Wir können wie folgt interpretieren:

Selbst wenn wir von göttlichem Geist durchdrungen sind, haben wir noch eine Bindung an materielle Werte, aber wir sind nicht mehr bereit, rücksichtslos zu handeln.

Wir haben zudem eine starke Basis im Grün. Ein Fundament, auf dem wir stabil ruhen können. Zwar werden wir noch etwas von dieser materiellen Polarität hin- und hergezogen, aber sie kann uns nicht mehr allzuviel anhaben - falls wir uns nicht wieder verführen lassen. Dagegen ist niemand gefeit.

Primär ist die Sechs wieder der (geistige) Weg aus der materiellen Ebene.

Es ist das Symbol der Vereinigung GOTTES mit der Materie und dem in der Materie eingebundenen Menschen.

Daß die Sechs bereits wieder aus Raum und Zeit wegführt, können wir sehr schön am Sechseck ablesen.

Es ist die stabilste und einfachste Form der Fläche, also der zweiten Dimension. Damit bauen z.B. die Bienen ihre Waben verwindungsfrei.

Mit einem Sechseck können wir keinen Körper bilden. Der Raum schwindet zurück auf die Fläche.

(Mit der nächsten Figur, dem Siebeneck, ist zu sehen, daß wir nicht einmal mehr eine Fläche abdecken können.)

Fazit der Sechs: Suche in der Materie die EINS. Rücksicht oder Einsicht ist der Weg, mit welchem wir die Materie beherrschen sollen bzw. *mit dem wir uns die Erde untertan machen sollen.* Keine Versklavung der Welt bedeutet letzten Endes auch, keine Versklavung des Menschen durch seine eigene Sinnenhaftigkeit (= Verhaftung in seinen Sinnen).

Mit der Sechs verlassen wir die Materie. Wir treten ein in die geistige Welt. Auf der nächsten Triade befinden wir uns wieder „über" der Materie.

Die Sieben

Bevor wir in die nächste Dreizahl spezifisch einsteigen, sollten wir uns den Komplex der drei Ebenen ins Bewußtsein rufen.

0	Das Absolute. Reiner Geist ohne Dimension. (*Du sollst dir kein Bildnis machen.*)
1 2 3	Ebene der geistigen Denkprozesse im Zeichen der Polarität. Um die Ergebnisse dieser Überlegungen sichtbar werden zu lassen (=Ausdruck) und um zu lernen, was es mit Gut und Böse auf sich hat, benötigen wir die Materie. Diese Ebene entspricht der Farbe Gelb.
4 5 6	Es ist die Ebene des Stoffes. Hier finden unsere Überlegungen ihren Ausdruck. Hier können wir „am eigenen Leib" lernen, was es mit Gut undBöse auf sich hat. Diese Triade entspricht der Farbe Blau.
7 8 9	Diese Triade untersteht dem Rot. Obwohl wir über die Betrachtung unseres Umfeldes Gelegenheit haben, die richtigen Schlüsse zu ziehen, gelingt den wenigsten mit der zentralen Zahl 8 richtig umzugehen.
10 11 12	Entspricht wieder dem Weiß. „Die Welt" ist überwunden. Der verlorene Sohn ist wieder zurück im rein geistigen Vaterhaus. Raum und Zeit der dritten Dimension lösen sich auf.

Die sieben gilt als heilige Zahl. Unser mythologisches Umfeld ist voll mit dem Begriff der Sieben.

Im Märchen mit den Siebenmeilenstiefeln, den sieben Geißlein und den sieben Zwerge.

Wir sagen auch: „Packe deine sieben Sachen" und meinen damit, daß sich der Andere zu neuen Ufern aufmachen soll.

In der Natur finden wir die sieben Kristallsysteme, die sieben Farben des Regenbogens, die sieben Perioden der chemischen Elemente, nicht zuletzt die sieben Chakren des Menschen.

Mit der Sieben erfolgt ein Teil-Abschluß. Es ist so etwas wie eine Zwischenbilanz. Mit der Sieben geht es weiter oder Stillstand und der Tod des Ganzen tritt ein. Nicht umsonst kennen wir das verflixte siebte Jahr einer Ehe. Entweder die Partner haben sich zusammengerauft oder sie lassen sich scheiden.

Das ganze menschliche Leben untersteht einem Siebener-Rhythmus:

Um die Sieben endet die Kleinkindheit. Wir haben die zweiten Zähne und werden eingeschult.

Um die Vierzehn sind wir in der Pubertät. Einst war sie um diese Zeit abgeschlossen. Wir sind fortpflanzungsfähig.

Mit Einundzwanzig sind wir ausgewachsen und übernehmen die volle Verantwortung für unser gesellschaftliches Leben (oder auch nicht).

Ab dem achtundzwanzigstem Lebensjahr kommen meistens die harten Prüfungen unseres Lebens.

Zeigen wir dies unter dem Aspekt der Zahlen:

1 Der Säugling ist stark mit dem Urgrund verbunden. Seine Persönlichkeit ist formbar. Er lernt jede Sprache und kann sich ohne größere Schwierigkeiten in jeden Kulturkreis einleben.

2 Ab dem vierzehnten Jahr beginnt die Polarität zu wirken. Die Jungen und Mädchen werden sich ihres Geschlechts bewußt und wollen es leben.

3 Mit 21 Jahren ist die Pubertät überwunden. Früher war der Mensch längst verheiratet und hatte in gewisser Weise die Polarität von Mann und Frau überwunden, sie waren eine Einheit.

4 Ab etwa 28 Jahren haben wir ausgelernt und es beginnt und begann „der Ernst des Lebens". Wir bekommen mehr und mehr Verantwortung. Wer mit 28 Jahren noch nicht weiß wo es lang geht, der wird vermutlich nie zu größeren Zielen kommen.

5 Ab 35 sollten die gröbsten Gärprozesse hinter uns liegen. Wer studierte, sollte jetzt in „Amt und Würden" sitzen. Viele sind verheiratet und übernehmen Verantwortung für Kinder. In dieser Septime festigt sich der Status. Jedoch alles steht noch stark im Zeichen der Polarität. Meist werden noch die materiellen Werte angestrebt.

6 Ab 42 sollten wir endgültig „im Leben stehen" und uns „die Hörner abgestoßen haben". Wir könnten das Leben gelassener angehen. Wir haben bereits eine Reihe von Erfahrungen.
Wir sollten uns mehr und mehr dem geistigen Pol zuwenden. Wir haben in den meisten Fällen eine solide Basis. Die Kinder sind aus dem Gröbsten. Im Grunde könnten wir uns etwas zurücklehnen und auch einmal Bilanz ziehen und uns freuen. Bekanntlich geht es anderen Menschen meist weitaus schlechter - oder nicht? Falls nicht, warum nicht? Worauf haben Sie Ihre Wertvorstellungen gerichtet? Sind es wirklich Ihre oder sind das übernommene? Angeblich sind wir heute nur jemand, wenn wir über möglichst viele und teure Statussymbole verfügen. Wirklich? Wir müssen dafür hart arbeiten. Wollen wir das wirklich, daß andere indirekt bestimmen, wieviel wir zu schaffen

haben? Wer hat, wie unter unserem finanziellen Umfeld gesehen, den meisten Profit davon? Wir erhalten nur rund 25 Prozent für unsere eingesetzte Arbeitsenergie. Hinzu kommt, daß die materiellen Güter oft rasend schnell veralten. Also wozu?

7 Wer es mit dem Spannungsfeld der Sechs nicht schafft, sich auf irgend eine Art von seinem Umfeld „geistig freizuschwimmen", dem werden die neuen geistigen Einflüsse der Sieben zu schaffen machen. Viele werden ab 45 langsam unruhig. Sie kommen in die sogenannte „Midlife Crisis". Beruflich ist meistens alles ausgereizt, neue Ufer nicht in Sicht.

Wer jetzt noch immer in rein materiellen Wertvorstellungen hängt, beginnt zu zweifeln. Das Spannungsfeld der Acht macht sich bemerkbar. Die Acht untersteht als zentrale Zahl, genau wie die Zwei und die Fünf der Polarität. Der Mensch ist am Scheideweg. Er sieht, daß er keine großen Errungenschaften mehr zu erwarten hat. Die Jagd nach dem großen Glück ist vielleicht gescheitert, der Frust ist da. Er hat versäumt, sich nach geistigen Werten umzusehen.

Zwar beherrscht er sein Metier, aber es füllt ihn nicht mehr aus. Er steht, vor der wirklichen Prüfung des Menschen, der Prüfung durch die Acht, bereits auf verlorenem Posten - es sei denn, er denkt noch um.

8 Dies ist die eigentliche Prüfung unseres Lebens. Wir gehen bei der Besprechung der Acht näher darauf ein. Zurück zur Sieben.

Aus der Bibel sind uns die sieben fetten und mageren Jahre bekannt. GOTT hat die Welt in sieben Tagen erschaffen. Unsere Woche hat sieben Tage. Die Oktave hat sieben volle Töne, mit dem Achten haben wir den Ausgangston wieder erreicht, nur eine Oktave höher.

Denken wir an die sieben Himmel und sieben Höllen. Die sieben Schleier der Salome. Als der siebte fiel, hatte sie die Macht den Kopf des Johannes zu fordern - und sie bekam ihn.

Mit der Sieben verlassen wir sogar die zweite Dimension von Länge und Breite. Mit einem Siebeneck können wir keine Fläche mehr bedecken. So gesehen, haben wir mit der Sieben Zeit und Raum (= Raumzeit) überschritten.

Wir sind wieder bei der Zwei, der Linie, allerdings als Sinuskurve (Bild 23). Wir könnten auf Grund unserer Erfahrungen Höhen und Tiefen überblicken bzw. beherrschen.

Noch ist in diesem auf und ab die Polarität der Acht nicht überwunden. Die Acht, die zentrale Zahl der dritten! Triade. Hier haben wir die Möglichkeit, die Synthese mit unserem geistigen Urgrund zu vollenden.

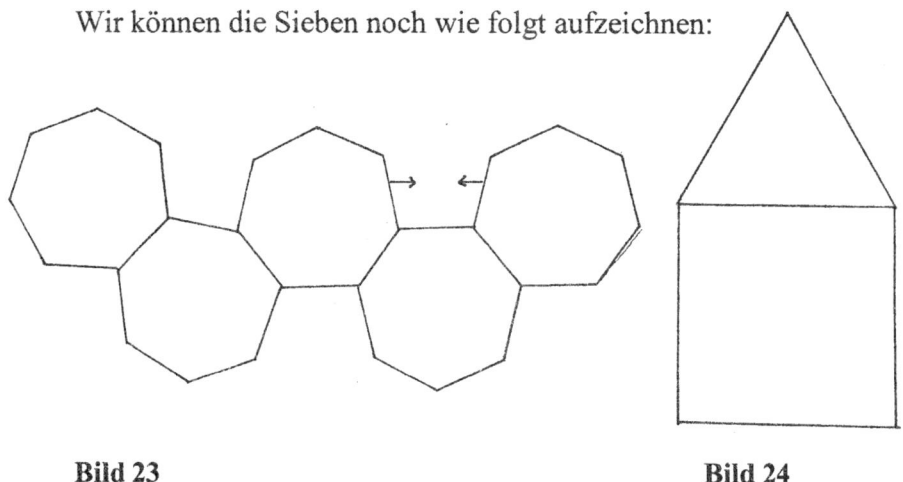

Wir können die Sieben noch wie folgt aufzeichnen:

Bild 23   **Bild 24**

Die erste Dreizahl (Dreieck) mit den geistigen Denkprozessen steht über der Materie (Quadrat).

Die Acht

Sie ist nicht nur die zentrale Zahl der dritten Triade, sondern auch die Reifeprüfung des Menschen schlechthin.

In der ersten Ebene konnten wir noch überlegen, wie wir mit Materie umgehen. Dann mit dem Stoff (der Vier) und der Fünf unsere positiven und negativen Erfahrungen machen.

Jetzt sollten wir gelernt haben, was gut für uns ist und was nicht.

Wir stehen noch immer in der Polarität. Die Frage ist, wie handeln wir, letztendlich sollten wir genügend Erfahrung haben, was uns - und anderen - am besten nützt.

EINsichtig - oder diabolisch, rücksichtsvoll - oder rücksichtslos, das ist hier die Frage, um Hamlet einmal etwas anders zu zitieren.

Ab jetzt heißt es, GOTT oder dem Mammon mit voller Überzeugung zu dienen.

Beachten, verachten, Achtung, Beachtung, alle Achtung!, ächten, die ehem. Reichsacht und **Macht.**

Was fällt uns auf? Diese Wörter beinhalten die Acht. Zufall? - mitnichten. In unserer Sprache steckt mehr Wissen um die wahren Zusammenhänge, als wir auf Anhieb erkennen können.

Wir zeichnen die Acht aus zwei übereinander gestellten Kreisen.

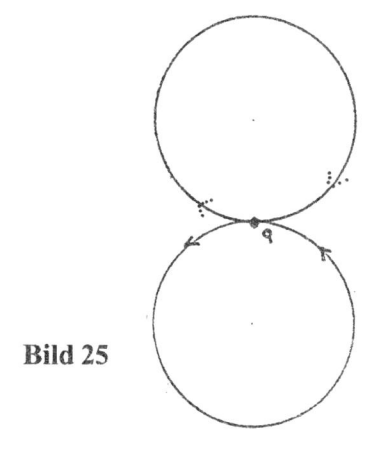

Bild 25

Der obere symbolisiert die EINS, also das geistige Prinzip. Der untere somit alles Weltliche, ja Dämonische (der Geist steht über der Materie).

Wo sich die beiden Kreise berühren ist der Scheidepunkt. Es ist die **Neu**n, **Neu**es entsteht.

Mit der Acht steht der Mensch endgültig am Scheideweg. Die Frage lautet, ob er zum Pontifex, zum Brückenbauer zwischen Himmel und Erde wird.

Kommen wir zum unteren Kreis. Wir alle streben nach oben. Jeder hat in seinem Umfeld die Möglichkeit M**acht** auszuüben. Sei es in der Politik, im Amt, in der Firma, der Kirche, der Familie, dem Verein usw.

Genau jetzt ist er gefordert. Jetzt heißt es **Acht**ung - M**acht!**

Gerade hier versagen wir. Statt Energie herauszunehmen, - was machen die meisten von uns? Sie drücken! Schließlich wollen sie auch einmal zeigen, daß sie „ganze Kerle" sind.

Damit wird gerade das Gegenteil von dem erreicht, was man eigentlich will.

Druck erzeugt bekanntlich Gegendruck. Je mächtiger ich drücke, um so mehr kommt er auf mich zurück. Das ist Physik, das Gesetz von der Erhaltung der (geistigen) Energie.

Es muß nicht unbedingt der Unterdrückte sein, welcher mir eines Tages Paroli bieten kann. Es erfolgt über das Gesetz der Resonanz. Ich bekomme einen Gegenspieler, welcher mir dann zeigen kann, was <u>er</u> für ein toller Bursche ist.

Also wie gehe ich richtig mit meiner Macht um? Ganz einfach, indem ich mir die **Acht**ung meiner Mitmenschen verschaffe.

Ich muß etwas bieten! Mein Konzept muß besser sein als ihres. Gebe und dir wird (Achtung) gegeben. Wenn sie sich sagen: „alle **Acht**ung, der Bursche hat recht, das kann ich be**acht**en", dann werden sie es auch beachten.

Dann ist etwas Neues geschehen. Die Neun wurde erreicht. Das heißt: Ich habe auch Macht ausgeübt, aber positiv. Hier ist kein Gegendruck zu erwarten. Im Gegenteil, ich bekomme zusätzliche Kraft, da es die anderen mittragen. Die Kraft fließt in den oberen Kreis und kehrt harmonisch zurück in den unteren.

Das sollten wir uns einmal in der Politik vorstellen. Eine Politik, welche nicht die Gegenspieler verteufelt, sondern welche anderen Konzepte bietet, auf die sie freudig eingehen und die sie mittragen.

Platon hatte schon recht, als er sinngemäß sagte:

„Mit Hilfe der echten Weisheit kann man erkennen, was recht ist im öffentlichem Leben und im Leben des Einzelnen. Die Mißstände in der Gesellschaft werden erst aufhören, wenn die Gruppe, die sich auf die wahre Philosophie versteht, die Macht übernimmt."

Wer auf die Macht im üblichen Sinne verzichtet, gewinnt auf Dauer immer.

Hier liegt der wahre Sinn des Sprichwortes: *"Der Klügere gibt nach"*.

Jesus selbst lebte uns dieses Prinzip vor. Er verzichtete auf seine göttlichen Kräfte.

Was hätte er erreicht, wenn er der Aufforderung nachgekommen wäre und vom Kreuz heruntergestiegen wäre?

Genau das Gegenteil! Die Menschen in ihrem Unverstand und vor allem die Priesterschaft aus Angst vor ihrem Machtverlust, hätten diese Kräfte dem Teufel zugeschrieben, niemals Gott.

Erinnern wir uns an das Mittelalter. Obwohl Jesus sagte, daß wir noch viel größere Wunder tun werden als er, was geschah? Alles was nicht ins gängige religiöse Bild paßte wurde dem Teufel zugeschrieben und gnadenlos ausgemerzt!

Es geht immer um die Acht- die **Macht**!

Die Neun

Die Neun ist die letzte unserer Zahlen. Je nachdem, wie wir mit der Acht umgehen, kann etwas grundsätzlich Neues entstehen, oder wir fallen zurück in alte Energiemuster. Bildlich gesprochen, wir fallen bei der Acht zurück in den unteren Kreis. Uns fehlt die geistige Kraft des oberen Kreises. Die Neun ist die Synthese, der endgültige Ausstieg aus der Polarität.

Im Spannungsfeld der Neun kehren wir als verlorener Sohn heim ins „Haus des Vaters".

Wir kennen die Welt und kehren <u>freiwillig</u> zurück, um uns unter die Gesetzmäßigkeit unseres Vaterhauses zu stellen.

Erinnern wir uns auch der Worte: *„.....und es herrschte Finsternis von der sechsten bis zur neunten Stunde."* Wir sehen immer wieder, alles läuft nach einem bestimmten Plan ab.

Mit der Neun wird das Ego überwunden. Die Öffnung zum DU beginnt und damit wird die EINheit hergestellt. Der <u>neue</u> Mensch ist erwacht.

Die Neun symbolisiert auch in ihrer Schreibweise den unzerstörbaren geistigen Kern jedes Menschen.

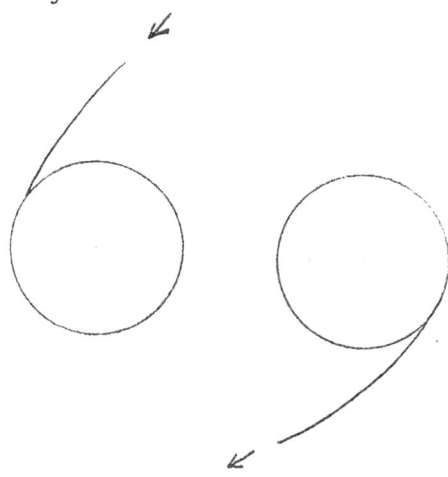

Bild 26

In der Sechs sind wir noch sehr stark in der Welt verhaftet. Deshalb sitzt der Kreis unten. Der Geist fließt als Linie von oben ein, wir sind hier noch sehr im unteren irdischen Kreis verhaftet.

Bei der neun ist es geradezu umgekehrt. Unsere Basis ist im Geistigen und wir haften nur noch mit einer schwachen Verbindung an irdischen Werten.

In der Kabbala wird die Neun als Horizont der Zahlen bezeichnet. Wir sollten das qualitativ sehen. Sie ist der Endpunkt „der Welt".

Das wird deutlich bei der Multiplikation jeder beliebigen Zahl mit der Neun. In der theosophischen Reduktion ergibt diese immer wieder die Neun.

Wer mit der Acht, der Macht richtig umgeht, überwindet alle irdischen Schwierigkeiten. (Beispiele für die Multiplikation mit der Neun.)

$3 \times 9 = 27$; ergibt: $2 + 7 = 9$
$14 \times 9 = 126$; „ $1 + 2 + 6 = 9$
$40 \times 9 = 360$ „ $3 + 6 + 0 = 9$
$65 \times 9 = 585$ „ $5 + 8 + 5 = 18$ ergibt $1 + 8 = 9$

Die Neun wirkt ähnlich wie die Null. Jede beliebige Zahl multipliziert mit der Null ergibt Null.

Qualitativ gesehen heißt das: Alles was ich mit GOTT multipliziere, ist göttlich (gesegnet) und kehrt auf eine unsichtbare höhere Dimension zurück.

Wir vergessen stets, daß nichts, was von Menschenhand geschaffen ist, bestehen bleibt. Es ist nur eine Frage der Zeit. Da Zeit nicht existiert, kehrt früher oder später alles zum Schöpfer zurück.

Jede beliebige Zahl mit der Neun multipliziert ergibt wieder Neun.

Wenn wir in unserem Leben alle qualitativen Denk- und Handlungsweisen mit dem göttlichen Geist abwickeln, dann herrscht eine neue Dimension des Miteinander.

In der theosophischen Addition ergibt die Neun ebenfalls neun.
$9+8+7+6+5+4+3+2+1=45:\quad 4+5=9$
Bei den Farben haben wir drei Grund-, Misch- und Tertiärfarben. Das ergibt wieder die Neun. Wer sich spezifischer damit beschäftigen möchte, sollte zu entsprechender Literatur greifen. Damit könnten wir die Zahlen abschließen.

Wir haben jedoch mit der Dreizehn noch so eine ominöse Zahl, welche viele Menschen fürchten.

Woher kommt diese Angst?

Im Tarot ist bei den großen Arcanas (= Geheimnissen) die Dreizehn der Tod.

Da der Tod vom Menschen am wenigsten verstanden wird und uns Angst einflößt, wurde die Dreizehn zur Zahl des Unheils.

Der Tod ist Wandel. Der Wandel von der Erde zum „Himmel". Von der dritten in eine höhere Dimension.

Nichts fürchtet der Mensch im allgemeinen mehr als den Wandel, obwohl bekanntlich alles fließt.

„Niemand steigt zweimal in den gleichen Fluß" (Heraklit).

Wandel ist Leben. Was sich nicht mehr verändert oder verändern kann/will, das stirbt, damit könnten wir das Prinzip des Todes erfassen.

In diesem Leben ist jeder von seiner Resonanzfähigkeit beschränkt. Wir können somit nur ein ganz bestimmtes Aufgabenpensum lösen- oder auch nicht lösen. Haben wir es gelöst, oder laufen wir Gefahr zu sehr abzugleiten, werden wir „abgelöst", wir „sterben".

Wie auch immer, es ist eine Gnade, wieder heim zu unserem Ursprung, dem geistigen Vaterhaus gehen zu dürfen! Es sind unsere Ferien in der Schule des Lebens.

Vergessen wir auch nicht, Jesus hatte zwölf Apostel. Er selbst repräsentierte die Dreizehn, den geistigen Wandel.

Die Zahl Dreizehn sollte für uns somit eine Glückszahl symbolisieren.

Kapitel IV

Das Wunder unserer Sprache

Daß die Sprache der Verständigung dient, darüber dürfte kaum ein Zweifel bestehen.

Es sollte auch klar sein, wenn wir Begriffe verwenden, daß diese in der Bewertung in gleicher Weise von meinem Gesprächspartner verstanden werden. Zumindest sollten wir davon ausgehen, aber ist dem wirklich so? Nehmen wir das Wort HUND. Jeder hat davon einen anderen Typ in seiner Vorstellung. Dackel, Dogge, Schäferhund, jung, alt, bissig, lieb usw. Schon hier beginnen die Mißverständnisse.

Nichts zeigt unseren (heutigen deutschen) Unverstand um die Qualität unserer Sprache deutlicher, als die Sucht, mit englischen und amerikanischen Begriffen „zu glänzen".

Eyecatscher, Goalgetter, Kids, Workshop, German-Call, Driven by instinct, Brainstorming und was es da noch so an Platitüden der eigenen Profilierungssucht geben mag, werden mehr und mehr zum „deutschen" Sprachgebrauch. Was soll dieses pseudo-kosmopolitische Imponiergefasel eigentlich? Stellt man den Rundfunk an, so könnte man zu der Überzeugung kommen, daß wir in Amerika sind, aber nicht in Deutschland. Nichts als englische Rock und Popmusik, deren Text kaum jemand versteht.

Selbst auf Geburtstagsfeiern singen wir meistens „Happy birthday". Die deutsche Version, „Zum Geburtstag viel Glück" scheint vielen völlig unbekannt oder zu unbedeutend zu sein. Welchen Bezug haben wir eigentlich noch zu unserem wichtigsten Verständigungsmittel, unserer Sprache?

Die Schöpfer der neuen Rechtschreibreform greifen sogar bedenkenlos in die Semantik unserer Sprache ein und wollen es offensichtlich jedem legasthenisch Veranlagten recht machen.

Was soll das? Wieso beurteilen wir die Menschen nach ihrer Rechtschreibexaktheit und nicht nach ihren menschlichen Qualitäten?

Die Größen des Mittelalter schrieben nach keiner eindeutig festgelegten Schreibweise. Was soll also eine übertriebene Sucht nach äußeren Formen? Schließlich haben wir bis jetzt ganz gut damit gelebt.

Es geht im Leben doch nie um Formen, sondern um das was wir aussagen wollen. Also um die Qualität unserer Botschaft.

Die Sprachforscher betrachten unsere Sprache meist ebenfalls nur nach der äußeren Form, diese ist jedoch lediglich der Ausdruck eines geistigen Denkprozesses.

Der entscheidende Qualitätsfaktor ist immer der Denkvorgang, das was ich vermitteln will, nie die Buchstabenfolge des einzelnen Wortes.

Deshalb kommen die Linguisten vermutlich auch zu dem Schluß, daß sich die Sprache aus dem Gestammel früherer Primaten entwickelt hat. Aus folgenden Gründen ein äußerst fragwürdiger Aspekt:

Nur wenige Studierte beherrschen unsere Sprache grammatikalisch richtig. Das Gros hat mehr oder weniger Probleme mit den einzelnen Regeln.

Der ganze Sprachaufbau, wie z.B. die einzelnen Fälle und somit die Entwicklung der Charakteristik sowie der Aussagewert der einzelnen Wortbegriffe (Qualität), werden zu den Urlaute stammelnden Ahnen der grauen Vorzeit zurückverlegt.

Wer war denn der schlaue Frühmensch, welcher den Aufbau unserer Sprachen entwickelte? Wer brachte die Qualität der Aussage, das Wissen um kosmische Gesetzmäßigkeiten, wie wir bei den Farben und vor allem bei den Zahlen gesehen haben, in unsere Sprache?

Ein Punkt, welchen die Sprachforscher so gut wie nie beachten.

Fehlt ihnen das Gefühl für Sprachqualität? Haben sie wirklich nur den Schwerpunkt auf die formale Buchstabenfolge gerichtet?

Daß wir heute diesen Zugang verloren haben, beweist nach meiner Erkenntnis, daß im Laufe der Jahrhunderte viel vom ursprünglichen Aussagewert durch eine permanente Degeneration verloren ging.

Wenn wir uns die Relikte unserer Sprache näher ansehen, könnte man durchaus zum Schluß kommen, daß Sprache sich im Laufe der Jahrtausende nicht <u>entwickelte</u>, sondern im Gegenteil, verkümmerte. (Siehe z.B. *„Das verlorene Wort"* von M. Kahir)[1]

Damit ergibt sich die Frage: woher kommt unsere Sprache? Wer waren die wahren Schöpfer? Wer hatte einst diese Weisheit?

Wenn wir davon ausgehen, daß es einst eine Ursprache gab, könnten wir daraus schließen, daß bereits mit den einzelnen Dialekten, welche heute die verschiedenen Sprachen bilden, der Verfall einer <u>qualitativ</u> hochstehenden Ursprache begann.

Wer ist sich der Tatsache bewußt, daß die Sprache, wie auch Töne (Musik), eine Form von Energie ist. Es ist keineswegs so belanglos, was ich mir anhöre bzw. mir „sagen lassen muß".

Bei der Musik ist es ähnlich. Ein AVE MARIA wird uns anders ansprechen (anschwingen, ein<u>stimmen</u>) als ein Csardas oder Marsch, ein Walzer wieder anders wie HARTE „Musik".

Das ergibt logischerweise die Tatsache, daß wir mit Wort und Ton Stimmungen erbringen können. Genau wie wir ein Musikinstrument <u>stimmen,</u> können wir auch mit den entsprechenden Worten oder mit Musik Menschen stimmen. Das gibt die ent<u>sprechende</u> Stimmung.

Sehen wir in diesem Zusammenhang in das Wort Bestimmung.

In dem Umfeld, in dem sich der Einzelne wohl fühlt, z.B. in seinem Beruf, also eine Tätigkeit zu der er sich berufen fühlt, dazu ist er bestimmt. Dann stimmt alles. Wir können Harmonie entfalten.

Mit einem „Job", zu dem wir heute durch die derzeitigen wirtschaftlichen Vorgaben mehr oder minder gezwungen werden, kann das kaum gelingen.

---

[1] „Das Verlorene Wort. Mystik und Magie der Sprache, Turm Verlag

Woher stammt dieses Wissen, daß hier alle Wörter, die den Begriff Stimmung und stimmen enthalten, genau diesen Punkt so klar ausdrücken? Von den Neandertalern oder Cro-Magnon Menschen?
Versuchen wir nun wieder etwas mehr in unsere Sprache hineinzuhören. Im bisherigen Text wurden bereits Hinweise auf die qualitative Bedeutung einzelner Wörter gegeben.
Für die meisten von uns sind Wörter meist nur noch belanglose Worthülsen, Buchstabenkombinationen. Die ursprüngliche Botschaft des Wortes ist oft gar nicht mehr bewußt.
Nehmen wir die Städtenamen Ochsenfurt und Schweinfurt. Einst der Hinweis auf verschiedene Untiefen im Main, wo Ochsen bzw. Schweine gefahrlos durchgetrieben werden konnten.
Sehen wir uns nur an ein paar Beispielen an, welches Wissen in unserer Sprache schlummert.
(Sollten Sie in einer x-beliebigen Situation unsicher werden, so hören Sie bewußt in die Sprache. Nicht selten haben Sie damit schon die Lösung.)
Beginnen wir mit dem Wichtigsten, dem gegenseitigen Verständnis.

Verstehen

Die Vorsilbe *ver* drückt meist einen Wechsel vom derzeitigen Zustand/Standpunkt aus: ver-lieren, ver-laden, ver-heiraten usw.
Wir haben stets einen Standpunkt (= wir stehen darauf). Wenn ich jemand ver-stehen will, so muß ich logischerweise meinen Standpunkt ver-lassen (= mich ver-stellen) und versuchen geistig zu erfassen, was ein anderer mir sagen will, wie er die Sache sieht, kurz welchen Standpunkt er im Moment ver-tritt.
Da wir heute von uns so über-zeugt sind (= Egoismus), versuchen die meisten gar nicht mehr, andere zu verstehen, sondern wollen über-zeugen.

Vor Gericht haben wir die Zeugenaussagen. Welcher Zeuge ist glaubwürdiger? Wer über-zeugt vor dem Richter die anderen Zeugen?

Da aber jeder die Welt anders sieht, hat vom Kern der Sache jeder Zeuge recht.

Da jeder Mensch, geistig und örtlich auf Grund seiner Resonanzfähigkeit, die Angelegenheit zwangsläufig anders sieht, so wird es zum Lotteriespiel, wer überzeugt.

Es hängt nach meiner Erkenntnis davon ab, welcher der Zeugen, dem Richter resonanzmäßig am nächsten steht und dies mit seinen Worten auch vermitteln kann.

Heute führen wir fast nur noch Diskussionen, kaum noch Dialoge deshalb kommt bei all diesen Wortgefechten so gut wie gar nichts heraus. Jeder will Recht haben, am Ende bleibt ein schales Gefühl. Schade um die Zeit.

Allein das Wort Diskussion verrät alles. Es kommt vom lateinischen *discutere*, was zerschlagen, zerteilen, zerlegen bedeutet.

Wenn wir die „Wahrheit" des anderen erfassen wollen, dürfen wir niemals versuchen, diese zu zerschlagen, sondern wir sollten hin-hören was er uns sagen will, wie er die Sache sieht. Nicht umsonst sagen wir heute fast nur noch, zu-hören.

Wenn jemand zumacht, nur zuhört, um so schnell wie möglich einzuhaken, um mit seiner Vorstellung zu überzeugen, also wenn er (geistig) „zu ist", wie wir es z.B. im Umgangston von Betrunkenen sagen, wie soll er dann andere verstehen?

Wenn wir andere wirklich verstehen wollen, müssen wir schon hin-hören, was man uns sagen will. Dann werden wir sehr schnell feststellen, daß diese durchaus die Sache so sehen können.

Erst dann ist der Weg frei, diese Argumente zu hinterfragen und unsere Ansicht darzulegen. Nur so kann logischerweise ein für beide Seiten annehmbares Gespräch, ein Dialog (= Wechselrede) zustande kommen.

Wir haben auch noch ein anderes Wort, um das auszudrücken, was üblicherweise bei Diskussionen abläuft. Es ist der **Einwand**. Das heißt, die Teilnehmer verharren nicht nur auf ihrem Standpunkt, sie bauen dazu noch *eine Wand* auf, um sich dahinter zu verschanzen.

Zufall

Für mich ist es ein Rätsel, wieso unsere Ahnen für diesen Begriff keinen GOTT geschaffen haben. Sie hatten für alle möglichen Prinzipien unseres Seins, Göttinnen und Götter, aber für unseren allgegenwärtigen Zufall ? - Fehlanzeige.

Warum nicht? Weil es für sie keinen Zufall gab! Es blieb uns, den „aufgeklärten" Neuzeitmenschen vorbehalten, allen voran einem Großteil unserer Wissenschaftler, den Zufall zur allmächtigen „Gottheit" zu erheben!

Im Wort liegt schon die Lösung. Zufall, es fällt einem zu. Daß wir kosmische Gesetzmäßigkeiten ignorieren oder erst gar nicht kennen, ist nicht das Problem des vermeintlichen Zufalls, es ist unser Mangel an EIN-sicht.

In einem Kosmos gibt es keinen Zufall, genau so wenig wie in Ihrem Personalcomputer. Wäre in unserem Universum auch nur ein Zufall vorgekommen, so wäre daraus im Laufe der Jahrmilliarden Chaos entstanden, aber nicht das, was wir heute vorfinden, ein Universum der Gesetzmäßigkeiten.

Im Zufall und Un-fall steckt auch der Begriff *Fall*. Es ist der Fall aus der (kosmischen) Gesetzmäßigkeit. Wir werden mit dem Erfolg irgend einer Tat, ja sogar von Gedanken konfrontiert. Daß Erfolg von Gedanken abhängig sein kann, ist über die Mentarphysik abgesichert.

Wir sprechen bei Gericht vom Fall XYZ, somit vom Fall aus den irdischen Gesetzen.

Wir sagen auch sehr gerne: „In diesem," oder „in jenen Fall", meist im Zusammenhang mit Abweichungen vom Normalfall.

Fällt Ihnen jetzt auf, daß selbst der Normalfall ein Fall ist. Es ist der Fall der Allgemeinheit in eine vorgegebene Beschränkung, gleichgültig wie diese, aussehen mag.

Da jeder Mensch ein einmaliges Juwel an geistigem Potential ist, so ist der Glaube an den Normalfall nichts als Aberglaube, tiefstes Mittelalter und nicht weit entfernt vom Dämonenglauben des Altertums.

Es kann sich dabei durchaus um einen Ab<u>fall</u> von unserer eigentlichen geistigen Bestimmung, der <u>Ent</u>wicklung unserer geistigen Möglichkeiten, handeln.

Selbst wenn viele irgend etwas glauben, so heißt das noch lange nicht, daß dies von Bedeutung ist. Die Masse der Gläubigen allein war noch nie ein Beweis für die Qualität des Glaubens!

Enttäuschung

Heute unterstellen wir diesem Wort einen ausschließlich negativen Sinn. Das können wir tun, es dient aber kaum dem Verstehen dieser Situation.

Enttäuschung bedeutet ganz einfach, daß wir ab jetzt keiner Täuschung mehr unterliegen. In Wirklichkeit ist das ein positiver Lernprozeß. Wir unterliegen, in Bezug auf einen anderen Menschen, oder eines beliebigen Sachverhaltes, keiner Illusion mehr. Wir sehen jetzt klar (In Wirklichkeit lernen wir eine Schattenseite unseres Potentials kennen).

Daß dieser Lernprozeß, diese <u>Entwicklung</u> meistens unangenehm ist, spielt keine Rolle. Ähnlich ist es mit dem Wort Erfolg. Diesen verstehen wir heute ausschließlich positiv getrimmt. Der Erfolg ist aber beides. Auf Handlungen <u>erfolgen</u> stets Ergebnisse, auch wenn wir diese, in der negativen Auswirkung, fast durchweg als „Zufälle" bezeichnen.

Einbildung/Vorstellung

Beide Wörter haben im ursprünglichen Sinn sehr viel gemeinsam. Einbildung heißt nichts anderes, als daß sich der einzelne ein Bild von einer Sache oder Situation macht, um es zu be<u>greifen</u> oder zu er<u>fassen</u>.

Da wir jedoch alle eine verschiedene Resonanzfähigkeit, eine verschiedene Sicht der Umwelt haben, neigen wir dazu, die Weltsicht anderer als Einbildung abzustempeln, sofern diese nicht mit unserer Vorstellung übereinstimmt.

Wir vergessen dabei, daß der Gegenspieler mit gleichem Recht, von unserer Einbildung sprechen könnte. Wir alle haben nichts als Vorstellungen!! <u>Keiner</u> hat die Wahrheit gepachtet!!!

Das Wort drückt das auch ganz klar aus. Wir **stellen** etwas **vor** bzw. zwischen uns und die Wahrheit. Erst wenn der einzelne bereit ist, sein EGO zu hinterfragen, erst dann kann er zu der Ein-sicht kommen, daß seine Betrachtung nur ein Teil-*aspekt* (= lateinisch *adspecere,* hinsehen, ansehen) eines großen Ganzen ist.

Vorstellungen sind nichts anderes als Eigenprogramme unseres EGO's, welche uns den Blickwinkel für die größeren Zusammenhänge verstellen und uns somit in eine Art Isolation treiben.

Ergebnis, wir diskutieren (= streiten um „des Kaisers Bart"), anstatt hinzuhören und das Gemeinsame herauszuarbeiten, um darauf aufzubauen.

Einfachstes Beispiel ist die Politik, Regierungspartei und Opposition. Beide beißen nur in die Schwachstellen der Gegenpartei, übersehen dabei geflissentlich, daß sie genau an der gleichen Schwäche kranken, und was kommt bei diesem Ringen um Machtanteile heraus?

Was für eine Verschwendung unserer Möglichkeiten!

Fortschritt / Rücksicht /

Heute sprechen wir so gerne vom Fortschritt. Fragt sich nur Fortschritt von was? Fortschritt von der Postkutsche zum Überschallflugzeug oder auch Fortschritt von den alten geistigen Werten zu einer immer seelenloseren Zukunft?

Sehen wir uns um in unserer heutigen Welt, in unserem Berufsleben oder im ganzen Miteinander, so dürfte die Antwort ein<u>deutig</u> sein.

Wir haben offensichtlich schon lange die Rücksicht auf eine Harmonie mit unserem Tun verloren. Deshalb ist diese Art von Fortschritt so rücksichtslos.

Wir haben stets die Aufgabe, unseren Standpunkt zu überprüfen/zu hinterfragen, das heißt nichts anderes, als das <u>Aufgeben</u> von überholten Ansichten.

Wir sollten uns ansehen, wohin unsere Handlungen führen und daraus die richtigen Schlüsse ziehen. Das wäre z.B. unter einer Aufgabe zu verstehen.

Wann beginnen wir eigentlich <u>unsere</u> (Haus)Aufgaben zu machen? Wieviel Anschauungsunterricht benötigen wir noch?

Erfinden / Entdecken / Erkenntnis

Kein Mensch kann irgend etwas er<u>finden</u> oder ent<u>decken</u>, was nicht bereits da ist, was nicht in der kosmischen Ordnung vorgesehen ist. Der Mensch kann nicht einmal ein einziges Atom herstellen, geschweige irgend eine größere Menge an Materie. Wir können stets nur umwandeln.

Wir spielen im Grunde das Spiel „der Hase und der Igel". Wir sind die Hasen, alles was wir entdecken oder erfinden ist bereits da.

„Der Igel", oder wie es unsere Wissenschaftler ausdrücken, „Gott Zufall" ist bereits da.

Kein Chemiker kann einen Stoff erfinden, welcher außerhalb der vorgegebenen chemischen Ordnung liegt. Wir wandeln lediglich den Aufbau der Elemente, sonst nichts.

Auf dem gleichen Prinzip beruht das Wort Erkenntnis. Wir können nur das erkennen, was in uns bereits an Bewußtsein angelegt bzw. entwickelt ist. Kein Kleinkind ist fähig, ein begabter Musiker zu werden, wenn ihm nicht die entsprechenden Anlagen „in die Wiege gelegt wurden".

Wenn wir etwas erkennen, haben wir bereits etwas gelernt und *können/kennen* etwas mehr. Wir haben das in uns angelegte Potential ein kleines Stück entwickelt.

Die Klangverwandtschaft von kennen und können dürfte nicht „zufällig" sein. Wer etwas kann, ist ein Könner oder Künstler. Kunst hat etwas mit können zu tun. Es ist die Entwicklung eines mitgebrachten Potentials. Das ist sicher für jeden nachvollziehbar.

Wenn wir an wahllos zusammengeschweißten Metallteilen, bunten Farbklecksen oder gar Fettklumpen, welcher jeder Lehrling im ersten Jahr zuwege bringt, nichts erkennen (= anerkennen) können, zeigt das überdeutlich die innere Leere der „Künstler" mit welcher viele Zeitgenossen nichts anfangen können.

Bewußtsein

Wir verstehen darunter den Zustand „bei Bewußtsein zu sein", dem Gegensatz zur Ohnmacht.

Im Bewußtsein steckt jedoch eine viel größere Bedeutung, nämlich das bewußte Sein. Das ist etwas ganz anderes, als der momentane Wachzustand. Bewußtes Sein ist ein Entwicklungsprozeß vom Kleinkind zum jeweiligen Lebenszeitpunkt jedes Menschen.

Unser bewußtes Sein ist logischerweise im Alter von sechs Jahren anders, als wenn wir sechzig sind. Darüber hinaus wechselt es von Mensch zu Mensch.

Selbst wenn wir im Leben viel gelernt haben, heißt das noch lange nicht, daß wir mit unserem Wissen gleichzeitig klug umgehen können.

Bekanntlich gibt es eine ganze Menge „Schmalspurdenker" mit einem enormen Sachwissen. Andere hingegen können mit verhältnismäßig wenig Grundwissen äußerst geschickt umgehen.

Es gibt Mitmenschen mit viel Allgemeinwissen, sie trauen sich jedoch nicht damit umzugehen, selbständig zu denken. Ihre eingetrichterten Vorstellungen, welche sie ungeprüft übernommen haben, hindern sie daran.

Wir sehen, bewußtes Sein ist keine Frage des erlernten Stoffes, sondern eine Frage von Weisheit.

Sinn, Unsinn, sinnlos

Für materialistisch geschulte Menschen ist alles, was sich auf einer geistigen Ebene abspielt und sich nicht wie Mathematik, in ihrem angelernten geistig, abstrakten Potential befindet, schlichtweg sinnlos oder unsinnig. Sie haben recht!

Mit unseren Sinnen ist weder Mathematik, noch irgend ein anderer geistiger Denkprozeß zu begreifen.

Keine geistige Realität ist „sinnvoll", sie ist im Sinne des Wortes Unsinn.

Die eigentliche Realität, welche die Materie beherrscht, kann niemals begriffen, und zwar in Form eines mit den fünf Sinnen erfaßbaren Begreifens, verstanden werden, sie muß genau wie Algebra, abstrakt verstanden werden.

Salopp gesprochen, GOTT, oder wie immer Sie die höhere eigentliche Wirklichkeit bezeichnen wollen, wird sich nie in einem

Meßgerät vorstellen oder auf einer Waagschale schaukeln. Es liegt ganz allein an uns, ob wir bereit sind, unseren inneren geistigen Weg zu suchen oder nicht.
Jesus sagte dazu:

„Bittet, so wird euch gegeben;
Suchet, so werdet ihr finden;
Klopfet an, so wird euch aufgetan." (Matthäus 7.7)

Um den inneren geistigen Weg zu suchen und zu gehen, sind die 5 Sinne vollkommen ungeeignet. Dazu muß ich meinen „Sechsten Sinn" schulen.

Das muß jeder, genau wie essen oder atmen, selbst erledigen. Das kann er nicht machen lassen und Beweise fordern. Das sollte jedem klar sein.

Wo bleibt hier die Vernunft vieler Wissenschaftler? Im Wort Vernunft steckt der Begriff des Vernehmens. Was kann ein vernünftiger Mensch vernehmen außer Weisheit?

Diese Art des Nehmens nennen wir Eingebung/Intuition. Die Dichter sagen, daß sie die Muse küßt.

Wer gibt also? Christlich formuliert, die EINS, der ALLEIN-ige GOTT. Für Materialisten mag das verrückt klingen, ist es auch. Es ist verrückt im Sinne von abgerückt von ihrer Vorstellung, oder auch irrsinnig. Hier irren sich unsere Sinne .- Wie wahr!

Gehen wir speziell in diesem Zusammenhang noch einen kleinen Schritt weiter in Bezug auf kosmische Gesetzmäßigkeiten.

Thorwald Dethlefsen[2] sagt in seinem Buch „Schicksal als Chance"

„Der Mensch ist ein Produkt von Programmen, und ein Spezialprogramm sorgt zusätzlich dafür, daß er allen Auswirkungen der

---

[2] Seite 62 Goldmann Taschenbuch

Programme noch hinzufügt: >>*Das mache ich nur, weil ich es will.*<<"

Auf der sprachlichen Seite sieht dieses Spezialprogramm in Bezug auf den Begriff „Wissenschaftler" wie folgt aus:
Wie würde sich ein Mensch bezeichnen, welcher ein umfassendes Wissen vermittelt? Wohl kaum Wissenschaftler, sondern Wissenschaffer!!
Spüren Sie die Energie dieses Wortes, wie kraftlos klingt dagegen Wissenschaftler.
Die Silbe *-ler* ist eine Verkleinerung des Begriffs.
Ein Großteil unserer Wissenschaftler vermittelt vordergründiges, materielles Teilwissen, aber sie verkünden dieses als allein gültiges Dogma.
Unsere Sprache vermittelt in Überresten, daß die Schöpfer der Sprache einen anderen Bezug zur Einheit von positiv und negativ allen Seins hatten. Beispiele:
Wieder und wider = Wiederholung und Abwehr
Lehre und Leere = Vermittlung geistiger Werte und die Leere).
(Wo kein geistiger Impuls, da z.B. auch keine Materie).

Erfolg	= positiv und negativ zu verstehen.
Passion	= Leidenschaft und Opferbereitschaft/Erduldung
gleichgültig	= heute in der Bedeutung von Desinteresse. Ursprünglich aber von gleicher Gültigkeit. Es war der Standpunkt *sowohl als auch*.

Schon an diesen paar Beispielen wird deutlich, daß in unserer Sprache mehr Wissen steckt, als allgemein vermutet wird.
Allein welches Wissen bei der qualitativen Betrachtung unserer Zahlen zum Vorschein kommt deutet an, daß nur Menschen mit sehr viel Weisheit unsere Sprache geschaffen haben können.

Wie sorglos verschleudern wir wertvolles Sprachgefühl, indem wir für uns nichtssagende, englische Wörter einführen, schlimmer noch, Slangwörter wie z.B. Kids für Kinder.

Bequemlichkeit allein ist kein ausreichender Grund, das wertvollste Verständigungsmittel derart gedankenlos aufzuweichen.

Bliebe die Sucht, sich modern zu geben oder, aus mangelndem Selbstbewußtsein, sich mit Hilfe seiner englischen Sprachkenntnisse profilieren zu wollen.

Die Franzosen zeigen hier mehr Tradition. Sie verbieten diesen Unsinn kurzerhand per Gesetz.

Wir sollten uns jedoch hüten, alles regulieren zu wollen. Werden wir uns nur bewußt, welches Kleinod unsere Sprache darstellt und dieser Unsinn verschwindet von alleine.

***

Im Moment stimmen offensichtlich auf breiter Linie die Rahmenbedingungen nicht mehr.

Die Gesellschaft trudelt mehr oder minder schnell in immer größere „Sachzwänge".

Sachzwänge, welche in letzter Konsequenz einen steigenden Verlust von Lebensqualität mit sich bringen. Ganz zu schweigen, was diese umweltvernichtende Wachstumsphilosophie für kommende Generationen hinterläßt.

Wir könnten langsam verstehen, daß diese Welt so ist, weil wir so denken- und analog dazu <u>ent</u>sprechend handeln.

Hören wir wieder in die Sprache. Dieses Wirtschaftssystem <u>spricht</u> für sich.

Warum denken wir im Sinne des Wortes so be<u>schränkt</u>? Mit so wenig Überblick?

Weil wir uns <u>Schranken</u> im Denken setzen lassen, indem wir zu wenig fragen.

Keiner kann alles überblicken, aber jeder kann seinen eigenen Blickwinkel erweitern. Nicht, indem er sich tagtäglich über ausgesucht schlechte Nachrichten informiert.

Mit diesen werden wir ganz spezifisch informiert, = in eine bestimmte Verhaltensform gebracht.

Wir richten und wir reagieren auf Angelegenheiten, welche wir kaum beeinflussen können. Damit können wir nicht richtig agieren!

Das ist sinnlose Erzeugung negativer Aggressionsenergie, welche in ein bereits vorhandenes negatives Umfeld verstärkend einfließt.

Was müßten wir tun? Ganz einfach, uns anders in Form bringen (= informieren).

Hören wir wieder in unsere Sprache:

Uns fehlt der Überblick. Wir stehen buchstäblich in einem Labyrinth. Die Wände sind die vorgegebenen Schranken.

Um herauszukommen sollten wir logischerweise nicht auf gleicher Ebene weiterdenken und weiter gegen diese vorgegebenen Schranken rennen. Wir müßten unser Denken buchstäblich erhöhen.

Wer das Labyrinth überblickt findet auch seinen Ausweg.

Wir haben noch ein hinweisendes Wort in unserer Sprache, den Durchblick.

Wir haben viel zu lange zugesehen, wie uns immer neue Kulissen vor die Nase gesetzt werden. Dabei haben wir längst vergessen, daß diese Kulissen von Fäden gehalten werden und nicht die eigentliche Realität sind.

Wir halten diese Bühne für unwandelbare Realität und übersehen dabei die eigentlichen „Drahtzieher" dieses weltweiten Dramas.

Noch gibt es genügend Literatur darüber, was eigentlich gespielt wird.

Es geht nicht darum, sofort alles zu ändern. Es geht zunächst um Bewußtseinserweiterung (= Erhöhung).

Dazu haben wir eine unglaublich effektive Hilfe: Es ist der „Hundert Affen Effekt".

Auf der Insel Koshima studierten Forscher Makaken, das sind pavianähnliche Affen. Nun gibt es zwei Versionen:
Einmal heißt es, ein Forscher brachte einem Weibchen bei, seine Bataten im Meer zu waschen, zum anderen lautet es, das Affenweibchen kam selbst drauf. Im Grunde ist das nicht wichtig.

Affen sind intelligent und gute Beobachter. Affe für Affe machte es dem Weibchen nach und stellte sehr schnell den Vorteil einer gewaschenen gegenüber einer schmutzigen Süßkartoffel fest.

Als das etwa einhundert Affen gelernt hatten, ereignete sich eine inselübergreifende Bewußtseinserweiterung.

Sämtliche Affen auf allen umliegenden Inseln wuschen von heute auf morgen, ohne Kontakt zu der ursprünglichen Affen-Gruppe, die Bataten.

Wenden wir es ganz einfach auch bei uns an. Informieren wir uns einfach anders und fangen wir an, hinter die Kulissen zu schauen.

Bei uns Menschen, mit all unseren hausgemachten Problemen reicht natürlich kaum die geistige Potenz von „einhundert Affen" aus, wir benötigen dazu vielleicht 10.000, 15.000, 200.000 oder noch mehr Bewußtseinserweiterungen.

Lohnt es sich denn nicht, für mehr Harmonie „unsere Bataten" zu waschen, oder schmecken sie Ihnen, wie man sie uns von „höherer" Warte aus derzeit serviert?

Vielleicht benötigen wir nur noch einen einzigen Mitarbeiter zu diesem Bewußtseinssprung,

SIE!

Danke!

Es hat mich Jahre gekostet bis diese Thematik in dieser Form geschrieben stand.

Jahre der Ungeduld, der inneren Kämpfe, verbunden mit Spannungen mit meinem Umfeld. Mein Dank gebührt in erster Linie meiner Frau Marlis, welche sehr viel Verständnis und vor allem Geduld für diese Gärprozesse aufbrachte, mich aber stets bestärkte.

Dank auch meinen Freunden, welche mir die Treue hielten und Dank meinen Gegenspielern, welche es mir ermöglichten, meine Erkenntnisse zu erweitern und meine Kräfte mehr und mehr positiv auszurichten.

Todorow/Oldenkott
Praktische Hirntraumatologie